虎虎生风
中国教育观察笔记

练玉春 ———————————— 著

ZHEJIANG UNIVERSITY PRESS
浙江大学出版社
·杭州·

图书在版编目（CIP）数据

虎虎生风： 中国教育观察笔记 / 练玉春著. -- 杭
州 ： 浙江大学出版社， 2022.9（2023.3重印）
  ISBN 978-7-308-22947-0

  Ⅰ． ①虎… Ⅱ． ①练… Ⅲ． ①教育－中国－文集
Ⅳ． ①G52-53

中国版本图书馆CIP数据核字(2022)第152875号

虎虎生风：中国教育观察笔记

练玉春　著

策划编辑	吴伟伟
责任编辑	马一萍
责任校对	陈逸行
封面设计	浙信文化
出版发行	浙江大学出版社
	（杭州市天目山路148号　　邮政编码　310007）
	（网址：http://www.zjupress.com）
排　　版	杭州林智广告有限公司
印　　刷	杭州高腾印务有限公司
开　　本	710mm×1000mm　1/16
印　　张	23.75
字　　数	392千
版 印 次	2022年9月第1版　2023年3月第2次印刷
书　　号	ISBN 978-7-308-22947-0
定　　价	88.00元

浙江大学出版社市场运营中心联系方式：0571-88925591；http://zjdxcbs.tmall.com

序 一

    练玉春曾经是《光明日报》教育部主编，在教育界东奔西跑，十多年来写了无数篇教育评论和报道，内容涉及教师、学生、学校、基础教育和高等教育、普通教育和职业教育，十分丰富。他的评论和报道反映了21世纪以来我国教育的改革和发展，展示了人民群众和舆论界对我国教育的关注，同时也反映了作者对教育的热爱与关切。他用生动的语言、鲜活的事实，及时地反映着我国教育界发生的事件；他用尖锐的眼光、犀利的笔风，评论教育中的问题。他的评论不是像学者那样多用专业术语，而是从讲故事开始来评论教育的一人一事，内容平淡而有哲理。文章短小精悍，具有可读性，值得教育工作者读一读。

    我作为《光明日报》的忠实读者和偶尔为之的作者，与练玉春有过多年的交往，读过该报的许多评论，深受启发。看到练玉春的评论集，才知道有些评论是他用笔名发表的。他把十多年来写的评论收集成册，从中可以看出他对教育的热爱和独到见解。

著名教育学家、中国教育学会名誉会长

2021年1月4日

序 二

2021年早春时节，敝人在雪花纷飞的他乡，饶有兴趣地拜读了北京城市学院副校长练玉春博士发来的文集——《虎虎生风——中国教育观察笔记》的初稿。阅读过程中，祖国教育改革发展生动活泼、春意盎然的局面跃然纸上，同时，也激发起自己对祖国推进教育现代化、建设教育强国的思考。

这本文集涉及的内容相当广泛，涵盖作者对中小学教育、职业教育、高等教育、继续教育以及教师队伍建设等重要领域一些基本问题的敏锐观察和认识。教育改革发展的成就和面临的挑战是客观事实，但要真正发现和把握核心事实，则需要有清醒的头脑和敏锐的眼睛。正如美学家罗丹说的，生活中并不缺少美，缺少的是发现美的眼光。在《爱护乡村教师，强壮中国之根》一文中，他评论道："美好的愿望、荣誉的光环、责任的召唤、形象的塑造，非常重要，但更迫切的是，要用更大的决心、更有效的措施、更扎实的行动，提升乡村教师的职业吸引力。"他在《补齐高职发展短板》一文中呼吁："既然，包括高职教育在内的职业教育，既是教育的重要组成，又是产业的重要支柱，更是社会均衡发展的重要支撑。那么，我们的教育资源、行政资源、经济资源、社会资源，都应该齐心协力，为高职教育发展补齐短板，给高职院校最坚实的支持。"

100年前，蔡元培先生对当时的中国新闻界就有"新闻自有品格"的忠告。练玉春博士曾任《光明日报》教育部主编，怀有以人民为中心的指导思想，敢于直面真问题，报道真情况，表达真想法，对教育和社会发展的一些根本问题有深入的思考和探究，用笔锋阐发对人民群众的情怀。在《劳动光荣，劳动者伟大》一文中，他指出："要迎来中国现代职业教育的振兴发展，在各级政府把发展职业教育放在工作突出地位的同时，要大力营造这样的政策、舆论和价值环境：劳动光荣，劳动者伟大。只有回到这样一个朴素的、朴实的、真实的原点，中国现代职业教育的发展，也才有了最广泛的根基，也才能够踏上最牢实的起点。"最近，中央全面深化改革委员会审议通过了《关于提高技术工人待遇的意见》，引起社会广泛关注。应当说，近年来一系列围绕劳动光荣、劳动者伟大的报道和呼吁，为提高技术工人待遇的政策的出台营造了良好的舆论氛围。

给敝人留下深刻印象的，就是练玉春博士对处于弱势地位的教育发展薄弱环节的关注。如果说职业教育是我国整个教育体系的短板，那么农村职业教育就是短板中的短板。在《发展农业职教，地方政府大有可为》一文中，他对地方政府表达了深深的期待："农业职教是给点阳光就灿烂的教育。那么，在它的发展灿烂过程中，地方政府真的大有可为。地方的发展也必然与之共同灿烂。"教师队伍建设是各级各类教育发展的最重要一环。在《让最美的职业更幸福——写在第28个教师节之际》一文中，他提出："在赞美教师这个职业时，在称呼他们为'最美'时，千万记得为这些教师，为这些普通人设身处地着想，制度性地解决他们的烦恼，体制化地帮助他们消减问题，让他们在职业中不仅得到赞誉，也得到幸福。"

尤其难能可贵的是，在敏锐的观察、理性的分析之后，玉春博士往往能够提出解决问题、具有说服力的思路。例如，近几年，本科转型问题引起了社会广泛关注，在一些院校瞻前顾后、犹豫不决时，他在《本科转型，为社会发展铺路》一文中提出："本科院校的发展本就应该围绕社会发展的各类需要来调整步伐。而现在这个时期，高校的转型发展，是为社会发展准备适用的、可发展的人力资源，酝酿健康理性的社会氛围和个人追求，是为社会发展奠定基础、铺垫道路。"为了引导高等院校在发展继续教育和建设学习型社会中发挥积极作用，他在《服务社会也是育人》一文中提出："大学提供完善的继续教育服务，以教育服务社会，不仅是大学应尽的责任，也是发展自身的机会。"

没有调查研究就没有发言权。玉春博士眼光敏锐、见解深刻的基本功来自自身渊博的知识、深入的调研和理性的思考。敝人在教育部职业技术教育中心研究所担任所长的三年多时间里，多次有与他一起出差、参加研讨和开展调研的机会，看到过他扑下身子，深入边远地区校园、教室和实习车间的身影，看到他与用人单位和院校负责人、教师、家长及学生促膝交谈的情景。读其书稿，真有见文如见其人之感！

　　总之，练玉春博士这本《虎虎生风——中国教育观察笔记》是对当今一系列重要教育现象的细致观察和理性分析，也是对教育基本规律的深入思考和务实探索，有责任的政府官员、教育研究工作者和广大教育实践者一定能够从这本文集中得到启迪和鼓励。

国家督学、中国常驻联合国教科文组织代表

2021年2月于巴黎

自　序

2013年，我到安徽省歙县人民政府挂职锻炼。歙县是古徽州的首县，也是徽州府所在地。当地人文荟萃、山水富丽，尤其自宋以来，名人辈出、文士彬彬，向来有"东南邹鲁"之称。由于重视教育，民间有"十户之村，不废诵读"的说法。

在县城东北16里左右，有一处小村落，名叫"瞻淇"，取自《诗经·卫风》名句"瞻彼淇奥，绿竹猗猗，有匪君子，如切如磋，如琢如磨"，古意盎然，堪称雅致。而村中有一窄巷，宽不足三尺，却名曰"老虎巷"。外人往往不得要领：如此古韵悠悠的小村老巷，怎么有如此张牙舞爪、凶狠霸道的街巷名字？而村里老人会告诉访客：此巷中当年有一私塾，每日晨光初起，私塾中十一二童子就已开始齐声背诵经典。朗朗童声，在窄巷中高墙内反复传递回荡，声虽稚嫩，轰轰然却如同虎啸，凛凛然不可小视之。天长日久，这小巷也就被称为"老虎巷"。老虎巷，说出了当地人对于教育的尊崇和敬畏，说出了人们对于子弟未来前景的期许。

在整理20来年里自己草草写就的这些关于教育的感慨文字时，"老虎巷"这三个字，还有那些灰白色徽派建筑围成的曲曲折折的窄巷，总是浮现在我眼前。当地人或者说传统中国人对于教育的尊崇和期望，在当前的中国社会中仍然延续。人们寄希望于平衡而充分发展的优质教育，期望这教育给我们一个信心满满、虎虎生风的未来。

这种心态和现实，与当初瞻淇村里把窄巷叫作"老虎巷"的村民何其相似！

1

所以，就把这一本用了20来年时间积累起来的小书，叫作《虎虎生风——中国教育观察笔记》。

20来年里，我曾经一度做着一个教育媒体编辑的工作，这本小书记载了我站在教育边界东张且西望、远眺并回顾的真实状态。

20来年里，我负责教育类新闻的采编工作，日常涉及高等教育、职业教育、基础教育等领域，自然也接触教育理论、教育研究、教育实践等各方信息。本书中的这些文字，或者是配合报纸版面头条文章的评论，或者是刊发在特定时间节点的社论，或者是因为临时急需而作的补白……却都有着一个共同点——是诸多教育现象在本人内心中激发的真实感慨，如同折冲、穿越在古巷中的那些读书声。

"不掉书袋，不故作高深，坚持说人话"，是当年我的老师对这些简短文字的最大赞赏。而面对教育和教育中的问题及期许，除了平实地说真实的话，还能用怎样的腔调呢？

回头看看，这些文字，议论着高等教育、职业教育、教育管理，评说着校长、老师、学生。长的一篇将近3000字，短的则300来言。而在这些文章中，经常出现"期待""努力""服务"等字眼，折射出当时自己的担忧——教育，被各方寄予的希望太大，而要落实这希望，却始终需要以一颗服务于教育、服务于孩子、服务于人民的真心去坚持、去努力。这个不容易。

就如同每天晨光初起时，古徽州老虎巷中响起嗷嗷幼虎那虎虎生风的诵读声。坚持和努力，虽微弱，但从不中断，也就有意义。

2022年7月

目　录

关于中国的教育者

关于中国的受教育者

关于中国的高等学校

关于中国的教育

关于中国的职业教育

关于中国的教育者

让教师享受幸福

——写在2011年教师节之际

每一个人成长和成功的背后，都潜藏着教师的辛勤和辛苦。

所以，当我们品尝成长和成功的幸福之时，总会时时感念师恩。

师恩难忘。

赵世术，一位坚持在山村小学30多年的教师，为了山里的孩子，他放弃了一切调离机会。14年前，他的腿积劳成疾，动不了了，他就让妻子每天背着自己去教室。后来，病菌蔓延，他的手也动不了了，他就让孩子们把粉笔绑在自己已经麻木的手指上，给孩子们留下清晰的板书。

年轻教师夫妇游艳、宋建君，名校毕业后拒绝了去省城，主动去了县里的边远学校任教。本来就病弱的宋建君操劳之下罹患癌症，心疼妻子的他提出离婚，而游艳却不离不弃，一边教学一边照顾丈夫，丈夫的病奇迹般痊愈，她自己在班级里搞的教学创新受到了学生和学校的极大欢迎，还获得了"全国十佳优秀援教教师"的荣誉。

孩子们说："老师教会我们知识，更教会我们做人。"

湖南农业大学女教授石雪晖，数十年来把自己的实验室扎根在农民的土地上，把科研项目直接嫁接在农村农业生产的具体实践中，指导农民有针对性地防治作物病虫害，引进科技手段提高农产品的品质和产量。而这么多年里，她就骑着一辆老旧的自行车，穿梭在自己的大学和农民兄弟姐妹的田野之间。

这样的教师，在中国太多了。

他们没有惊天动地的伟业，也没有克服各种艰难后得到的盛大感谢；没有那么显赫的社会名望，也没有各项光彩照人的荣誉和颁奖；报纸上没有名字，电视上也没有从青春靓丽到渐经岁月的容颜，他们只出现在各所学校的各个教室里，每一年，每一天。

他们同我们一样是普通人，只是选择了一个职业叫作"教师"。他们每天可能面对喜悦面对烦恼，他们有教学的成就感，也有工作的压力，会承受种种应该或者不应该由他们承受的误解和指责，他们有职称职务职业的困扰，也有购房购车改善家庭生活的愿望和挣扎。

他们甚至在自己那些朝夕相处、似懂非懂的学生们眼中数年一成不变，而只有家人、孩子或者他们自己，才会在一个偶然的机会里默默感慨年华不再，岁月变迁，而生活还要继续，工作不能停止。

这就是我们普普通通的中国教师中的绝大多数。

所以，感念师恩，是向那些在艰难困苦中坚持到底的人民教师致敬，是对那些成名不忘职责本分的名师们的赞美，也是对千千万万的普通教师的问候和铭记。

但是，感念师恩，永远不应该只是头脑中的一闪念，心头的猛然一热，季节性的一阵激动；不应该，在提到那些感动我们的教师时，他们总是清贫、疾病、身残的形象；不应该，在颂扬教师的默默奉献和承受的时候，我们却忘记他们在付出努力的同时，也有和我们一样的对于个人美好生活的真实渴望，并完全有权利享有更为美好的生活。

中国的经济强大了，中国的社会富裕了。我们应该也有能力让中国的教师享受职业的成就，让他们享受社会的尊崇，让他们享受清亮的名声，让他们享受经济的从容和生活的灿烂。

这个目标的实现，需要政府的职责、制度的完善、校长的坚持、社会的理解。

这样，中国教师才可能享受完整的幸福。

《光明日报》，2011-09-10（1）

让最美的职业更幸福

——写在第28个教师节之际

当我们回望生命中应该感恩的人时，教师，往往是共同的选项之一。

教师传递知识，传递理想，开启智慧，开启希望，"教师因播种光明而美丽，而我们因这光明而幸福"！

教师是伟大的职业，也是最美的职业。

有一位28岁的年轻女教师，当失控的汽车冲向自己的两个学生时，她一把推开学生，自己却被碾压，全身多处骨折，双腿高位截肢。当人们尊敬又痛惜地看望她时，这位女教师始终用灿烂的笑容带给大家更多的感动。人们称她为"最美女教师"。

有一群普通又普通的人，在中国广袤土地上的农村、乡镇、峡谷、高原、海岛、大山，在这些地方，坚守一个学校，坚守一个教室，坚守一个班级，甚至坚守一个孩子。他们，用自己并不强壮的脊梁，扛起了一代又一代乡村中国人的希望。人们称他们为"最美乡村教师"。

还有更多的人，就在我们的身边，在每一所幼儿园，每一所中小学，每一所特殊教育学校，每一所职业学校，每一所大学，他们虽然没有得到什么名号和荣誉，但仍然做着每一个教师都必须做的工作——教书育人。

这些普通教师，可能就是我们的至爱亲朋，也可能与我们素不相识——他们可能就刚刚在菜市场与我们擦肩而过，可能就与我们同挤一辆公交车，可能就在我们等待就诊的队列中，可能就在我们节假日出行的人群里。

其实，当我们说"教师，是最美的职业"时，不能忘记很重要的一点：教师，和所有人一样，也是普通人。普通人有的一切快乐、烦恼、喜悦、苦痛、欲望、纠结，并不会因为"教师"这两个受人尊重的字眼，而自动退避三舍。

面对自己的学生，面对学生的家长，面对自己的学校，面对学校的同事，面对社会转型期，教师一样会被时不时冒出来的困难和障碍困扰纠缠——社会地位、经济收入、职业发展、职称评定、业绩考核、子女教育、父母养老、买房还贷……这些压在所有人肩上的担子，一项不少。

当前的教育问题，也多多少少让教师们背负了分量不等的包袱——校际的竞争、班际的比较、小升初、中考高考的成绩、教学与科研的兼顾、职称考评的诸多量化条件，都会搅动起教师心头的烦忧。

教师，不是圣人。教师，更不是超人。

教师，只是从事崇高职业的普通人。

所以，在赞美教师这个职业时，在称呼他们为"最美"时，千万记得为这些教师，为这些普通人设身处地着想，制度性地解决他们的烦恼，体制化地帮助他们消减问题，让他们在职业中不仅得到赞誉，也得到幸福。

什么是教师的幸福？

"得天下英才而教育之"，这当然是教师的幸福。但是，教师的幸福，首先应该是他们作为普通人的幸福。

也就是说，教师们能通过教师这个职业，享受职业成就——给学生教授知识和道德，让他们明辨是非，让他们充满理想和动力，让他们成长为有社会责任的人。在享受职业成就的同时，教师们还能够通过这个职业，赢得社会认可和地位，赢得体面而有尊严的生活，赢得与现代文明中这份美丽职业相匹配的生活。

教师的绝大多数，正经历自己职业生涯趋向幸福的时刻，正进入越来越接近的幸福生活。

不过，我们还是不得不关注使这种生活成为可能的环节。第一个环节理应是国家层面的政策制定：教师职业门槛的设计、教师录用与淘汰的制度、教师绝对收入成为各行业的标杆、大幅提高艰苦地区教师薪酬、有效进行城乡教师流动。第二个环节自然是区域内政府各部门的细化落实：确保教师的薪酬吸引力、确保教师的医疗福利、确保职业培训并提升职业能力。第三个环节就该是学校和教师自身：养成秉承职业操守、定期交流教学教法、校长教师互动的学校管理、引导家长形成正确教育理念。

整体的制度设计，加上区域的制度落实，并在日常教学管理中提高，教师的幸福，才有可能得到坚实支撑。

这的确值得整个社会不断地、一再地、坚持地为之努力——让最美的职业更幸福。

让最美的职业更幸福，我们才能播撒出更多的美丽和幸福。

《光明日报》，2012-09-10（1）

师立则国兴

——写在第30个教师节之际

今天，又是教师节。

今天，我们要向辛勤的人民教师说一声："老师好！节日快乐！"

今天这个教师节，又有些非同一般的意义——第30个教师节，在讲究"三十而立"的中国，这意味着："教师节"也已进入了成熟之年。

的确，经历了30年的发展，我国的教师总量增加，配置改善，年龄优化，学历提高。1476.82万名教师，在全国52万所学校里，支撑起有2.57亿在校学生的这个世界上最大规模的教育体系。

这，就是我们的中国教师们做到了的事业。这是一项足以让世界致敬、让世人叹服的事业。

在这样的背景下，在这样一个教师节，我们应该把所有的赞美给予可敬的中国教师。他们也值得拥有这样的赞美。

不过，我们决不能忽视的是："教师"，所代表的不只是一个神圣的称谓和高尚的职业，还是一个个有血有肉的、有生活压力的、有事业追求的、有职业困顿的、有热情也会沮丧的活生生的人。

因此，在教师节里，向教师们致敬，是我们社会应该做的。而在所有的日子里，各级党委政府、教育行政部门、全社会要努力树立一个尊重教育自身规律、尊重人的成长规律的风气，为教师们建立一个促进教师职业发展、提升全体教师整体社会地位的坚实平台，让教师们能站立在这样的平台上，安安心心、负责任地履行职责，教书育人，扶持成长，以此赢得他们自己的个人成就、职业荣耀和社会尊崇。只有这种环境下的教师，才"立"得起来，这种条件下的教育，才有持续的希望。

利好的消息是：教师节设立30年来，教师地位提高、待遇改善，职业发展通道拓宽、吸引力增强。

不久前，教育部、财政部、人力资源和社会保障部联合印发了《关于推进县（区）域内义务教育学校校长教师交流轮岗的意见》，明确提出：用3至5年时间实现县域内校长教师交流轮岗的制度化、常态化，实现资源均衡配置。

而自2013年9月开始实施的"乡村教师生活补助"，仅中央财政就已下发综合奖补资金21.14亿元，惠及403个县的55.26万名乡村教师。

由此可见，尊重教育规律，尊重个人发展，这样的认识已经形成，制度化的措施也已经开始在全国范围内渐次落实。我们有理由相信一个更加健康的中国教育、一个更有吸引力的教师职业的出现。

当然，"教师"不是一个光环。教师职业不能也不应该天然地让从业者自动获取赞美。教师应该为此做出自己长久的真诚努力：就像希望社会理解和落实教育规律一样，更加理解和落实教书育人的真谛；就像要求社会尊重和扶持教师的成长一样，更加尊重和扶持学生的成长；就像期待社会理解教师的苦与乐一样，更加理解学生和教育的期待，那是所有家庭的期待，也是国家的期待。

只有这样，每一位教师，才是真正能够"立"起来的人；中国教育，才能持续培育一代代真正成长成熟的中国人。

《光明日报》，2014-09-10（3）

爱护乡村教师，强壮中国之根

——写在第31个教师节之际

今天，我们迎来了新中国第31个教师节。教育部联合媒体评选出了新一届"全国教书育人楷模"，《光明日报》与中央电视台共同举办的"寻找最美教师"活动、与北京师范大学共同举办的首届"启功教师奖"评选，获奖名单次第揭晓。他们当中的很多人，坚守在"老少边穷岛"地区的讲台上，播种着中国乡村美好生活的希望。在此，我们向这些优秀教师表示祝贺！向全国的教师致以诚挚的问候，表达崇高的敬意！

乡村的发展和进步，与一个群体的状态紧密相关。这个群体，就是乡村教师。如果把中国比作一棵大树，乡村教师，就是这棵大树深深扎入地底，穿透土层岩石，为大树源源不断寻找和输送营养，但却从不招摇炫耀的庞大根系。

他们扎根条件艰苦的乡野，教育着一辈又一辈村人，用知识、道德的示范力量，为这个国家最基层、最多数的人，铺好起步的基石。

所以，中国要发展进步，要全面建成小康社会，就一定要推动乡村发展，就一定要爱护乡村教师。

我们看到，党和政府不断加大对乡村教育和乡村教师的扶助。多年以来，"校安工程""薄弱校改造""初中校建设""现代远程教育"等项目，在全国范围内一次又一次地掀起了乡村学校建设浪潮。而以《乡村教师支持计划（2015—2020年）》为代表的一系列支持政策出台，给解决当前乡村教师队伍建设领域存在的突出问题带来了希望。

但充满希望，并不意味着一路坦途。乡村学校，尤其是一些山区、边区的村小和教学点师资匮乏，人员老化，新人流失，补充不易，矛盾和困难交错纠缠，乡村教师们希望这些好政策不拖沓，没衰减，快落地，能生根。

期许如此殷切，源于一些老问题亟须破解——一方面，乡村教师生活清苦，责任大任务重，各种显性隐性的个人付出太多；另一方面，相对于这种付出，所得太少。对于很多优秀年轻教师来说，把乡村作为第一选项，不是一件轻松的事情。

美好的愿望、荣誉的光环、责任的召唤、形象的塑造，非常重要，但更迫切的是，要用更大的决心、更有效的措施、更扎实的行动，提升乡村教师的职业吸引力。

我们关爱乡村教师，更需要着眼于社会发展的需求、"两个一百年"奋斗目标的要求，时不我待，需要把这种关爱实行得再深入一些、再落实一点。

根要扎入土壤，树木才能生长。只有切实拿出决心勇气，真正倾听、关爱乡村教师，中国之根才能强壮遒劲，中国之树才能茁壮茂盛。

《光明日报》，2015-09-10（1）

传统下的理想

"师者，所以传道、授业、解惑也。"中国人对此，耳熟能详。

这是我们的传统，对于教育世代相传的重视，对于从教者的尊崇，都在这个传统里面。名师大儒享有历代知识分子的礼敬和仰望，即便落魄塾师也在乡里村落多少养有民望。虽然不能说是一种桃花源般的尊师尚道的景象，但是世道人心对于"师者"的推崇，毕竟是写入牌位、摆上香案的。

除了中国，还有那几个深受中国文化影响的国家之外，还有哪一个国家或者民族的从师者被整个国家和她的人民如此制度化地尊崇礼拜？很少。

何以如此？因为，"师者，所以传道、授业、解惑也"。

我们都明确而且肯定地解释这句话：做教师的人，是要给学生传授为人做事的道理，教给他们学业见识，解答他们对于学问以及相关的困惑的。而一个"老"字，更说出这个职业的贵重和受人珍重。贵重和珍重之余，更有着些许的自然的亲近。如今的诸多职业中，又有哪一种被冠之以一个"老"字呢？

不过，毋庸置疑的一点是，我们越来越觉得如今的"老师"们，或多或少地缺少了一些什么东西。可能"授业"还始终在被执行着，而"传道""解惑"似乎渐渐少了。

当然，我们绝不是要让"老师"来解决所有的问题，绝不是要让教师成为这个社会的问题终结者。事实上，"师"在中国历史上，也从来没有完成这样的历史作用。更大程度上，他们是培养着解决问题的力量而已。

就是着眼于此，我们仍然要执着地期望于"老师"的力量。

社会力量的集聚依赖教育，教育力量的养育依赖教师，教师的滋养更依赖教师教育。也就是说，教师教育将决定我们的教育发展和社会养成。那么，其重要性不言而喻，其标准更是不言而喻。这个标准，其实我们都明白，正如莫家豪教授所说的那样，教师教育的理想，就是要培养"有世界视野和社会关怀的教师"。这是我们传统下的理想，值得我们去坚持和努力。

《光明日报》，2010-10-13（11）

负起自己的责任

最近，湖北武汉破获了一起全国罕见的招生诈骗案。据称，有大约2000名学生受骗，涉案金额上亿元。其中假冒某校影视工程学院录取通知书的最为严重，受骗人数达1750多人。

案发后，有关高校向警方报案，促成了案件的侦破。高校也公开了自己正规的招生情况，解释了自己的招生政策和规范步骤，并同时向可能出现受骗学生的地区派出人员给予解释。应该说，高校的反应是及时的，处理措施也称得上"应对有方"。

但是，总还是有那么一些遗憾，总让人觉得缺少些什么。当受骗学生家长和记者追问诈骗人的身份时，学院的有关负责人却以一句"他不是我们学校招生工作人员，是某某公司的，也就是今天来明天去"来解释。原来，这所学院是所谓的"独立学院"，是某高校与地方投资企业合作的"独立运作的新体制下的高等学校"，诈骗人原是由投资方派到学院招生办来的工作人员。因此，学院认为自己也是受害者，因为诈骗犯"既让家长受骗，同时也玷污了学校的声誉"。

的确，学院和大学在这次事件中必然会声誉受损，但是，"独立学院""非招办人员"都不能成为学校推卸责任的借口。既然是冠着学校的名字，既然是合作办学，学校就绝对有责任、有权力、有义务去实施自己的管理，维护自己的声誉。更何况，同一所学院，去年就已经出现了违规招生、乱收费的问题，今年3月才刚刚被教育部通报批评。才过不到半年，这所学院又在招生环节惹上麻烦。该校及其独立学院难道就没有自己的责任吗？诈骗人毕竟是与自己的招生单位有关系，又是打着学院的旗号行骗，这无疑暴露出该校和所属独立学院的管理疏漏。

　　既然存在管理上的疏漏，公立高校也好，独立学院也好，都应该有一种面对由于这一疏漏所带来后果的负责态度。那么，他们就不能只是把自己也放在"受害者"的位置上叫苦喊冤，或者展示自己正确的一面，或者仅仅向社会发出防伪通告。对自己内部管理的清理和调整都应该采取措施。当然，案发的时间还不长，校方也许还没有来得及从管理层面着手调查；或者，校方已经有所动作，只是没有向外公开而已。但是，至少还应该有一个负责任的对外态度。

　　为什么不可以由这所大学或者其独立学院出面，面对公众，在正式澄清事实真相之后，说一声："对不起！"这一声道歉，并不是把学校与案件纠缠在一起，而是表明学校负责任的姿态，表明堂堂大学勇于承担自己应该承担的那一份职责，而不是把事情推脱得与自己毫不相干。后一种做法，显然缺乏大学通常所倡言的那种"大"的气度和"大"的境界。这一声道歉，却可以更加牢固地将大学与自己的责任联系在一起，在解决诸如此类问题的时候，给大学一个更踏实的起点，也给人们一个更加理解和尊重大学的理由。

《光明日报》，2005-09-28（6）

扎根办学才有教育家

　　中国是不缺乏教育家的。

　　这些教育家的一个共同特点就是：长期执教，扎根办学。孔夫子不必说。"二程"养育人才，开启理学教育先河；朱熹长期主持白鹿洞书院、岳麓书院；王阳明开办龙岗书院，开化西南。蔡元培的"思想自由、兼容并包"让人念念不忘；主张"教育救国"的张伯苓主持南开大学四十年，其个人更创立了从小学到中学到大学的完整现代教育体系；陶行知创办小学、工学团、社会大学，以"生活即教育，社会即学校，教、学、做合一"的教育思想影响人们到现在。

　　现在，我们并不缺少从事教育理论研究的学者和专家，也不缺少对教育现状指点批评的教育评论家，更不缺少掌握着各地各类学校发展要素的教育行政官员，但是，我们的的确确越来越缺乏真正的"教育家"。

　　现在也有一些被命名的教育家，但他们却很少从事教育办学，或不直接管理一所大中小学。

　　真正的教育家是要一心一意扎根办学的，是要从教育教学的土壤中长期萌发、生长、苗壮起来的。试问现在的人们，包括我们的大中小学校长、老师们，有多少人能够做到"一心一意扎根教学"？

　　与其期待，不如创造条件，让有志于教育的人们安心教育，扎根教学，发挥他们的能力，启动他们的思想，为未来的教育家提供一片成长的土壤。

《光明日报》，2010-09-29（11）

教育者要有面对批评的风度

中国传统是提倡"为尊者讳"的。教师是尊长，也在这个"为尊者讳"的行列里的。但是，文人士子又每每强调"不虚美、不隐恶"，是要"直言"的，尤其是中国传统知识分子们更是把直言敢言视为文人当然的气节和风度。

中国的文人气，有时候显得"傻"，因为这些文人每每不识趣地说些正确但是不应景的话，而自己对于批评甚至攻击也敢于回应和争鸣。这是好传统，这是好气质。

所以，我们的先辈文人还是有比较好的对于"直言"的态度的。至少，面对"直言"会表现出一定的雅量；在面对不平之事时，也会发出或曲或直的声音。

用一句话说，知识分子要敢于批评和自我批评。

作为教育者的知识分子，更需要这样的面对批评的风度。

知识分子的活动以学术为主线，其中教育、研究、出版又是学术活动的主要内容。那么围绕学术的批评，也大多在教育、研究和出版活动中进行。所以，如何面对学术批评，也是教育界、科研界、出版界的一大问题，尤其对教育界影响巨大。

因为现阶段的学术人，往往又是当前各类学校的教育者。他们的学术活动就在学校、课堂中展开。他们的身边，除了学术同行，还有大量的学生在接受他们言传身教的熏陶。

也就是说，作为教育者的学术人，面对学术批评时的反应，会直接在他们的学生的学习活动中播下种子、形成影响。老师对待学术批评的态度，会转而成为这些学子展开自己的学术活动时的标准，并很有可能会再影响到下一代的学生。好的批评作风会代代相传，不好的学术态度也会陈陈相因。这就是教育者要谨而慎之的原因。

教育者以正常的学术态度面对学术批评，把批评限定在学术活动的环境和规则之内，有利于学术发展，有利于教育者自我提升，有利于净化教育环境，更有利于受教育者成长。无论从哪一个角度、哪一方的利益出发，我们都期待教育者有风度地面对学术批评。

《光明日报》，2010-11-24（12）

爱，教师之魂

"学高为师，身正为范。"这是在中国几乎所有师范类高校中都可以见到的一句话。

细究之下，对于如今时代的教师，这其实又是一个难度颇大的要求。知识更新速度的加快，学科分类的细化，都让教师们不敢在教学中轻易以"学识的高妙"来俯视自己的学生。而现代社会的种种现象，已经让包括教师在内的很多人精疲力竭，要求老师们独立于社会浮华风气之外，洁身自好地做一个传统的"正人君子"，以"身正之品德"来引导学生，就更加难上加难了。

但是，老师又怎么可以放弃"学"与"身"的两端，轻易从传统延续、社会热望、学子期盼的义务与责任中慢慢消沉下来，隐遁开去呢？

在这样的时刻，面对如今的风气，教师要坚守自己的责任，最有力的一大支撑点，恐怕就必须要求老师们的内心情感，从教师对于这个职业的热爱、对于学生的爱护，来激发他们细下心来，放缓身心，进而从从容容地履行教师该做的教书育人的职责。

爱是教师之魂。

没有爱，面对一双双求知的眼睛，面对一个个无邪生长的生命，又怎么经得住一年又一年的职业的重复的消磨？又怎么可能把一腔热情始终坚持在那小小的课堂、那缓慢的生命的成长和时光的流逝之中？

爱这个职业，爱这群人，才有教师持久的光华，才有教师那感人至深的尊崇，也才有这个社会对于教师群体的无比的期待和热爱。

有了这颗爱心，学高身正才有了发端的凭据，才有了那生生不息的楷模的力量。

导师，是一项尊贵的事业

导师，这个名号很尊贵。与"老师""教师"相比，"导师"不仅仅有着学术上的指导，还有着价值观、成长史的导引职能，这也就意味着，在导师身上，承担着更多的对于学生和学术的责任。

现在，介绍一位大学教授的时候，如果再加上一个"博导""硕导"的头衔，那是会更让听者敬仰，也让被介绍者身份凸显。原因正是在于导师从事着培养学术后进、养育人才、扶持社会中坚的事业。这事业，是一项尊贵的事业。

所以，当关于"导师"的一些话题冲击着我们对于导师这个事业的信任的时候，我们必然会绷起敏感的神经。

其实，我们国人对于导师的要求是很高的。"光风霁月""如坐春风"都是对于这样的师者的推崇，因为这推崇来自那些怀着"程门立雪"心愿的莘莘学子。

当然，这种道德为先的高标准会让师者如履薄冰，如果用来要求现代的从事教育的人们，也的确有些过于苛刻。毕竟，当教师成为一门职业，提出过高的道德标准必然会过度提高职业门槛。

但是，反过头来再看近年关于"导师"的话题，其之所以引人热议，"德"的确是一个极大的原因。那么在这个时候，对于导师的道德标准的期许，也就成为自然。我们当然要现代化的大学有现代化的严格的管理制度，也要求我们的导师群体从德的高度去要求自己，提醒自己并督促自己：导师，是一项尊贵的事业。

《光明日报》，2011-03-23（16）

教书育人怎能三心二意

十多年前，听说学校里的英语老师把几位成绩较差、家住较远的同学接到自己家来吃住，同时还会指导这几位同学加加班，补习补习英文。这位老师只象征性地收一点食宿费用。

当时听见上面这样的消息，心中很是感动——因为，这位英语老师是学校里有名的责任心强、教学严格的老师。她的课堂教学，非常投入也非常精彩，大多数同学学得颇有兴趣，成绩也很好。按照一般的逻辑，对于剩下的这几位落后学生，她完全可以不必管，但是她却主动把自己的课余时间也用到学生身上。而这几位有幸搬进她家里暂住的同学也的确在两三个月后大有进步。再回到课堂，他们的英语表现的确大有起色。

应该说，在那个年代，这位老师的做法是别出心裁的。

十几年后，类似这样利用个人时间给学生补习的老师越来越多，不仅有个人行为，更有各类补习学习、培训机构争抢名校的教师参与各色补习班。

同样是教师用个人时间来给学生补习，但是这相距的十几年时间，却在人们心目中把前后两批老师截然划分为两类人。

一类老师，是几乎无偿地为学生提高学习能力，他们立足在课堂教学中教好所有学生，又利用课余时间来带动那些后进的学生；另一类老师，却可以用"名校""名师"的头衔把补习转换为一种产业，实行有偿服务。更有甚者，后一类老师中还有人把主要精力放在课后的这种营利性的补习班上，自己的本职教学，自己的本校课堂却无法吸引他们负起教书育人的责任。

两类老师，孰高孰低，大家心中自有判定。

后一类老师的出现有着复杂的社会背景——教师收入一度较低、社会收入差距拉大、个人价值的正当化，诸如此类。应该说，教师利用课余时间补习

21

并赚取劳动收入，具有一定的合理性。

但是，有一点绝不可以忽略——教师的精力必须放在本职教学。无论是公职还是私校老师，一旦被聘用，在本校做好所有的教学工作，是必须的，也是不可以用任何手段弱化的。教师有意在课堂上有所保留，课后再来有偿补习，则更是不能被允许。这后一种做法无异于"渎职"行为，是可耻的。

于是，想起广东中山一位知名中学校长告诉我的一句话："我校的老师必须在本职教学中全力以赴，绝不允许正常教学中三心二意。这一点，雷打不动。"

《光明日报》，2011-08-31（16）

担负起教育者的责任

相信很多人都有这样的感觉：对于一个孩子而言，老师所说的话，往往比父母长辈的话更具权威。事实也经常如此：父母亲朋苦口婆心，还不如老师的一句提醒来得有效。这个现象，说明了老师在孩子心目中至高无上的地位；更说明学生对自己老师的完全信任、尊敬和服从。

无疑，这是为人师者的荣耀。

同时，这份荣耀，这份来自孩子的信任、尊敬和服从，也对教师，尤其是对中小学教师，提出了一个重要命题——领受着孩子这样的情感和信任，每一位教师，都应该认真地担负起教育者的责任。

没有任何人、任何规章、任何法律，要求教师在八小时工作之外必须对自己的学生加以开导，而合格的教师会自然而然去关心，去做到。

在当前实际的教育环境中，在教育改革和素质教育实行多年之后，很多学校、教师、家长、学生，仍然能感受到竞争的压力、升学应试的沉重负担。在这样的环境下，每位教师其实都能有所作为——每天的作业一定要布置很多吗？考题一定要出得那么"无微不至"吗？让孩子们无奈无语的标准答案要一直重复吗？孩子们的快乐、成长、对知识的好奇心，一定要反复用分数来填塞吗？教师和学校的声望一定要孩子们用考试成绩来塑造吗？……

单个教师，的确力量有限。但是，面对自己的学生，每一个教师，几乎就是教育的全部。那么，每一位教师的每一个教学细节，其实就是担负教育责任的机会。教师，只要立足于孩子的快乐成长，就能够也应该做出自己力所能及的正确选择和坚持。

这个选择，就是为自己的学生一点点支撑起健康成长的天地。

这个坚持，就是担负起教育者的责任。

《光明日报》，2017-08-31（14）

校长的午餐

　　杨祖佑是美国加州大学圣塔芭芭拉分校的校长。在他的任内，该校在1998年到2004年的短短7年间，先后有5位教授获得诺贝尔奖，学校声名鹊起，也因为这个原因，杨祖佑被人称为"伯乐"。

　　当有媒体采访这位伯乐的办学经验时，杨校长自然列举了大量的办学措施，比如怎样吸引人才，又如何防人挖墙脚，怎么筹募资金，如何建设校园……和国内大学校长们的思路大概也差不多。不过其中有一个办法却是有趣的，中国的校长们学习起来也很方便，那就是他的午餐。

　　中国人讲究吃，杨校长生于四川，长于台南，深造于美国，也重视吃。不过他在吃饭中添加了别样的调料，把自己的午餐弄得有滋有味，最后让学校大得甜头。这"调料"就是他麾下的那900位教授。

　　杨校长是这样来用教授调味的——"当日我是战战兢兢到校的。我除了虚心向资深的学长请教，还积极和每一位教授接触。这一年，我尽量留在校园；每天中午，我都安排和8至10位教授吃饭。这样的午餐会，那年我吃了100顿。和教授午餐会的谈话记录，收集了一大摞。教授都有要把大学变成世界级、领导级、研究型大学的心志，大家也非常关注本科生。就这样，我们有了很简单而又明确的目标，因为都是大家的意见，实行起来，特别通畅、顺利。"

　　因为他自己没有说，所以，我们肯定不知道杨校长的午餐都吃了什么，用了多长时间，席间有无酒水，上没上餐后水果，这些是一概不知的。但是我们知道的是：这顿午餐肯定有或多或少的收获。更何况，那是100顿午餐，那是先后和900位教授共进的午餐，那是饭后有一大摞谈话记录的午餐。

　　所以，最后合计一下：午餐是杨校长吃的，甜头却被圣塔芭芭拉分校尝到了。

没有经过详细计算，国内大学校长的准确数字是不好肯定的。但是大学校长们也要吃饭，这是肯定的。因为校长们自己没有说，我们同样无法肯定校长们的午餐甚至晚餐都吃了什么，用了多长时间，席间有无酒水，上没上餐后水果……但是，我想肯定的一点是：我们的校长们的午餐或者晚餐上有没有杨校长所用的那样的"调料"呢？这一点却不大好肯定。

为什么不肯定呢？因为，我们的大学校长们的忙是众所周知的——忙着开种种会，忙着做种种报告，忙着迎接种种检查评估，忙着出席种种活动，忙着学校的种种大事和小事。所以，他们可能很少有时间、有机会在午餐时能够把自己学校的哪几位教授请来吃个饭，聊个天。即使他们自己也有这个想法，但是，身不由己地忙呀！

所以，以至于有的校长很少和自己的教授深入接触、谈学论教。更以至于，很多教授很少有机会在大会小会之余见到自己的校长，就更别提共进午餐了。

其实，大家都知道：午餐不是重要的，重要的是距离，是教授和校长之间的距离，是学校和学校之间的距离。

《光明日报》，2007-01-31（11）

校长的歌声

许智宏校长在北大2008年元旦晚会上，为北大学生们演唱了一首《隐形的翅膀》。歌声响起，北大学子们掌声相和，歌声相和。

这歌声已经淡去了，但是应该会是那晚在北大百年讲堂的学子们难以忘怀的，也会是借助网络观看了许智宏校长演唱视频的人们长期回味的一幕。就像现在，这个时候，许校长的白发与歌声，同样在我的眼前浮现，耳边响起。

"每一次都在徘徊孤单中坚强，每一次就算很受伤也不闪泪光，我知道我一直有双隐形的翅膀，带我飞、飞过绝望……"许校长的歌唱得并不那么好，应该没有他做科学家、做校长来得好。但是他那略微走调的歌声，合着他认真歌唱时抖动的白发，合着这励志向上真实直白的歌词，却让人如此感动。

那一刻，许校长似乎不再是我们很多人仰慕的北大的校长，而只是一位可爱的、慈祥的老者；那一刻，许校长似乎不再是北大的校长，而是多少莘莘学子心目中共同的校长。一位网友在看完视频后留言："幸福的北大学生，我已经无缘做这样的校长的学生！"那的确可以代表很多北大之外学生的心声。这个时候，我们不是为北大心动，而是为这样的一位校长而心动。

许校长在那一刻，没有把自己放进一个"校长"的条框里，没有把自己放进一个"北大校长"的条框里。或者说，他只是把自己作为自己心目中的校长来展示，他只是让自己作为自己理解的北大校长来歌唱，为自己的学生们歌唱。

而我们的感动仅仅是因为他的歌声，因为他的白发，因为他的儒雅从容，因为他的突破条框吗？

不是。

准确地说，我们实际是被自己期待的一种理解、一种亲和、一种走近、一种平等、一种认可、一种关怀，竟终于在一位大学校长的身上落实了而感动。歌声仅仅是这种落实的一个表征而已。而这个表征只是扩大了我们对于大学的期待和希望，对于校长们的期待和希望而已。我们就被自己的这种期待和希望而感动。

那，我们需要大学校长们为我们齐声歌唱吗？

未尝不可，不过，当然不是仅仅如此。

就像许校长不仅仅是歌唱着《隐形的翅膀》的校长，而且他是说出"学者不必'学而优则仕'"，说出"中国的研究生，特别是博士生的待遇太低了"，说出"一流大学的建设不能操之过急"，说出"北大招多少'状元'不重要"，说出"要有宽容失败的胸怀"等名言的校长。

当然，我们也知道，因为是北大，许校长的歌声才会如此远扬，我们有同样情怀的校长，有同样见地的校长，有同样作为的校长，不只在北大，在中国很多的地方，在他们那些学生的心中。我们只是无缘得见他们的名姓和风采。不过，许校长让我们意识到他们的存在，更期待着他们的出现，他们的光彩。

所以，若干年后，我们回想，有一位校长为我们而歌唱，他歌声悠扬，白发苍苍。我们仍然会被感动。

因为，他是我们的校长。

《光明日报》，2008-02-13（11）

校长的演讲

六年前的夏季，我参加了一次美国加州大学河滨分校的毕业典礼。典礼上，毕业生们漂亮的学位服、众多亲友团自始至终的欢呼喝彩、河滨分校校长为毕业生们一一握手拨穗，这些都给我留下了可谓震撼的印象。而当时那位校长对毕业生的讲话也信手拈来，从容不迫，赢得学生们的阵阵掌声。当时便有感慨：美国大学的毕业典礼真可以让学生终身铭记，而校长的讲演更是画龙点睛。

三年前，我在国内遇到一位大学领导，他刚刚举办完本校的毕业典礼。典礼上，这位学校的"一把手"与每一位毕业生握手、合影，这花了他两天的时间，当然，还有他辛辛苦苦准备的给毕业生的演讲。"真累，不过真是值得！因为我和我的学生进行心与心的交流。"在当时，有这样感觉和体会的大学领导可谓领风气之先。

而在今年的大学毕业季，我们开始听到越来越多的大学校长们在毕业典礼上面对毕业学子们的真情演讲。我们在这个季节里，听到越来越多的校长们的心声，越来越近距离地看到我们的校长。

这些演讲，流传于本校，流传于网络，流传于媒体，流传于全国，更流传于我们心底。这些真情文字、真诚嘱托、真心希望，平易平实的语言和真实朴实的内容，把大学校长们的内心敞开给莘莘学子，也敞开给曾经的大学生们，更敞开给关心着中国大学的人们。我们为这些真性情的演讲喝彩，更为这演讲背后所渗透的校长们、大学们的办学精神、文化理念喝彩。

为这样的演讲喝彩，是因为我们期待这样走近学生身旁、走进学生内心的校长，期待他们把大学真正办成以学生发展为本、以教师发展为本、以高等教育发展为本的场所。所以，我们绝不仅仅是为校长们的精彩演讲喝彩，而更重要的是为大学校长们的立身态度、大学理念、文化追求、社会精神致敬。

所以，我们期待于校长们的也不仅仅是毕业典礼或者开学典礼上的演讲，而是在大学的立校、办学、治学、管理的每一个环节都去履行校长演讲中对毕业生的期许，让大学的每一级管理部门都去切身地了解学生们大学四年的成长和困境，去近距离地尽量时时刻刻、时时处处地展现精彩演讲中那流光溢彩的魅力。

这样的魅力更让人受用终身，这样的魅力更是大学的精彩所在。

《光明日报》，2010-07-28（11）

关于中国的受教育者

慎对大学生"公务员热"

周末的一场国家公务员考试，牵动了全国上下的神经。在所有考生当中，应届毕业的大学生是主力中的主力。对此，各方面要慎重对待这股热潮。

首先，大学生以公务员作为自己职业生涯的开端，是必须得到尊重的选择。越来越多的高素质的大学生经过笔试、面试等环节进入公务员队伍，无疑可以作为一种鲜活的年轻力量从知识结构、能力结构等方面为公务员人才储备打定基础。但是，因为就业压力把一部分大学生"挤压"进了公务员队伍，大学生对公务员的理解还很大程度上局限于：工作有保障、收入稳定、有社会地位、"前途"不错。这种理解对于就业压力下的学生来说，很正常。但是，仅仅从待遇角度来理解一种职位，尤其是一种社会责任很重大的职业，不能不让人担心。为此，大学生很有必要在选择这份职业的前后，认真地了解它，修正自己个人的发展目标。毕竟，如果在进入岗位后，再跳出来，不仅仅是在浪费个人的时间，也是在牺牲其他的机会，更是对社会资源的浪费，这就已经与公务员的职业立场和事业精神相背离了。

其次，录用公务员的部门很有必要培训和规划自己的公务员队伍，以配备一个与社会经济发展、道德价值取向、精神文化状态相匹配的最佳"人才 职务"组合。可喜的是，今年的国家公务员报考资格设定，已经出现了积极的动向：约有三分之一的职位要求有基层工作经验，且报考生源不受地域限制。这样的思路有助于各个政府机关在最大范围内选拔人才，也有助于让公务员找到"底层视野"，从而改进公务员的自身定位，摆脱公务员潜意识的"官本位"思路和作风。此外，公务员的个人发展晋升有一套既定的规程，"资历"还是考察一个公务员的重要部分，这对于政府部门来说是应该尽量淡化的一点。录用单位有必要多了解每个新进入单位的大学生的个人情况，多给他们表现的机会，树立他们的信心，这对于新进入单位的大学生而言，其重要性自不待言，对于建设高效率公务员队伍来说，也是积极的。这样，大学生报考公务员才不至于成为"虚热"。

《光明日报》，2005-11-30（6）

名校办班何其多

打开新浪等门户网站，在首页的最显眼位置，往往就是一组教育类招生广告："人力资源总监班""酒店管理研修班""项目管理硕士热招""市场营销总监班""应用金融硕士""财务总监班""名校在职研热招"等学习"班"。

再看看这各种学习"班"打着的主办学校的名号，更是极具震撼力——绝大多数是国内牛校、名校。大多是莘莘学子望眼欲穿，即使拼了"牛劲"也难得一进的读书圣地。这样的牛校，这样的热门专业，其吸引力、冲击力之强，估计是很少有人可以抵挡的。

我没有进过这些名校学习班，不大清楚这些为总监、准总监们预备的各类学习班的课程如何设置，教学进度如何展开，证书怎样获取，倒是听说过，的确不少学习班成为各种高级管理人才深造"充电"的所在。但是，也有另外一些公私机构的高级管理层却把学习班作为建立个人人脉网络、自家"镀金"甚至"镏金"的方便处所。

名校办班无可厚非。但是，我们这些名校门外的人，总对这些名校带着也许过多的厚望和期待。总是希望名校在保证校内正常的教学、健全学校教育资源管理的同时，一定要爱惜自己几十上百年的声誉，严把学习班的质量，别让这些学习班成为一些已经掌握了经济资源的人，仅仅用交钱的方式就得以掌握教育资源的工具。

《光明日报》，2007-04-04（11）

大学生暑假别白过

　　暑假无疑是在校大学生始终盼望的假期。在经历了整整一个学年的在校学习生活之后，这两个月的假期无疑是非常珍贵的休息放松的时间。除了通常的回家探亲、外出旅游外，参加学校组织的暑期支教以及"三下乡"等社会实践活动，是暑期大学生的主要活动项目。

　　这一类的活动积极健康，有利身心又开阔眼界，会让整日在校园和个人小圈子里活动的青年学生更深入、更好地了解社会，认识社会，对于培养他们的实际动手能力、运用课本知识的能力和思考实际问题的能力，都是大好机会。

　　不过，我也经常接触到一些这样的大学生，他们有很好的机会到各地旅行，或者是有机会参加了种种社会实践活动，也经历了丰富多彩的暑期生活，但是无论是开阔眼界的旅行，还是增长才智的实践，这部分大学生都自觉不自觉地把它们归于暑期"消闲活动"的范畴。因此，他们的态度是：享受旅行的每一天，享受社会实践下乡的每一天，风景就纯粹是风景，就连支教和"三下乡"，有时候，在初期的感动和心动之后，也渐渐成了带有旅游性质的观光之行。

　　如果是自费的纯粹的旅行，这还说得过去，如果是社会实践活动被变成了纯粹的观光，这就有些浪费公共资源的嫌疑了。其实，即使是自费的旅行，对所见所闻有所感，或者落笔成文，或者引发一段思考，铭记在心，也是旅行的大收获。古人称此为"游学"，是有大道理的。而在社会实践期间，如果把实践变作浮光掠影、蜻蜓点水，就实在文不对题，如果再与当地接收单位迎来送往一番，提前学习些"潜规则"，可就与学校组织社会实践的初衷背道而驰了。

当然，还有一部分大学生，在暑期还过着"废寝忘食"的生活，只不过这种"废寝忘食"，不是为了学习新知，补习旧学，而是为了在假期里熬夜过网瘾，打游戏，恶补电影电视连续剧。其结果是，"暑期过得比学期忙，眼睛熬得比平时红，身体累得比平时瘦"。而要问起所得所思，又往往懵懂无言。

当然，好不容易到了假期，放松是理所应当的，即使是上上网，打打游戏，对于已经是成年人的大学生来说，是假期题中应有之义。可是，不掌握一个度，没有具体合理的一个假期规划，对于要迎接就业、继续深造的大学生来说，却是不成熟的。暑假的时间很长，其实也很短，但是很值得珍惜，希望我们的在校大学生们明智地抓住这宝贵时间，不让假期白白流失。

《光明日报》，2007-08-15（11）

学生应有敬畏之心

2008年刚开个头，一则大学校园里的新闻就借助网络的力量让国人议论纷纷了。现在只要提到"杨帆"这个名字，人们就会想到发生在中国政法大学的那场师生之间的争执。

一位家长在看完网上视频后表示，杨帆教授训斥学生的有些话有些"重"，但都在理，倒是视频开头学生拍摄时的掌声、叫好声、笑声，让人反感。

这真是一个让人无法释怀的场景：将近一半的学生缺席自己选修的课程，老师就此与学生的争执，居然引发出的是学生近似"看戏"的喧哗笑闹。教师、课堂、学生，这本来该是一个理性、尊重、自尊的组合。但是在那一刻，我们无法感受到学生对于老师、学校、课堂的那种应该具备的起码的敬畏心。

当前的中国社会，早已经不是要立起"天地君亲师"牌位顶礼膜拜的年代，但是"程门立雪"的故事，对老师的尊重，对教育的敬畏，曾经是我们文化传统中最为优秀、最让人自豪的部分之一，也是中国文化得以源远流长、辉煌灿烂的原因所在。而且"尊师重教""科教兴国"还是现在中国人朗朗上口的话语词汇。

所以，这些学生在大学教室里面对大学教授的笑闹声，就显得格外刺耳。

我们的学生是否缺少了一些基本的敬畏之心呢？看来是有这样的趋势的。

因为，我们已经不再是第一次听说学生在自己学校的教室里，对自己的老师发出不敬之音、做出不敬之事了。

这里面，当然有目前教育界内外的原因在作祟。教师之外其他社会职业地位的上升、教师负面消息的流传、个别教师不当行为对教师群体荣誉的伤害，这些都造成了教师职业发展的某些困境。

但是，学生，尤其是大学生，对于教师和教育态度的下滑，不能单单从这些因素里面寻找原因。学生无故逃课的现象在很多大学校园已经司空见惯；学生对于自己的专业课程没有兴趣，平时大玩特玩，考试时加班加点也不是什么新闻；学生对于学校评头论足、乱发牢骚，以"春秋笔法"臧否学校、老师的调侃语句也时有所闻。

其实，这一代的年轻人具有很多前辈人无法比拟的优势，他们的勇气、大胆、不盲从是非常珍贵并应该被保护爱护的品质，这种品质已经被寄予希望：希望他们在以后的年代中，给中国带来健康积极的新气象。

而他们成长的过程还有些漫长，就像大学生必须在大学教室中面对教师四年时间一样，我们要等待这些年轻人的成长和成熟，当然是带着一点敬畏之心的成长。因为敬畏之心不是要丢失自己，而是要更加清醒，更加有尺度，以更加有可能接近他们自我的期许。

《光明日报》，2008-01-16（11）

学习，不只是学生的责任

我们曾经有一个共识：就好像教师教书，商人经商，农夫种田，工人做工一样，"学生学习，天经地义"。

不过，学习又并不只是学生的责任。因为学习并不是天生的本能，也需要被教授、被传予。如同教师、商人也必须经过师傅反复严格的训练才能懂得如何教书、经商一样，学生也要有人一次次地启发引导，才能懂得如何学习。

所以，现在的一种新说法是——"学会学习"。

学生当然可以在自己一次次的学习活动中体会、领悟学习的方法，形成适合自己、有效的学习方法，从而获得知识能力并从中得到学习的快乐。正所谓"师傅领进门，修行在各人"。

但是，如果只是让学生自己去慢慢体悟，甚至寄希望于个人天赋，这样的学习效率和效果是会受到影响的。而施教者原本可以也应该在知识传授过程中提示一些有益的方法，老话说"授之以鱼，不如授之以渔"。

当然，我们并不是要培养学生整齐划一的学习方法和习惯，而是应该创造机会提供平台，启发学生更有主动意识地去甄别选择适合自己的学习方法，在如今这样一个全球化的知识快速更新的时代，学习能力早就成为衡量或者制约个人能力成长的重要一环。在学习创新和学习科学早已引发全球教育界、企业界创新的时代，学习不再只是学生群体的责任，也是教育者——教师、学校、社会的责任。

《光明日报》，2010-12-01（11）

专业硕士要向下钻研

对于外行人来说，专业硕士就是硕士，是说不出其与传统学术硕士的区别的。即便对于教育行业里的人来说，单从专业来看，也不大分得清楚孰为专业硕士，孰为学术硕士。

简单来说，专业硕士是比学术硕士更重视实用，比本科学士更高端的人才。至少，在专业硕士设计之初，政策愿望、行业期望、个人希望是这么定位的。

施行多年以来，结果如何呢？

"有得有失"，是公允或者说中规中矩的评语。

但是，身在其中的学生和教师，包括录用专业硕士的行业单位，也每每听得见这样的议论："距离愿望有差距，距离期望有落差，距离希望有差异。"

因为，在名目繁多的专业中，在日渐增多的硕士、专业硕士中，要区别孰优孰劣，是一个难题。

因为，在研究生教育日渐低化为一种以就业为目标的教育的大背景下，专业硕士也好，学术硕士也好，其实际学术能力积淀与学位设置初衷已经让人有些挠头，不敢苟同。

专业硕士，是要立足于专业行业，立足于实际服务能力的人群，是高端的技能型人才，也可以说是经济发展到专业型社会时代要倚重的人群。但，现实与目的有差距。

消灭这种差距，就要求专业硕士教育仍然必须坚持面向和紧密联系行业职业领域的实际，要面向"实务"，要"向下"钻研，要在这种钻研中培养我们可"用"的专业硕士。

大学生要学会与人交往

远亲不如近邻。这是中国人对人际关系重要性最简单直接的表述。

大学是个小社会，大学生不是封闭的个体，必然要与人交往，更要学会与人交往，建立健康的人际交流网。

如何与同学和室友交往，对于获得一个成功、丰富、多彩的大学生活，对于获得一份真诚持久的学生时代的友谊，对于获得一个今后事业成长的出发点，对于获得一份成功的个人事业并稳步发展，可以说非常重要，甚至具有非常直接的影响力。但是，又有一个现象摆在大学生面前。

如今的学生大多是独生子女，是家庭的宝贝和关爱的中心，在需要与来自天南海北，成长经历和成长环境各异的其他同学建立起友谊的时候，或多或少都还准备不足；在大学人际关系出现或小或大的一些问题的时候，大学生们还有些不知所措、任性或者无所谓。这也就可以说明，为什么越来越多的人感觉现在的大学寝室日见寂静，现在的个别大学生之间的友谊有趋利化的走势。

其实，在各种计算机网络、手机网络等隐秘化个人交往手段增加的现在，在大学生恋爱、小圈子朋友等界限化明显的大学生群落日见增多的今天，缺乏与人交往的内在主动，缺乏建立人际关系的外在经验，是阻断现代大学生学会与人交往的关键因素。

那么，积极地走出自己的小圈子、个人小世界，学会与同学、室友交往，就是大学生建立健康校园人际关系的第一步。这无疑是大学生进入大学的起步，更是大学生进入社会的起步，值得所有的大学生们好好揣摩。

《光明日报》，2012-06-06（16）

党建要走进大学生生活

据统计，截至2009年，我国1638所普通高校全部建立党组织，共有学生党员224.1万名。同时，近年高校每年发展大学生党员人数均超过全国发展党员总数的1/3。大学生党员已经成为我们党新鲜血液的重要来源。由此观之，高校在学生群体中的党建工作是卓有成效的。

当然，也必须承认：当前的高校党建工作也面临着重大的挑战——社会转型期的具体社会问题冲击着大学生，信息的大量传播也难免让大学生思想多有波动。更为重要的是，当代大学生的生活早已经多元化，年轻人对于理想信仰的思考也紧密地联系着自己身边的社会、生活。因此，高校党建必然走出以往的工作风格，不能再简单地继承之前的工作方式：定期思想汇报、定期积极分子活动、定期党校学习等等。

一句话，当代的高校党建一定要走进大学生生活。在他们的生活中发现他们实际的思想活动、思想波动、思想困惑，并立足于社会生活的语言和现象，寻找经典马列主义理论、中国特色社会主义理论、科学发展观的理论开掘点，以此解答他们的问题、解开他们的疑惑，坚定他们的信仰，引领他们的行动。

走进社会，走进实践，走进生活，是我党长期以来党建工作、思想政治工作始终能够保持活力的根本原因所在，是中国共产党的优秀传统和历史经验的积累。在当前的高校党建工作中，这一原则有必要保持、发扬和创新。

《光明日报》，2011-07-06（16）

学生是教育的根本

教育是什么？教书育人，传道解惑，是最简单的回答。

所以，我们一再地强调教师的重要性和不可替代。重视教师，这毫无疑问是正确的，但是还不完整。如果要更完整，就应该还包括"学生"这个环节。教育的发展也好，教师的发展也好，归根结底，教育的根本目的，还是学生的发展，这也是教育效果和成就最直接的表达。

学生是教育的根本。那么，围绕学生这个主体和主题，来展开知识的传播，推动教师的发展、学校的布局、教育的发展，来规划或者定位各种评价监督机制以及制定教育相应的财政政策、战略规划，才有实际的意义和可落实的依据、可考评的要素。

在教育事业中，当我们把知识的第一地位让渡于学生，把学生这个知识掌握者放置在重要地位，教育才有一个可以立足于根本的发展空间，知识也才能真正得到传播和继承，教育也才能具有意义。

《光明日报》，2011-08-03（16）

学生是课堂的主人

学生是什么？学生是教育的主人、学习的主角。这是最简单的回答。

我们一再地强调教师在教育事业、课堂教学过程中的重要性。重视教师，这毫无疑问是应该的，但是，还不尽完整。教师是教育过程中的引导者，课堂教学的目的，最终却都要落实到"学生"这个环节。因此，更完整、更准确地说，学生是课堂的主人。

立足于此，我们必须反思自己的课堂。我们经常看见这样的图景：老师在讲台上侃侃而谈，学生在教室中沉默不语；老师讲得身心投入，学生听得心不在焉；老师提出问题，学生们无人应答，教室里冷寂得让人尴尬。

这是为什么？是老师讲得不好，还是学生根本不感兴趣？

我们曾经把这类的课堂称之为"满堂灌"或者"填鸭式"。老师占据了课堂教学的中心位置，学生只是学习者、吸收者。除了一部分学生具有主动学习的习惯之外，大多数学生在这类教学方式中，是处于被动者、被教育者的位置。

理想的课堂，就是好奇心和知识能力相遇的场所，学生应该在这个场所中积极生长，充满勃勃生机，做自己的主人。

不可否认，我们的课堂有沉闷无聊的时候，这反映出学生作为教育事业的"主人"，其地位和身份并没有得到真正的尊重，而老师的成就感也自然要受到挫伤。

"把课堂还给学生"，"让学生做教育的主人"，"教师是耐心的引导者、高明的启发者"，做到这些，学生、教师才有准确的位置感，教育也才有机会走向健康的发展之路。

《光明日报》，2011-08-24（16）

学生干部，别沾染"官气"

衣着简朴、青春干练、谦虚单纯、认真负责、朝气蓬勃……

这些形容词，曾经是概括学生干部，尤其是大学各级各类组织的学生干部时，非常贴切直观的词汇。

大学生是天之骄子，大学生干部更是其中的佼佼者。他们不仅是学业优异，而且更富于社会活动能力，曾经是一个时代活力动力、正气朝气、理想希望的象征。

随着市场大潮的逐步浸染，大学生开始越来越深入地接触社会，并在各类活动中开始直面社会风气的诱惑。

其中，部分高校学生干部也慢慢地沾染上一些习气：把学生干部的服务职能当做权力，把老师、辅导员视为上司，把同学、社团干事当作自己的下级，进而把社会上的一套吃喝玩乐的作风、做派、心态带入大学校园，带入学生干部中，自然，也就把大学生干部作风庸俗化了。

当你看见一张张原本洋溢着青春自信表情的面孔竟然也戴上官员化的自以为是的面具的时候，作何感想？

应该说，我们的大学生都是可爱的、有责任心、有社会责任感的；我们的大学生干部也是充满理想、肩负责任、勇于创新的。可惜的是一部分青年人被享受、权力、钱权崇拜的思想诱惑了。这些原本可爱的年轻人过早地复杂了，变化了，下滑了。

这个时候，我们要寄希望于高校和高校教师团体，负责任地为自己的学生和学生干部树立榜样，善加引导，为他们的心灵和智能成长提供净化和提升的动力和帮助。

还是那句话:"少年强,则国强。"大学生干部是优秀者中的一分子,爱惜他们,是我们的责任。

《光明日报》,2011-11-02(16)

孩子成长，家长不能越俎代庖

"包办教育""替代成长"，已经越来越严重地成为当前的教育怪象。

正如学大教育CEO金鑫所言："'替代成长'现象反映出当前家庭教育存在着很大的弊端。这种'圈养'式的家庭教育，很难让孩子健康、快乐成长，很难让孩子成为社会有用之人。"

当家长把高考作为决定孩子人生的最大因素，并且将之确立为一个明确的目标时，家长往往就无暇顾及孩子除学习之外其他能力的提升。

但事实是：高考只是孩子成长中的一个阶段，并非终点。高考之后，孩子要融入社会，承担家庭与社会责任。显然，家长的教育目标应该更为高远。

要告别"替代成长"，家长必须首先告别自己对子女学习的目标定位，要真正地了解孩子，对孩子的成长规律有正确的认识，做一个与时俱进、因材施教、了解科学教育方法的家长。

"输在起跑线"本身就是一个错误的观点，而且是带有强烈误导性的语言暴力。孩子的世界观、人生观、价值观、性格、禀赋、行为习惯等各方面的积累才是决定孩子这一生能走多远，成就有多大的关键因素。

家长读懂孩子是形成正确教育的第一步，迈出这个第一步，才有可能让孩子快乐健康地学习、锻炼各种能力，最终成功、成才。

《光明日报》，2012-05-16（14）

为努力自立喝彩

驾照，似乎不能改变什么。

但驾校的场地上，依然聚集了很多大学生，排着队等着学车。

学业依然继续着，就业依然严峻着，驾照也不想放弃。该怎么做？何对何错？没有一个确切的答案。大学生只能选择坚持。

国家政策每年都在为降低就业的压力而努力，为了保障毕业生合理就业而进行调剂。每一项政策的出台，都起到了一定的作用。可面对每年剧增的大学毕业生，什么样的政策能起到最大的作用，我们都将用心期待。

就业严峻，对于正处于象牙塔的他们来说，多考一个证就是一个很好的应对：你不会的我会，你会的我也会，这样，我和你竞争时，说不定我会更胜一筹。

"这样一个形势谁也不能改变，时代的规律、市场的作用谁也别妄想加以阻止或是推动，只能随着它自己顺势发展。能改变的只能是我们自己，我只能让自己多学点儿东西，多积攒些资本，来适应这个就业市场，并适应这个时代。"说这话的大学生，脸上依旧挂着淡淡的微笑，看不出来是镇定还是若有所思。

到最后他真正就业时，驾照是否有用，依然是个未知数。

但是，这一代大学生面对压力，坚持努力，坚持自立，却值得喝彩。或许现在他们必然经历艰辛，但是，艰难之后的一代人，或许会成长得更有自信，也更有希望。

《光明日报》，2012-02-22（16）

一 关于中国的高等学校 一

从"退学"处罚看高校责任

最近，一条消息引起了人们的注意——南京财经大学在本校学生管理工作中出台了两条新措施：凡由于学习成绩原因而被要求退学的南财学生，可以提出试读申请，如果试读课程全部及格，表现良好，学校可以恢复其学籍；此外，学生在初次违纪受处分后，如果有实际的改正表现，由所在院系和学校有关部门评议后，学校可以视情况取消或减轻处分。

与这条消息形成对比的是，去年年底，上海某大学作出决定：该校81名学生由于学业不佳，且连续几个学期无法达到学校规定的学分，学校向这81名学生发出了"退学通知书"。

同样是处理学生的"退学"问题，一个高校是采取了"大义灭亲"的决断措施；一个高校是在严肃处理之后又相对温和地给学生一条"生路"。两者之中包含了高校对于学生管理和自身责任的不同态度。

去年的消息传出时，议论声四起，其中就有评论认为，一次让这么多学生退学，对于中国这样一个高等教育资源相对紧张的国家，在一定程度上意味着对高教资源的浪费。无论如何，高校都不应该置身事外，而应该承担自身的责任，起码要勇于说一句：对于学校而言，"退学通知"同样沉重。这样才是解决问题的起点。

毋庸置疑，高校是教育人、塑造人的地方，而不是一个对学生实施单纯"管理"的机构，不是进行公式化"奖优罚劣"的所在。学生问题的出现，高校自身必须首先从教育、教学、管理的各个细节中去寻找原因。把学生一退了之，实际是过于简单的做法，是惩罚而不是教育。

诚然，高校管理应该严格，尤其是扩招以来，学生数量大增，管理难度和成本高涨，高校要为学生的成长负责，就必须严肃校规校纪。但是，严肃校规校纪的最终目的还是在"教书育人"。因此，给学生机会，让他们深刻地认识自己的错误并真正地去改正这些缺点，才是与高校管理的最终目的相契合的。

从南京财大"退学可试读，犯错能消过"的措施中，我看见了高校这样一种对于"教书育人"责任的完整理解和全力承担，更希望这抹暖色为高校和学生的发展带来动力和尊严。

《光明日报》，2005-11-23（6）

把好研究生质量关

　　研究生，顾名思义，是这样一类高级人才，他们对某一学科领域有特别的兴趣和追求，并有一定水准的研究，甚至可以进一步推动学科的发展。但是，毋庸讳言的是，目前国内的研究生，作为一个群体来说，与这样的标准还有距离。究其原因，最为关键之处在于，我国研究生培养在质量把关上还有疏漏。

　　就研究生入口关来看，必须承认，进入研究生层次的学生，都是相对优秀的，他们有着很好的发展潜力。但是，由于大学生就业形势日渐严峻，许多应届本科毕业生把"考研"作为延缓就业压力、增添就业砝码、追求较好待遇的应急策略，而并非本人对学术研究有特别的兴趣。这样，相当部分并不愿意从事研究的学生进入了研究生层次。而在就业市场，由于研究生人数的快速增长，用人单位学位标准"虚高"的现象愈演愈烈。而由于研究生教育的专业性与"大众化"职业的岗位要求并不匹配，于是，研究生就业也开始出现困难，原本希望借研究生身份得到就业市场青睐的学生们又开始降低自己的就业期望值。

　　就在读研究生而言，高校对研究生学习过程的质量把关也存在问题：学校对研究生导师和研究生的管理趋于量化，要求导师出成果若干，研究生发表论文若干，而对于难度相对较大、耗时相对较多的研究生在整体学术创新能力培养、学术兴趣开发、学术潜力培植等方面，没有表达出足够的耐心和宽容；部分研究生导师动辄一人指导十人、数十人；更有个别导师把研究生转变为个人课题、项目的"打工仔"，而不是严格指导其学术上进；导师之间互相合作，为对方研究生的文章、成果、答辩"保驾护航"，变相降低标准，导致研究生"出口关"相对宽松———这些都成为人们经常诟病的对象。

把好研究生的质量关，无疑要动用高校更多的管理智慧，对研究生从入学到毕业的整个过程，好好把关，以稳步提高研究生的整体质量。

《光明日报》，2005-11-09（7）

好学校让学生快乐

见了太多的家长为子女的入托、入学、小升初、上高中而忙忙碌碌。忙碌的唯一原因就是"找个好学校"。接下来的台词就是：进了好学校，孩子的下一步升学才有保障。而在这些家长的心目中，这类"好学校"大多如此："名校""重点""高考升学率惊人"。

也见过很多被家长用种种办法送进这类"好学校"的孩子。有些孩子很适应这些学校，也有不少孩子跟不上这类学校的教学进度、考试难度，渐渐地失去学习兴趣，严重者甚至失去对自己的信心。

到底，好学校应该什么样？

其实，虽然不同时期不同人群的标准各有不同，但一直以来，包括现阶段越来越多的教育者、家长以至学生，对于好学校的希望都是大概一致的，那就是——好学校让学生快乐。

那么，又有问题了——怎样能让学生快乐？快乐是什么？回答这些问题的时候，肯定会出现更多的问题。

问题有那么复杂吗？没有。

因为大家对于快乐都可以感同身受。我们大多数人对于学校给予的快乐是有共识的，是有体会的，或者至少是寄予希望的：老师和蔼可亲又负责任，不要那么经常批评人；同学友好相处，相互帮助，是学习或者游戏伙伴；学生增长知识也增长才干，学校给学生机会体会成长的快乐；学校环境整洁，组织学习的同时组织好玩的节日和运动会；书包不会那么重，作业不会那么多，上课不会那么晚，考试不会那么多。

那么，为什么在距今不远的年代的人们可以体会到的学校的快乐，对于现在的学生竟然那么遥远？

　　为什么在教育资源匮乏的抗日战争时期，浪迹残破国土的学校都能够保持师生的乐观和信心？为什么因为上山下乡而失去大把学习时间的一代知青，最终还是成为中国的栋梁？为什么20世纪70年代那一群在河沟山湾里调皮捣蛋、不知道钢琴没学过奥数不懂得绘画的孩子也照样成为这个社会的脊梁？

　　问题摆在这里已经很多年了，大家对于学校的理想也如此明确。剩下的，都该是"居其位，谋其政"的校长们、教育管理部门领导者的事情了。

　　不过这也有问题——谁有足够的勇气去承担，承担让学校给予学生快乐可能带来的升学的压力和"失职"的责任？

《光明日报》，2010-08-25（11）

选才还需不拘一格

"北大是常为新的。"

这句话，在近期北大11位教授给该校校长的联名信中，再次得到补充。

关于高考制度的利弊之争，我们已经听到太多，关于招生录取过程中的种种，我们也耳闻了太多。为什么这么关注高考招生制度的争论和改革？为什么围绕各校的招生"创举"，人们每每也创见迭出？

一句话，高考是社会公平、教育权利、个人发挥、国力累积的集中环节。我们寄希望于这个社会有更多的人才有利于这个国家和社会，当然必然要有利于每个人和家庭的发展和提升。

北大11位教授的联名信，发自肺腑，从大学课堂里的教授们的心里倾吐出来，希望一种立足于公平公正的高考基础上的教授选才，用这种方式改变单一以高考分数选才、在"自主招生"中突出制度化完善的"教授面试"。可以说，这是北大又一次的"常为新"。

越来越多的高校开始以各种形式的自主招生明确各自的主动权，也有越来越多的高校"组团"开始各个团队的自主招生，这是我国高考招生制度改革以来，最丰富最生动的一系列探索，这也是各个高校各自的"常为新"。

其实，绝大多数人对于高考并不绝对地反对，还有人认为这是我们社会公平的持续性起点，断不可废。多年来，人们更多的是关注高考之后我们如何使用高考这个手段来选才取才。因为一味以分数为标准，已经把我们的教育裹挟到"应试教育"这条歧路上去了。由此而来的中小学甚至幼儿园教育教学的怪现象，才让人们如此失望甚至于愤怒。

唯有取才之路拓宽，唯有在公平的考试制度之后有不拘一格的选才的勇气，唯有大学面对"抢状元""掐尖"而能不跟风，唯有大中小学安安静静做教育工作，我们才能够去除教育中积习已久的痼疾和陋习。

《光明日报》，2010-12-15（9）

服务地方发展自己

　　中国的高校中，地方高校占有数量优势。"地方高校"由地方政府主办，而且办学地点多为非中心城市的一般普通高等院校。这些高校大多没有如雷贯耳的名声，在"举办世界一流大学"的中国高等教育潮流中，也一般默默无闻，或者声响不大。

　　但是，地方大学绝对是中国高等教育中不可小视，不容忽视的。原因一，如上所述，在数量上，地方高校占绝大多数；原因二，地方高校的在校生数量自然也在中国大学生人群中占绝大多数；原因三，也是最重要的一条原因，这些高校的大学生毕业后大多会在地方基层就业，或者在国内城市中流动，是占了很高比例的就业大军中的一支高学历人群。换言之，地方大学的毕业生，将是这个国家的主要的基层工作者、基层管理者，若干年后，他们中的一部分并将成为有经验的高层管理者。

　　所以，在一再呼吁各级政府和产业集团重视地方高校的同时，地方高校也必须自己努力，争取自己的发展空间和机遇。而这一切的空间和机遇，从地方高校所处的城市开始。所以，立足地方，扎根地方经济和人才需求，一直是地方高校多年发展的重要法宝。服务地方，从地方政府获得教育资源和发展空间，是地方高校良性发展、高校与地方良性互动的必由途径。

　　一言以蔽之，地方高校的特色就是身处的那个地方的特色，是那个地方的文化、经济、传统、发展特色。只有服务好地方，发展自己才有保障。这就是地方高校的特色发展之路。

《光明日报》，2010-11-03（11）

大学文化要扎根"泥土"

重视和建设文化，是大学的原本责任。而继承彰显各自独特的大学文化，是大学领导、大学教师、大学生们矢力而为的大事。"大学文化"也是最近学术界和高校管理层关心度最高的话题之一。

毫无疑问，每一所大学都应该树立和涵养自身独特的文化底蕴，都应该在教学管理的每一个环节渗透自身的文化氛围，都应该在每一位老师学生身上陶冶出大学的文化身份。因为，大学文化不是悬挂在校门口、大楼前的红幅标语，不是印刷在校史介绍中的几个文字，不是依靠人们口头的自我标榜或者相互推举。

大学文化是要在时间淘洗的水流下，经历种种事实的磨砺而让大学中每个人承续的。如果说大学是一棵华盖广张的大树，大学文化就是这大树呵护四周的树荫。要有陶冶如风的浓荫，就先要大树深深地扎根泥土，茁壮挺立。

这"泥土"不是别的，就是大学立身其中的方方面面。

这"泥土"首先是这所大学的所有的人，是她的校长、院长、系主任、老师、辅导员、班主任、学生、舍管员、食堂大师傅、门卫甚至保安员。大学就由这些形形色色的人们组成和运转，怎么才能够让人们互敬、合作、运转灵动、毫无阻滞？这是大学文化要着力处，也是大学文化最直接的显露。

这"泥土"又是这所大学所在的这一方乡土。大学要了解自己立足其上的这方乡土，更要为这方乡土造福，既要教育人才，又要推动发展。乡土的需要，应该是大学在学问和社会现实之间的桥梁和最直接的考虑。经常有人说：大学是推动社会发展的力量。这力量就不能只知有学问，而不知乡土对学问有直接的需求。

这"泥土"还是我们所有大学处世做事的风格。临事而立，坚持操守，是传统知识分子的风格，也是社会对大学的期许。不否认时不时有大学发生一些失据失范的事情，也不否认大众总是对大学和大学中人有更高的价值定位。但是这都不影响一点：大学，本就应该是这个社会知识、文化、技术的中心，也更应该是这个社会良心的支柱。所以，大学做事，大学中人做事，都应该有不同一般的秉持。

一句话，大学文化只有深深扎根于社会和实践这方"泥土"，吸收养分，负起责任，大学文化才能够根深叶茂，馨香远播。

《光明日报》，2011-05-04（16）

现代大学管理要立足服务

曾经有机会与欧美的一些高校打过交道，接触了这些大学各个层次的一些管理人员。与国内高校的管理同行相比，这些管理人员给人的感觉是更亲切，更耐心，更服务。

已经有很长时间，国内高校一再宣示要建设"国际一流大学""建立现代大学管理体制""确立现代管理标准"。诸如此类的宣示，的确抓住了当代中国高校发展的趋势和需求，也清醒地认识到目前中国大学发展的瓶颈和困境，是有真知灼见的。

但是，何谓"一流大学"、何谓"现代管理"？在与欧美高校的交流中，最深刻直接的一种认识就是：现代大学管理一定要立足服务。

这个"服务"是广义的也是广域的。

所谓"广义"是指：大学管理的服务功能，不只是让教师学生的教学科研活动按照既定的大学规章运转自如，而且要尽量让师生在教学科研的生活、学习、吃穿住用等方面都得到便利和清晰的协助。

所谓"广域"是指：大学管理的服务功能，除了要服务教师，服务学生，服务科研、服务教学之外，也要服务社会、服务社区，服务于社会对于这所大学的了解和认知，服务于大学向公众的敞开。

立足于服务的大学管理，是充满亲和力的，也是与大学日常实际紧密结合的管理，更是从容宽容并蕴含着胸怀气度的管理方式。

目前国内大学的管理，就实际情况来说，服务的定位是有的，服务的态度尽管还不尽如人意却还是有的，但是在管理中时刻要保持的服务意识、在管理中要处处清醒地以教学科研为主的态度、在管理中时时处处要为师生的发展提供人性化服务的制度，都还是中国大学的短板。

　　要补齐这个短板，才能说中国大学有了立足于服务的管理，才能说中国大学进入了现代管理的时代。

《光明日报》，2011-06-01（15）

为新生铺设"绿色通道"

有一句话，家长们耳熟能详——"让您的孩子赢在起跑线"。这起跑线就是进入小学的第一天，甚至于早在进入小学校门之前，很多孩子和家长就已经开跑了。目的地，或者说终点线，对于绝大多数学生和家长来说，就是一所所大学的校门。

而岂知，十多年后，当这些孩子如愿迈入大学校门，大学却绝对不是终点，而是又一轮学习的新开端。

但是，我们的很多学生发现，随之很多家长也发现，这一回，他们跑得并不好。

大学生，这个曾经耳朵一听就让人眼睛发亮的名称，并非只意味着成功和幸运，其实有着很多更为现实的制约：怎么从家庭关爱的高中生转而成为自己照顾自己、自己规范自己、自己监督自己的大学生；怎么从家庭的绝对中心转而成为大学中诸多中心的一个；如何相对独立地规划学业；如何与来自五湖四海的兄弟姐妹们友爱友好相处；如何在成长的过程中，保持自己的清醒和信心……这一切，都是大学新生必须自己去摸索的。

当然，大学必须担负起引导新生的责任。

在新生入学时，有一条针对贫困学子的"绿色通道"，为贫困新生提供入学时的资助和帮助。这是新生入学时最让人温暖的一个环节。

不过，既然贫困的新生能走上"绿色通道"，那么为何不可以为所有的新生都铺设一条帮助他们适应大学生活、适应大学学习、适应个人大学成长的又一条"绿色通道"呢？

其实，这样的通道，在各个大学都是有的。从大学负责人到大学老师再到大学社团，针对大学新生的各种帮助是一直存在的。缺少的只是一点：伴随大学新生逐步成长的每一个环节，把这种"绿色通道"铺设得更宽些，更长些，更让学生们接受些。

这是一项早已经开始也需要一直坚持并始终根据学生情况而更新的工作，大学、教师、家长、社区，当然还有大学生自己，都必须付出自己的努力，让大学新生们从成功的开始，走向成功的终点。

《光明日报》，2011-09-14（16）

为大学发展定标准

"没有规矩，不成方圆。"这是一句大家都熟悉的老话。

对于近年来发展迅速的中国高校来说，这句话也很适用。发展，可以从两个方面得到界定。其一是数量的增加，其二是质量的提高——这两者的实现，是"发展"得以实现并可以统计的两个环节。就中国高校而言，大学数量的增加，大学生数量的增加、大学教师的增加、大学中硕士研究生和博士研究生的增加，都是发展的铁证。另一个方面，生机勃勃的中国大学在数量指标"发展"到如今境况的时候，质量，已经成为"发展"的新的诉求。

是的。我们已经听到太多这样的评语：中国大学生人数、研究生人数、博士生人数、SCI论文发表数等等一系列数量指标已经开始在全球范围内一骑绝尘，少人可匹。这个成就曾让国人着实高兴和骄傲。

所以，换一个角度、换一个尺度来考核的时候，当说到我国高等教育的质量，说到我们大学生的实际能力、大学教师普遍的学术科研能力、发表论文的引用率和刊物等级等质量问题的时候，我们难免汗颜。

这种骄傲和汗颜的并存，已经是中国高校一段时间里众人尽知的心病。不过，这也正说明，我们的高校还是清醒的，我们的大学还并没有被数量的胜利冲昏头脑，我们的大学仍然在懂得世界教育规则、具有国际高等教育视野、敢当中国高等教育发展大任的一群人手中。

我们知道不足。

知不足而补救之，大学就必然有希望。何况，由数量发展到质量发展，也是包括教育在内的众多事物的一般发展规律。

因此，中国高等教育发展到今天，质量，也必然是质量，应该得到最大的重视，针对中国高等教育战略发展而设立完整的、国际化的、适用并实用的系统化质量标准，势在必行。

　　这是为中国大学发展订立标准的大事。而立足中国大学的特点，高等教育质量标准，必然是覆盖到大学教学、科研、管理、后勤、人才、课程等方方面面的系统工程。教育部门已经启动这项工程，中国高校中也已经有先声而动者，这就是大学整体正规化、国际化、一流化的希望所在。自然，这也是中国大学发展的希望所在。

《光明日报》，2011-09-19（16）

逃课，更是大学的损失

"一年级老实坐前排，二年级胆小往后呆，三年级睡觉头向下埋，四年级很少到教室来。"这是流行在一些大学校园中的顺口溜。虽说不一定准确，不过的确把大学生逃课的状态和心态描画得很生动。

那么，关键的问题是：大学生为什么这么乐于逃课呢？

第一个跳出来的答案，自然是授课的内容缺乏吸引力。这就直接与大学教师的备课、授课有关。我们早就听说过"一本讲义走天下"的说法，也的确有个别的大学教师知识储备陈旧，讲解不得法。那么，要在如今这个信息和知识敞开的网络社会里继续照本宣科下去，其结果，可想而知。

第二个经常会遇到的答案，是指向学校的——"课程结构老化，课程内容与现实脱节，缺乏实用性"。微观地说，教师个人存在照本宣科的情况；宏观地讲，大学也有着类似的惰性——学校的院系、专业、研究方向、必修、选修课程一成不变，而象牙塔外已经是十几年乃至几十年的春秋荏苒。

第三个最直接的被批判者是逃学的那些人——大学生。"学生的义务就是学习，认真地学习；逃课就是逃避自己作为学生的责任；逃课是学生知识和能力锻炼的最大损失。"诸如此类。这三个答案都说得有些道理。

不过，忍不住要强调一个想法——大学生逃课，最终的受害者，还是大学机构本身。

一所大学，她的学生经常以逃课的方式来表达自己对于大学教学和课程的意见，实际就是给大学最大的难堪和无言的批评。以教书和育人为事业的机构，情何以堪？

所以，大学和大学中的授业者、管理者们，必须要把学生逃课视为为师者、为学者、从教者的损失，这样，他们才不会是一个旁观者，而是一个相关的责任人，立即地、以对学生学校负责的姿态，研究解决的办法，面对逃课这个顽疾。

《光明日报》，2011-12-02（16）

履行责任，是为"大学"

"我们确认教育对区内社会和经济发展的重要性，培养有知识、有理解力、有道德的人才，并拓展人的潜能，创造一个可持续发展的未来。"

"把握机遇，以不同方式让区内所有儿童均有接受教育的机会，从而提升素质。"

"致力培育优质教师，并为社群提供终身学习的机会。"

"积极参与研究和发展项目，以支持教育政策的制订、教育实践及创新，从而为本区和全球教育作出贡献。"

"加强合作伙伴关系，推动学术交流，分享优秀实践经验，以发展本区及全球各地的教育体系和教师教育。"

这是第二届"亚洲地区教育大学校长论坛"所发布的联合声明中的内容。

21世纪教育的首要任务是发展人的潜能，以面对社会、科技、经济急速变革所带来的挑战。这基本已经是教育界的共识。

教师的角色较以往任何年代更为重要，社会对教师的要求也较以往为高。这是所有教育类大学的共识。

大学为了进一步提升今日和未来社会的人员素质、教育素质，必须肩负责任，这更是所有大学和大学中人的共识。

有共识，才有合作；有责任，就必须履行；有行动，才有成功的进步。

这不是大话套话好听的话，而是现实局势或者说是高等教育必将面临的真实。

履行责任，是为"大学"。所以，我们有期待。

《光明日报》，2012-01-04（16）

在公平基础上突出特色

　　高校自主招生，从一出现，就是一个吸引大众注意的改革，并曾经被大众赋予"改革中国高考制度"的重任。

　　随着自主招生的试行，大家逐渐理智地为诸多高校卸下了"改革高考"这一过于沉重的使命。而且，高考作为当前仍然最为公开公平的考评选录制度，它仍然不可替代。那么，自主招生作为高考录取的补充手段的地位，应该是明确并已经为大家所接受。

　　而对于高校自主招生的最新近的争论，却是几个高校自主招生联盟的出现和近年的一些具体构成和招生政策上的些微变化。

　　设计之初，媒体的解读是：试点高校将利用自主招生权力，把"偏才""怪才"揽入自家怀抱。但事实却有出入，几年下来，媒体报道中，"偏才""怪才"只是少数的几个，"掐尖"却成为与高校自主招生相关的频次最高的词汇，也成为大众对自主招生和由此伴生的几大高校联盟最大的诟病。

　　招生，的确是高校的一种自我主导的权力。但是如果中国最为知名的一批大学，以自主的名义，把高考中各类"状元""尖子"收进自家怀中，未免有些小家子气，在网络信息的跨区域跨国际比较的时代，也的确有伤观瞻。而且，从一开始，就把自己好不容易争取到的自主权力给降低了档次，打了折扣。

　　所以，还是希望我们的高校把一时的名利放到一边去，把长期的工作以及这种长期付出酝酿积累出来的成果放到最重要的地位上。真正运用自主权力，在高考这个公平基础上，突出各自高校对于考生的独特标准和独到判断，走出有利于自己发展的新路。

大学应推行课改

我曾经有机会走进多所高校正在教学的班级，讲台上，老师侃侃而谈，座位上，学生们却神游物外，老师和同学之间很少交流，更难说课堂的活力和精彩。

这种时候，我可以想象老师的无奈，也可以这样揣摩学生——这堂课，这种讲授法，对于学生来说缺乏吸引力。这课程应该有所改变。

的确，大学应该推行课程改革。

当然，要说"大学课程缺乏活力、吸引力"，是不准确的。但的确有一部分高校课程还不能很好地满足当前社会的需求。

好在，我们的大学并不是熟视无睹，更不是无动于衷，各校针对性的课程改革，正拉近着大学生与课堂、大学课程与社会需求的距离。

山东轻工业学院的课改试验就是这个过程中的一项有益的尝试。它让我们体验到：大学课改，势在必行；大学课改，大有可为。

而且，我们的大学课改有着巨大的优势：其一，立足于服务教育学生，培养社会人才，各所高校都从社会需求、人才需求、学生需求出发，紧跟当前的知识前沿、科技前沿，着重于能力培养。

其二，高校教师和学生的积极参与、教育学者与高校管理者的充分沟通、广泛的国际交流，让我们的课改有了健康的起点。

同时，还有一个潜在的优势——当一批世界名校都开始在网络上公开自己的知名课程的时候，这类课程既可以作为一种参照，也正好可以为我们的课程改革提供必要的动力。

总之，我们很需要"优质课程是大学教育的核心"这样的理念，更需要从课程研究、课程设置、教学参与、服务学生、服务就业等方向进行更为深入的课程改革探索。

《光明日报》，2012-02-29（16）

有定力，才有"一流"

关于中国高等院校迈向"世界一流"的话题，已经说了很多很多。这是中国高校的自我定位，也是中国民众长时间的期待。

关于什么是"一流"，中国高校有无"一流"，这也是一段时间以来争论多多的话题。争论的过程，仁者见仁，智者见智。结论嘛，同样是英雄所见，各不相同。

不过，有一点，无疑还是可以取得共识的——要达到"一流"的标准，中国高校还需要努力。而在这个"努力"之外，我觉得还必须加一个"力"——"定力"。

所谓"定力"，就是要有原则地坚持。明确高校的一流目标，为这个目标，中国的大学人要心无旁骛，全力以赴。不要时不时地受外来影响，时而改革这个，时而改革那个。更不要在名利间徘徊踌躇，被功利的标准干扰了持之以恒的步伐。

所谓"定力"，就是要有时间的付出。"罗马不是一日建成的""十年树木，百年树人"，此之谓也。大凡能够传之后世能赢得光荣的业绩，尤其是与教书育人的事业相关，要坐得冷板凳，要静得下心来，既要花费时间来积淀养育大学的校园、大学的人、大学的精神，更要经得住时间的打磨，才能赢得时间的考评。

其实，我们的大学，我们大学中的那些领导者、学者、教师、学生们，都不是没有这个基本的眼光。他们懂得何为大学，何为好的大学，何为一流的大学。对于如何办好大学，他们有自己的理解，有自己的准则，有自己的行动，也有自己的定力。不过，当围绕象牙塔的要求、诱惑太多的时候，当来自外界善意的建议和良好的期待不断为"一流"设立标准时，大学和大学人要保持自己的定力，却很难很无力。

所以，大学争"一流"，大学内外，都要有定力。

《光明日报》，2012-05-24（16）

高校更需教育创新

"创新"，不仅仅是一个满世界都可以看见的字眼，更是当前世界一股强劲、实在的潮流。这个潮流关乎一个国家的前途，关乎一个社会的活力，关乎一个区域的未来，更直接关乎一个人在各自社会的定位、发展、成就，乃至所有的可能。

在中国的高校中，"创新"二字，更是经常听到——"我们要培养出具有创新能力的学生""我们要培养具有创新能力的大学教师""我们要培育创新型的环境""我们要支持鼓励创新型的学术""我们要多出创新性的成果"……诸如此类，不绝于耳。

但重要的不是我们的想法，不是我们所说的；重要的是我们的行动，是我们所做的。

没有任何一位高校的校长、任何一位高校的教师、任何一位高校的学生，不希望以上的涉及创新的诸点得以实现。但是要真正做到，这无疑需要高校实施一场持续时间长、意志力强、涉及高等教育整体环节的教育创新。

高校的教育创新，涉及教育理想、观念、传统、现实、使命，涉及具体的教育方式、方法，更涉及大学课程的设置、教学环节与知识更新和社会需求的紧密对接，还需要大学中管理者和从教者的全面合作。这不是一个简单或者单维度的尝试就可以取得的成功，而是要不断努力，持之以恒，才有可能有所突破的渐进过程。

好在，越来越多的高校和教育人开始进入这样一个创新的过程。

《光明日报》，2012-06-13（16）

西北联大，为了坚守而纪念

作为抗战期间由北平大学、北平师范大学、北洋工学院、北平研究院等高校和研究机构内迁西北地区后组建的一所大学，西北联大有说不完的话题。

"西北联合大学"的名字只存在了一年零四个月，但组成西北联大的几所大学和大学教师，以及其后由西北联大衍生的多所高校，大多留在了条件艰苦的西北黄土高原，坚守到如今，前后整整75年！

西北联大与西南联大，一北一南，为灾难深重的中国保存高等教育精英、发展中国高等教育作出了艰苦卓绝的贡献。西北联大更是把当时中国最好的工科教育、师范教育带到高等教育资源几乎为零的西北，在西北地区先后分立出西北大学、西北工学院、西北农学院、西北医学院、西北师范学院，形成了高等教育在西北地区的完整布局。

20世纪30、40年代的战争岁月里，西北地区贫瘠艰难，但并没有磨灭中国知识分子"教育救国"的理想，西北联大所倡导的"公诚勤朴"的校训更是融入师生的血脉之中，激发了他们在艰难时代里强韧的生命力。

抗战胜利后，从西北联大分立出来的诸校，返回京津地区复校的有北京师范大学、天津大学、河北师范大学；扎根西北黄土高原，继续衍生壮大出西北大学、西北工业大学、西北农林科技大学、西北师范大学、西安交通大学医学院，从这些学校还派生出陕西师范大学、西安建筑科技大学、西安外国语大学、西北政法大学、西安理工大学、西安科技大学、西安工程大学、陕西财经学院等高校，服务西北地区的教育、科技、社会、经济发展。

没有西北联大，就没有西北地区当今的教育局面，也没有当今西北地区的经济社会发展。

西北联大彰显了中国的大学和知识分子在国家民族需要的时刻，服务国家战略，不畏艰难、为国育才的责任感和道德操守。新中国成立以来，中国高校一直坚守这种精神，当前纪念并传承西北联大留下的宝贵财富，对于探索发展新时期中国大学精神，推动高等教育健康发展，将起到积极作用。

我们纪念西北联大，就是要继承一直以来激励着并将继续激励中国知识分子肩负责任、坚守职责的精神。

挖掘呈现西北联大的历史，讲述西北联大的故事，开展西北联大研究，继承西北联大的精神，为推动中国高校进一步提升质量，建设世界一流大学作出积极贡献，这是中国高校的责任。

我们将与各校加强紧密联系，引导包括高等教育界在内的全社会，重新注视西北联大，更好地了解西北联大，深深地记住西北联大，把西北联大"公诚勤朴"的校训，把西北联大所代表的知识分子那种肩负国家民族命运而坚守使命责任的气质、勇敢付出不计功名的胸怀、砥砺品格研究学术的操守、扎根艰苦地区养育人才的德行，整理出来，彰显出来，为年轻一代的知识分子、高校教师，再添一份星光灿烂的追思，多一份回望辉煌的仰望，加一份立足现实的思考，增一份见贤思齐的勇气。

这样，我们的发现与纪念，才有利于推动中国高等教育的发展，才有利于中国的大学更好地投身中国特色社会主义教育事业。

《光明日报》，2012-09-19（14）

转型，要有门槛

今年以来，部分大学转型职业教育的话题，非常热烈，极受关注。有人忧之，有人喜之，有人淡然处之。

忧之者，譬如一些办得有声有色的高职院校担心地方院校打着"本科"的旗号，抢了高职的固有地盘，一些刚刚升入本科的院校担心沾了"职教"的边，拉低自己的大学身份；喜之者，譬如一些办得艰难的地方新建本科院校，就业形势逼人、生源难以为继，转为职教，与高职相较，"本科"的声名也许可以保证过几年生源无忧的日子；淡然处之者，是大多数，因为政策还没有明确出来，就先不要杞人忧天了。

而职教大会之后，政策大体明确，所谓"600所"原来也只是一个说法而已，进而明确的是建立"现代职教体系"和鼓励高校向"应用技术型"转型，而这个转型的范围，既不局限在600所高校之内，更跳出地方院校的框框，甚至把一些高大上的"985""211"高校的某些专业也纳入可以试点的对象范围。

这，传递出来的是怎样的信息呢？

站在中国社会和经济发展要受全球交互影响的角度看，中国职业教育的现代化，部分大学的转型，不是要为哪一所或者哪一类学校寻找出路，而是要为中国普通人群、中国经济社会、中国职业教育，开辟新途。转向应用技术型，的确规划出了这类院校得以新生的一条路。

但是，转型，是要有门槛的。

因为整个的中国教育，整个的中国职业教育，整个的中国多元人才储备，远远重要过部分大学自身的前途。

因为这种转型，是要开创出中国职业教育的新图景，是要抬升中国职业教育的层次，是要打造中国现代版的职业教育体系，是要追赶那么多年里我们被工业强国落下的人才距离。

鉴于此，这个门槛要设，要设得严格，要设得有层次，要设得既有操作性又有动态感。要让转型的这批院校成为中国职业院校的排头标兵，成为中国职业教育的旗帜，成为中国学生和家庭的体面选择，而不是让一批院校进入一个新的安乐窝。

所以，这一次的转型，不在于多，也不在于快，而在于用门槛调整一大批中国高校的心态，用动态的标杆纠正一大批中国大学的虚妄追求，踏踏实实为中国职业教育夯实一个继续起步的台阶，现代职业教育体系，才有可能从这里有尊严地出发。

《光明日报》2014-08-12（14）

探索转型，办负责任的教育

教育是什么？是传授人知识，启迪人思考，发掘人潜能。这是包括职业教育在内的所有教育应该承担的责任。

高校是什么？高校是传授人知识，启迪人思考，发掘人潜能的场所。这是包括地方本科院校在内的所有大专大学应该有的承担。

不过，我们已经有一段时间开始感觉到，同时也看到和议论道：本科院校，包括一部分地方本科院校，逐渐地挣扎于招生与就业、名分与实际的泥潭中。考评一所大学的那些学术的、育人的、服务于社会的标准和口碑，在一些本科院校身上开始渐渐滑落。

因为历史的原因和现实的境遇，一部分地方院校拥有高水平的实力和影响力，而同时，另一部分地方院校却在孜孜以求"本科"层次这个名号之后，发展乏力。

而社会和人力市场，始终希望大学能培养为我所用的人才。当理想与现实出现差距时，转型的呼声和压力就立马来到眼前。

转型，部分本科院校转向应用技术型。从单纯的所谓"我是本科院校"的迷思中，转向"我是负责任高校"的认真探索。

简单而言，负责任的大学，就是要千方百计让学生有真实的能力，能够服务于社会，立足于社会，能够接受市场选择，能够创业自存，而不是满足于得来不易的本科地位，安于专业和课程现状，过着不紧不慢的大学本科生活。

但是，冰冻三日，解冻何其不易！很多地方本科院校自己定位于学术研究，瞧不上应用技术型院校。其实，就国外而言，研究型大学与应用技术型本科院校并无层次差别，而只是两种不同类型的教育。某些国外应用技术型大学的地位并不亚于研究型大学，甚至远远高于研究型大学。

关键还是在于地方本科院校的决心，以及维系和支持这种决心的动力背景。而这个背景，除了地方本科院校自己的能力和意愿之外，更来自地方院校所在的地方政府和地方企业。

引导转型已经是国家层面的决策，那么，从国家整体利益和地方长远利益出发，积极着手转型，办负责任的教育，就是地方本科院校和支持这些院校发展的社会力量的努力方向。

《光明日报》，2014-11-11（14）

本科转型，为社会发展铺路

今年，高校转型发展，是一个异常热门的话题。

高校发展这几年已经成为大家热议的对象，而且也有一些声音和思考在高校圈内慢慢发酵：走老路不行了。学生出路是问题，老师和学校的出路也会成为问题。关键是：我们的社会发展，也就必然面临问题。

2014年4月，178所高校共同发布《驻马店共识》，提出"引导部分普通本科高校向应用技术型高校转型"，点燃了多年来氤氲在高校尤其是地方本科院校校园内的气氛，也当然激发了整个社会对于这个话题的热情。

其实，本科院校的转型发展，已经是不少院校探索多年的大课题，也是很多院校已经在尝试并开始尝到甜头的努力。

很多的地方本科院校，还处于内心挣扎、患得患失的阶段。好不容易来到的升格，还没有享受几天，难道就要主动地放弃？搁谁那儿，都不能接受。更何况，多年的教师队伍、学科专业建设，一路走来，都是冲着本科教学和科研的指标体系进行的。转向应用技术型？怎么转？谁来主导？定型的教师和专业怎么办？新的师资和学科方向从哪里来？

所有这一切，都不是那么简单，而是横在院校面前的一道坎。

怎么迈过这道"坎"？一条有效的办法就是：向优秀的高职院校学习、合作。

高职虽然只是专科，一部分高职院校也不能说是办得成功。但是，那些优秀的高职院校，在高等教育处于分蘖发展时期，大胆尝试服务产业的办学方向，大力激发校企联合育人的积极性，共同寻找产教融合的利益关联点，的确可以为处于尴尬境地的地方本科院校提供转型发展的样本和参考。

地方本科院校是人才培养与社会发展交界处的前端。立足教育现实，着眼社会发展，服务产业需要，就是服务社会，就是服务院校发展。所以，本科院校的发展本就应该围绕社会和社会发展的各类需要来调整步伐。而现在这个时期，高校的转型发展，是为社会发展准备适用的、可发展的人力资源，酝酿健康理性的社会氛围和个人追求，是为社会发展奠定基础，铺垫道路。

《光明日报》，2014-11-25（14）

放下身段，培养适用人才

多年以来，地方本科院校，尤其是新设立的一部分地方本科院校的发展都经历着不同的磕磕绊绊，也经受着来自各个方面的拉扯和顾虑。一方面，这为大学本身赢来了发展契机，带来了地位提升、身份改变，也为举办地政府提高了社会形象、人才储备、投资吸引力、城市档次。另一方面，这类院校的快速设立，又带来了专业培育、师生培养、学术生长方面的尴尬。一个被人普遍关注的现象就是：地方院校尤其是新设本科院校的专业涵养深度不够，培养方向随大流，毕业生就业竞争力不足、就业压力大。"大学还能培养适用的人才吗？"

面对这个疑问，这些院校普遍开始尝试调整办学思路：向地方靠拢，向服务区域经济社会发展靠拢。这也是其后国务院、教育部所倡导的"地方本科院校向应用技术大学转型"的源头。

该不该转，的确应该。

人才市场的选择是最直接的证据，地方发展的人才需求与地方高校的人才培养实际之间的缺口是最急迫的动因。

所以，当"600所地方本科转型发展为职业教育本科阶段"一类的消息释放到舆论场的时候，各种关注的声音、各种议论的态度，一时之间很热闹，也很让人牵挂。

而实际上，到现在为止，地方本科院校转向应用技术型，这是教育所承担的国家发展使命的召唤。在这个背景下，地方本科高校一定要放下身段，实实在在地服务于培养中国经济社会实际需要的适用人才。这样的人才，要有知识储备，要有动手能力，要有高技能素质，要有高标准的职业能力，要能够创新，要能够创业，要能够推动中国社会踏踏实实地发展产业，发展技能，提升国力。这样的转型发展，才能为中国社会重塑一个正常的、不虚浮的人才观，营造一个积极的、活跃的人才培养环境，为中国社会培养一批有创造力的、有自信心的职业人才群。

《光明日报》，2015-09-01（15）

转型就是转机

地方本科院校转型，不是一个新话题。从根本上说，转型，来自高等教育资源供给与社会需求之间对应关系的变化。

早在21世纪初，因应于当时社会、公众、用人单位对于本科人才的急剧增长的需求，蓬勃发展的本科院校，对于我国高等教育发展、经济社会发展、公众对本科教育的期盼，无疑做出了切实的贡献。

同时，在地方本科高校的多年发展中，初期的红红火火也伴生并开始逐渐凸显出一些重要的问题：学科专业的市场适应性调整步伐缓慢；重复设置、低水平设置专业在不同院校间蔓延；一味强调综合性、学术型，而资源和师资却很难相应提升。于是，情况越来越严峻：地方本科院校毕业生就业能力和就业质量下滑，部分本科生被就业单位打上"动手能力差、知识单薄"的标签，甚至竞争不过部分专科高职学生；地方政府、学生家长、院校老师和学生本人都开始感受到巨大的压力。

而"引导部分地方本科院校转向应用型"政策，其实是给之前本科高速发展提醒、降温；同时，也给一部分本科院校提出了新的发展要求：以应用型学科、专业，更深入服务地方发展、学生能力养成、院校资源集聚，更好地服务于国家高等教育供给侧改革的战略大局。

对于部分焦虑于发展前路的地方本科院校来说，转型其实就是转机。

但是，到目前为止，转型发展却难说有大的规模效应。大多数地方本科院校尤其是一些新设本科院校，囿于社会对"应用型就是职业教育，就是低层次教育，就不是本科"的误读，囿于院校改革必然带来的种种压力和阻力，囿于习惯性等待上级行政部门的明确号令和政策，囿于既有教学管理模式的轻车熟路，对于"应用型转型"发展还或多或少停留在表面的应对、口头的应和上，真正动手改革，调整方向，探索转型所需诸多条件，把改革放在院校、师生、区域真实发展与需求的战略高度上去落实的，并不多。

其实，从本科院校大发展的当时，就明确了一条最重要的逻辑——社会经济发展需求，是调动和调整高等教育供给资源的根本起点，也是高等教育发展的最终锚定点。那么，当国家经济社会高速发展这么多年之后，我们在世界产业版图中的位置、份额、支配力、带动力开始逐步清晰的时候，高等教育资源供给能力当然会随之更加丰富，也应当在质量供给、效益供给、类型供给方面更加多元。转向应用型，并不是高等教育本科层次的降低，而是办学质量、能力、效益的再次提升，是与国家发展战略的高度契合。只有契合这样的战略，高校的发展，才能得到政府、师生、市场的正面、积极、持续的回馈和支撑。

所以说，转型就是转机，对于仍在犹豫的部分地方本科院校，实在是到了必须抓住这一转机的时候了。

《光明日报》，2017-02-23（14）

关于中国的教育

高考改革不能增负

北京一家媒体报道，在日前召开的"21世纪教育论坛——高考制度改革的实践与探索"上，有学者提出："高考一考定终身"的现象必须改变！要把高考变为多次考试。据说，这一观点和高校的一些意见主张"不谋而合"——把高中三年每学期的期末考试变成全省统考，对考生各个学科进行全面的考核，这6次的考试和高考在升学中的比例各占一半，这样做更能如实反映学生的成绩。而报道中说：教育部相关负责人称，正在听取各方面意见，酝酿高考改革新方案。

此条消息刚刚见报，网上就已经是一片质疑抨击之声。谓之"瞎折腾"者有之，称之为"心血来潮"者有之，有人在网上表示"每年考一次，年年都高三，都累死算了"，更有教师在网上表示："这种改革简直是要学生的命，不知道要增加学生的多少压力，增加家长的多少费用！"

的确，对于高考的种种不满意，在各地屡有所闻。高考"一考定终身"的成败决定论也每每遭受指责，而考试并不能全面反映学生质量素质的观点也为大家所公认。高考制度的改革，的确到了必须慎重、认真对待的时候了。但是，如果真像报道中所说的那样，简单地增加考试次数来保证考生质量，长期全面反映学生素质，真是让人啼笑皆非的事情了。

对于高考的非议，其实很大程度上是集中在对高考制度下扭曲了中学乃至小学的教育内涵，高考这个指挥棒把我们的教育扭曲为一种应试的教育，而区域性的指标分配、录取分数高低悬殊、高考招生监督管理不严导致的种种流弊，让普通学校、教师、学生、家长负担沉重，苦不堪言。

高考改革在很大程度上，就是要给学生、学校、教师、家长减负的改革，应该改革的应该是那些更根本、更重要的问题。而且，早有学者建议把学生高中阶段的学习成绩、活动表现、才能才干结合高考成绩做统一的考虑，在公平、公开、透明的基础上，作为学生的一种综合成绩供高校录取时参考。这种做法有国外的成功例子可以参照。又何必在一次高考之前，再添加好几次的"省级考试"呢？由此而来的重负，岂不是与高考改革的初衷背道而驰！

其实，高考作为一种制度，关键的目的在于选材，而不在于考试。完善考试制度的目的只是要选材公平。所以，对于高考制度的改革首要的态度是慎重，它毕竟是目前以公平选拔为手段的比较成熟的制度。对这个制度的改革应该集思广益和抓住核心。

2007年是我国恢复高考30周年，对一项实行了30年的考试制度进行改革，是必要的，但是要建立在全面考虑考察的基础上。好在教育部相关负责人表示："未来将逐步建立起以国家统一考试为主，以多元化考试评价和多样化选拔录取相结合的现代高校招生考试制度。""多元化""多样化"还是让我们有理由期待一个相对光明的选拔制度。

《光明日报》，2007-01-03（3）

地方师范院校更需关注

自师范生免费的消息传出之后，社会就将关注的焦点集中到按照部署准备实施这一措施的教育部直属的6所师范大学身上。这6所大学如何落实师范生免费教育，怎样确立免费师范生从入校到施教再到就业从教的整个体制环节，一时间，这都成为人们关心的热点，这些学校的校长们也再次成为媒体追问的焦点人物。

其实，就这个政策出台的初衷是为了解决中小学尤其是农村中小学普遍缺乏优秀师资这个问题，在6所直属师范大学之外的非教育部直属的所谓地方师范院校也许更加需要得到社会方方面面的关注。

道理很简单，就师范生的总量和分布而言，地方师范院校招收的师范生以及在校师范生总量都远远大于6所教育部直属师范大学所招收的师范生；而毕业后走上教师岗位的师范生，无疑也是地方师范院校的毕业生居多。尤其是在区域核心城市之外的中小城市以及农村乡镇的学校里，地方师范院校的毕业生也往往是教学的主力。就连全国很多大城市的重点中小学，地方师范院校的毕业生乃至非师范毕业生也承担着举足轻重的教学任务。

其实，一些在地方上办学时间较长的师范院校已经或正在雄心勃勃地成为地方教育、经济发展的人才库和思想库。土生土长是这些院校服务于当地区域发展的巨大地理优势、历史优势和情感优势。也正因为这一点，地方师范院校毕业生有更大可能走进急需优秀师资的当地基层学校。

所以，当我们关注优秀师资的缺乏这个问题的时候，地方师范院校绝对是不可以被遗忘的。这一点，就连教育部直属6所师范大学的校长们也或多或少地在不同场合给予了提醒和强调。

但是，这并非就意味着：地方师范院校可以翘首等待而无所作为。

既然师范生免费在6所学校是"示范性"措施，我们就有理由期待这一措施是更大范围改革的前奏。

而地方师范院校以及地方政府也就有极大的必要提前着手准备，主动应对——如何在地方政府和地方师范院校之间形成一种更细致、高效的合作，紧密联系双方利益，既推进地方教育、经济的发展，又提供良好条件提升地方师范院校办学水平，这应是地方政府和地方师范院校认真思考和探索的问题。

《光明日报》，2007-03-28（11）

怎一个"清退"了得

　　近来，关于"清退代课教师"的报道时常见诸媒体，引得大众关注。而教育部新闻发言人也及时出面澄清：目前教育部暂无清退计划，2010年并不是清退的最后时限。这多少让近30万代课教师和更多关心代课教师的人们略感放松——看来，还有余地，还不会如此仓促。

　　但是在各个媒体，在网络，人们对于代课教师保持普遍的同情和支持，并纷纷出谋划策，向政府、教育主管部门建议如何安置好这些代课教师。

　　对于代课教师，大家为什么给予这么多支持和关注？原因很简单：代课教师大多在条件艰苦的农村工作多年，对于略知中国农村历史、现状和农村教育历史、现状的人们来说，代课教师们是让人感动，而又默默耕耘、无私奉献的一群人。

　　2000年左右，全国为"提升师资水平"，各地通过转正或辞退等方式取消了"民办教师"。随后，"民办教师"曾经较为普遍的农村地区又出现了大量编制外的"代课教师"。一望而知，代课教师，只是民办教师的又一个新称谓罢了。他们实际的工作，还是在艰苦荒凉偏远的山区、农村，为当地的孩子营造一个知识的殿堂，为他们撬开知识大门的一点点缝隙。

　　代课教师的工作环境，是恶劣的；代课教师的收入待遇，是微薄的。那么，这些代课教师们又是为了什么这样长期代课呢？也许是为了这微薄的收入，也许是为了个人的教育理想。但有一点很肯定：在那样的环境里，并不是很多人可以坚持下来的。

　　的确，代课教师群体没有高学历，甚至没有教师资格证。但是，又有多少具有高学历的学生和老师，能够在代课教师工作的环境里坚持下来？在人们看来，代课教师这样一群人，在贫瘠土地上辛苦耕耘教育园地，这个老黄牛，拉动着教育的大车轮，他们对广大学生有恩，他们对那片土地有恩。

那么，如果有一台天平，一边放着代课教师这样一群人，一边放着"清退"这二字，天平该往哪边倾斜，不必多问。

而"清退"这两个字，是如此别扭。《现代汉语规范词典》这样解释："清退：清查后退还。比如：清退不合理收费。"这个词语中潜伏着居高临下的姿态，以及一般而言的清退对象的不合理属性，使得"清退"这个词语与这样一群默默无闻、默默奉献的教师相联系的时候，让人唏嘘不已。

在我们的农村、山区、边疆、穷乡僻壤还缺少"合格师资"的时候，在我们的统计年表要证明地方教育事业蓬勃发展而且师生比达标的时候，在各地要完成农村青少年扫盲达标任务的时候，我们不会想到"清退"二字。

那么，在中国教育持续发展却仍然缺少足够的"合格教师""优秀师资"深入农村的时候，面对代课教师们，又怎一个"清退"了得！

《光明日报》，2010-01-13（11）

高校走向国际不可急功近利

发展到现在，国内高校无疑取得了令人瞩目的成绩。据报道，我国高校在读大学生人数、硕士生、博士生在读人数、SCI论文数量，在全世界范围内，都已经处于首屈一指的地位。

当然，教育界尤其是高教界的精英人士都已经认识到，中国高校在量上的飞跃绝不等于质的飞升。所以，向国际知名高校看齐，成为中国高校自觉发展、自主提升的必然的选择。正因为此，"建设世界一流大学"，越来越多地成为中国著名高校的内在雄心和外显的目标。

如何走进世界一流行列，无疑是一个重大的课题。中国高等教育自其诞生以来，一直深受外国高等教育体制模式的影响，并糅合了中国自身的文化教育特色。

走国际化的道路是必然的，但召开国际学术会议、交换学者学生、在国际学术期刊发表论文，不是国际化的全部。最重要的是，国际名校的经营运作体制、国外高校教师的考评录用体系、国外高校的管理机制，都是我们需要学习和改进的方向。这些都是高校发展必须长期养成的要素，是所有高等院校必须用很长时间去摸索、创设、确立、坚持并深入骨髓的。

所以，在我们的大学走向世界的时候，一定要保持长期投入的信念，不可能一蹴而就，更不可能急功近利。

《光明日报》，2010-02-03（11）

以平和心认真做教育

特别喜欢一句老话——"十年树木，百年树人"。

这样一句话，在普通中国人中口耳相传已经不知道有多少岁月，在中国的教育工作者口中更是经常听闻。

普普通通一句话，包含了中国人对于教育的重视、珍视，也包含着中国人对教育者的尊崇和敬意，更包含着传统中国教育者那种认真、积极、负责的价值观和由此而生的坚定、平和又从容的心态。

因为知道树人之难，甚于树木；也因为知道树人所得之成就，远重于树木所得之果实，所以我们的前辈们才给予教育和教育者任重道远的期许和重托，而我们前辈的教育者才有了踏实细致而不敢急功近利的气质。

"风声雨声读书声，家事国事天下事"也印证出中国教育中积极上进又脚踏实地的传统。读书和服务家国两者之间，是互为关联的，而且是互相激发促进的。

所以，一位位文教大家名垂千古，一代代学者文士坚守相许，饱学之士、鸿学之儒点缀了、铺成了中国灿烂的文明史、文化史、教育史。

所以，我们面对眼下一些急功近利的教育现象，不免自己都变得急躁，甚至于也无法辨清到底是谁的急躁造成当前教育的困境。

我们呼唤教育家，我们渴望拥有一流的大学，当这些愿望还没有得到满足的时候，社会大众甚至于教育者自己都更加焦虑。

我们距离传统所承认的、大众所普遍认同的一个基本观念相去甚远，这个观念就是文章一开始就举出的"十年树木，百年树人"的时间观、价值观、教育观。

不知道该给具体的学校、老师们、家长们开出怎样具体的药方，只有模糊地希望，希望我们对于教育的态度，回到教育的两个基本特质：平和、认真。用"百年树人"的，耐得住寂寞的态度、气质和责任感，养育我们的教育、教育者和受教育者。

《光明日报》，2010-05-12（11）

严则立，宽则废

日前，据媒体报道：法国高教部宣布，前土伦大学校长韦尔斯拉蒂因为涉及文凭买卖丑闻，已经在5月21日被正式开除公职，并且被永久禁止在公共和私营教育部门从事任何工作，决定立即生效。此外，另有两名土伦大学前副校长也分别被处以一到三年时间里禁止在高校任职和从事研究的惩罚。

据悉，开除公职是法国对公职人员最严厉的行政处罚，但对一位大学校长做出这样严厉的处理在法国此前还未有过。因为这个丑闻，韦尔斯拉蒂已经被完全从法国的教育界驱除，不能再涉足教育了。

对于这样的消息，中国的媒体和教育界都能够感受到法国有关方面对于教育腐败的"零容忍"的力度何其之大。虽然贵为一校之长，但是一旦出现腐败丑闻，立即进入相关调查程序，证据确凿之后，处罚力度雷霆万钧，处罚措施迅速出台并公之于众，绝不掩饰护短，但求公正公开。

为什么这样雷厉风行？不只是为了教育的尊严，而且是为了这所被牵连的大学的声誉，为了这所大学里的教师、学生，乃至学生家庭的声誉，更为了维护教育所树立的社会公德公信的权威，为了捍卫正确的价值观和道德，以及这个价值观和道德所维系的社会的秩序和人心。

大学立足于社会之中，被称为"象牙塔"的大学，以及中学小学，乃至一切的教育机构，都不是天生高贵无瑕并且可以将这高贵无瑕遗传给后世的。学校人也是社会人，在当前社会大众普遍从教育资源尤其是优质教育资源中获得成长资本的社会背景下，教育本身就已经成了一种必须自我发展也被人们追逐的"资本"力量。所以，法国土伦大学的事件不是孤立的，也不是空前绝后的。对此事件的处理，有更多"杀鸡儆猴"的警示效果。

不过，这样的雷霆手段、这样的严肃惩处，的确撼动人心，也颇可借鉴。

对于这样大是大非的问题，法国人做得很好。也自然会得到我们的赞赏，因为我们的前辈早就感慨过："严则立，宽则废。"

《光明日报》，2010-06-02（11）

高校需要多方支撑

高等教育从来不是也不应该是与世隔绝的真空、净土。这是常识。高校发展在遵循其自身教育规律之外，还必然受到各种外部环境的支持或制约，这是共识。

那么，在社会大众一再寄希望也要求高等教育的发展以自觉、自重、自爱的标准衡量规范高等教育内部的人员与行为的同时，高校也自然会要求影响高校发展的各种社会力量给予真正的支持。这仿佛鱼和水、生命与空气的关系。

而对于高校有至关重要影响的那些外部环境，比如何祥林先生所提到的办学体制、投资体制、管理体制、社会舆论等四个方面，更是关乎高校生存和发展的根本。

其实，细细想来，办学体制、投资体制、管理体制，在目前的中国高等教育界，是直接相关方，很多时候还直接涉及高等教育决策和管理机构。因此，它们还不能"置身"教育"事外"，还算不得是严格的"外部环境"。只是这些机构大多独立于大学机构本身而已。置身事内，又与教育直接相关，那么这些机构的教育责任无疑是重大的，那么大学对于它们的呼声，它们是应该听得到也听得明白的。大家期待的就是积极、有效的回应和办法。

至于与高校关系稍远的部门和个人，仍然是高校发展的利益攸关方。社会网络是环环相扣的，同时各个部门和个人对于高等教育的需求也是大同小异的——它们的提升和发展，同样需要一个健康合理的高等教育体系给予支持。

归根到底，这样的支持是相互的，而高校始终需要多方支撑。

《光明日报》，2010-08-11（11）

高等教育必须占领高端

有一段时间了，教育界的一种声音说："我们不要搞精英教育，我们要面向大众。"

其实，真正着力于教育事业和高校教育科研的老师们和学者们，对于这样的说法，是可以不必太较真的。

很简单的一个道理。我们的高等教育的确是面向大众的，要实现高等教育的普及，就要提高适龄学生的高校入学率。但是，这是一个面向的问题，是普及率的问题。而面向高端，致力于提高高校教育科研质量，以及传承这种教育科研质量，同样是我们的高等教育必须面对的课题、努力的方向。

这是一个问题的两面，毫不对立，相辅相成。

精英教育不是面对富人的，不是面对少数人的，而是要培养出有知识有能力的人，而是要培养出高端的人才。这样的精英也许是少数的，但是他们从最大多数的受教育者中来，走向各个行业各个领域的最前沿最高端，进而领导这些领域和行业。

谁不追求这样的教育，谁不梦想这样的教育成就。如果我们的教育能育出精英，那么我们的大家、大师就不会少，我们的优质教育资源就会很丰沛，我们对于教育和各个领域的焦虑就会大大消解。

所以，无论如何，我们的高等教育必须占领高端，我们的高校也应该培养精英。当然，这里的"精英"，绝不是要成为高高在上的一个阶层，而是要成为这个社会的楷模和动力。

即便学识、能力上不能跻身精英，大学也应该给予大学里的受教育者以机会——让他们的判断力、行动力和精神状态充满自信和张力，这是受过高等教育者必要的状态，这种状态拒绝流俗和平庸，为这个社会提供渐近完善的基础，从这个意义上，受大学教育者，仍然应该是这个社会的精英。

《光明日报》，2010-09-19（7）

人文精神培养需要耐心

对于精神的追求，使人区别于其他物种。对于人文精神的涵养，是人对于知识和教育的要求。

而从人类文明史和教育史的过往，我们理所当然懂得一个道理：精神的养育绝非一朝一夕，人文精神的培养需要耐心。

在我们的社会走向更加富裕、更有活力、更加跳跃、更加丰富的同时，我们已经看见了这样的现象：快节奏的生活和工作，在给人以创造力爆发的空间的同时，也直接"挤压"了我们的时间和空间——似乎，时间总是那么急迫，空间总是那么狭小，使命总是那么繁多，任务总是那么层出不穷。于是，在捉襟见肘之际，我们开始失去一个曾经的耕读社会曾经拥有的悠然心态，却几乎毫不回头地滑向另一个极端——急不可耐地发现错误，急不可耐地要纠正错误，急不可耐地要重新塑造一个新的精神状态和社会状态。

我们的学校也是一样。

在大中小学无一例外地进入中国历史上少有的飞速发展的时候，我们发现学校和学校中的人们——老师和学生们，都在等速度地丢失掉一些文人的传统和精神的养育。而我们的学校自然也同时在意识到这个问题的存在以及其后隐藏的危机。

所以，"人文精神"成为时下我们学校教育界的共识、解决问题的突破口、自我完善的追求。这是多么令人欣喜的自觉！在一个忙忙碌碌的时代，在一个纷繁复杂的社会脉搏之中，我们的社会，还有这么一批文人拥有这么文雅执着的眼光。

敢于以文化人自许，敢于追求人文精神的丰满，是这个社会的幸福之光。

而这个光亮的闪烁映射出这个社会的症候，这光亮也折射出我们必须付出的时间代价。

人文精神的养育是要时间的，是要耐心耐性的。

所以，重要的是，放手去做，去一年年一月月地做，一件事一件事地做，一个人一个人地做，在这个过程中，我们不需要考核指标，不应该设置工程时间表，应排除进度指令。

一切急于求成都应该让位给脚踏实地地做，让位给耐心。

《光明日报》，2010-10-28（11）

"传道""解惑"重于"授业"

大学的功用，就是将其精神文化传统烙印在青年学生身上，使学生成为具备某种特质的人才。从这个意义上讲，在大学教育阶段，"授业"是基础，但"传道""解惑"比"授业"更能提高学生未来发展的创新力、凝聚力与竞争力。

"仰望星空"是对宇宙真理矢志不渝的追求。培养仰望星空、忠诚报国的人才，是各级各类教育共同的目标。在社会正处于深刻变革的时代背景下，一所高校承担的社会责任将会越来越多，但无论风云如何变迁，传承和弘扬优良传统，不断创造新知识，持续提升学术水平，精心培养具有创新思维的人才，始终是大学根本的价值取向。

"谦恭的行为"无疑是朴实作风的表征。事实证明，我们只有竭力排除甚至远离那些纷繁的干扰和浮躁，强调和培育脚踏实地的作风，才能始终忠诚于党的教育事业，我们所培养的人才才能担负巩固党的执政地位、维护国家长治久安、保障人民安居乐业、服务经济社会发展的神圣使命。这种脚踏实地、求真务实、不尚空谈的作风是值得薪火相继的"传家宝"。

因敬畏而生的谦恭，并不代表碌碌无为，更非无所作为。卑以自牧、心怀天下的胸襟气度，最终将内化为一种务实创新的工作态度，外化为一种平易待人的生活品格。"不唯书、不唯上、不唯师"不仅应构成一所学校尊重与挑战并存、兼容与批判精神并重的优良素质，更演化为一所学校特有的学术品质。在一些高等院校远离大学的本原，不能有效地维持大学的个性、恪守大学本性的当下，这一优秀的品质尤显珍贵。

《光明日报》，2010-12-29（11）

要善用网络的"好"

好几年了，青少年因沉迷网络而辍学，甚至走上歧途的报道，常常出现在各地媒体，当然，更借助"罪魁祸首"——网络本身的传播，让家长们、教师们时不时"谈网色变"。这样说来，网络真是为祸不小。

可如今，网络早已经无处不在，对于很多行业，包括科技、产业、经济，甚至教育本身，早就与网络科技无法分离——许多世界级名校的部分课程已经公开在网络世界，全球网民都可以无偿使用，给自己进入名校聆听全球知名教授课程的机会；网络不仅打开了知识大门，也敞开了教育大门，降低了教育门槛。

其实，人人都同意：网络，为这个时代的人们提供了空前的学习机会、学习资源。网络，也给这个时代勤于学习、善于学习的人提供了公平的学习机会和成长机会。

唯一的问题在于：我们是不是善于掌握这个机会，我们是否善用网络的"好"？

说来说去，网络就是一个高技术工具，甚至可以说就是一个普通工具。因为，这个时代使用网络的人实在太多太多，上网已经不是一个"技术活"。既然是工具，就看如何使用它为我们造福。就青少年学生来说，也就是要学会使用网络达到学习或者娱乐的目的。

由于网络的普及，目前国内大多数学校开设了信息技术课程，教会学生们基本的网络技术，以利用网络资源拓展学习领域和激发学习兴趣。家庭中也基本普及了网络，是孩子们必选的一种学习手段以及学习之后的娱乐手段。之外，就是真正让家长老师们担心的各类网吧。

正因为孩子们无时无处不可以接触网络，网络的优势又是如此明显，所以，老师们和家长们不能耽于忧虑，只要在做好课堂教学、课后娱乐之外，引导学生认识网络的优势和好处，利用好网络的优势和好处，网络就足以造福青少年的成长。

《光明日报》，2011-01-05（16）

扎下根，德育才有活力

教育事业的目的，在于传授知识、培育人才。在这个过程中，德育教育的作用至关重要。不过近些年来，德育的魅力被削弱。虽然德育仍然极受重视，但是在学校和家长心目中，德育有些空泛漂浮了，在学生眼中，作为课程的德育也没有太多的魅力。曾经那么充满活力、一呼百应的德育，收起了她应有的风采。

为什么？原因是多种多样的。社会风气的浮躁、个人主义的盛行、逐利重商气氛的浓厚，早已经开始侵蚀教育的肌体。

当我们呼唤素质教育而屡屡不得的时候，平静单纯的校园已经被高考、中考、竞赛、奥赛等指标性数据搅乱；面对物欲汹汹的社会和柴米油盐的个人世界，安贫乐道、肩负使命的教师们情怀已乱；你争我夺的名校资源、你追我赶的兴趣培养，让家长们方寸大乱，学生们疲于奔命。

当教育已经如此漂浮的时候，德育的根已经缺少土壤的滋养。

这个根必须扎下来，要扎在政府改革突破的决心里，扎在教育者的责任心里，扎在家长们纠结但急待平静的爱心里。尽管需要时日，但德育本来就是一个漫长的过程。

教育不是政绩。如果只看见局部的繁华，却不根除这繁华之下的病毒，如果只看见大城市、名校的成长壮大而不能果决地扶持小地方、薄弱校，如果只追求数据的"赶英超美"，而无视教育整体发展的失衡，则政绩谈不上，更谈不上事业。

教育是百年的事业，教育者应该是时代的勇者。教育者需要安身立命的生活，但是坚守教育责任，不随波逐流，也是为人师者的财富。

教育不是攀比。忙忙碌碌的家长们，疲惫而又令人同情的一群，该给孩子一个美丽的成长童年，可以有取舍。

这些就是德育可以扎根的土壤。扎下根，德育才有活力。

《光明日报》，2011-01-19（16）

教育应善用民间资本

经过多年的发展，民办教育已经是我国教育的重要补充力量。学前教育、基础教育、高等教育、职业教育等各个环节，都有民间办学力量的身影。严格的监管和市场的竞争，无疑为民办教育发展设定了规则。

同时，资本仍然是经常困扰民办教育尤其是民办高校发展的大问题。既然是民办高校，资金链的长度、厚度和灵活程度必然影响到民办学校自身的规模扩大、师资吸引、硬件提升。不过，迄今为止，民间资本进入民办学校仍然缺乏有力的制度设计。

既然举办民办教育，健全的资金进出管理制度就应该是必不可少的。只有善用民间资本，把民间资金引导进入教育领域，对其设定严格的准入准出制度，进行严密的跟踪管理，并允许合理的获利回报，这样的种种政策就有可能把当前社会上的部分游资集纳到教育事业上，善加利用，为民办教育发展集聚资本力量。

其实，当前民间资本力量是丰沛的，但是游资对一些社会生活物资的炒作缘起于对利润的追求，如果有适当的政策设计引导民间资本进入相对稳定、长期的教育领域，一可以为政府减轻财政负担，二可以推动民办教育理性发展，三可以减少游资盲目炒作，四可以利用民间资本养育人才，可以说是一举多得的思路。

当然，民间资本进入民办高校，话说起来容易，具体困难不少。不过这正是对相关立法、管理机构的考验，不可不为。民间资本如同流水，如何集聚以成就大事，如何引导以有利教育，是值得尝试，也应当尝试的。

《光明日报》，2011-04-06（16）

文化源流不可断

大学，毋庸置疑是文化机构，传播文化、发展文化、养育文化。这个机构不同于其他的政府机构、权力机构，或者如图书馆、戏剧院这样的文化机构，也更不同于其他一切的商业机构。

准确地说，大学这个文化机构本身就是完整的既归属于文化又主动地发展文化的场所，是文化自我完善同时又吸纳并辐射自身文化影响力于外界的文化机构。

大学是一个文化场。这个"场"如同一个自我完善着的生态圈——有自身的时间积累，也有自身的历史发展，这个未来发展与过往积累绝不是断然分开的，而是承续既往、连通未来、相互生发的关系。也就是说，大学文化渊源有自、不可断绝。

中国有句古话叫作"斯文一脉"。大概可以准确地概括大学文化的这种特点。其实，谁不懂得这个道理呢？

关键的关键在于——我们都懂得大学文化的特殊性、重要性、历史性，但是在大学文化的养成上却多多少少显得急迫，在操作上也就难免有千篇一律之嫌。要摆脱大学文化的这种同质化趋势，回归文化理性，回归文化本身，回归文化渊源，回归文化发展，这是绕不过去的步骤。

其实，每一所大学都有自己立身于独特时代背景、地域环境、文风学风之中养成的文化个性。在经历时间沉浮变迁之后，在当今大学发展的壮阔时代中，每一所大学都面临着大致相同的问题：如何从自身的历史养分中汲取营养，增强自信，如何从自身的历史渊源中寻找新的流向。要脱离开这个历史环境，人为地树立大学的文化特色、文化定位，即便声响再大，也难免干哑、气短。

　　而始终不可忘记：文化要承上启下，大学文化的历史源流不可斩断。

《光明日报》，2011-07-13（16）

课堂本该生机勃勃

老师在讲台上侃侃而谈，学生在教室中沉默不语；老师讲得身心投入，学生听得心不在焉；老师提出个问题，学生们无人应答，教室里冷寂得让人尴尬。

这是我们很多人都曾经经历过的学校课堂。在现在的学校中，这样的情景也并不少见。

这是为什么？是老师讲得不好，还是学生根本不感兴趣？

我们曾经把这类的课堂称之为"满堂灌"或者"填鸭式"。老师占据了课堂教学的中心位置，学生只是学习者、吸收者。除了一部分学生具有主动性的学习习惯之外，大多数学生在这类教学方式中，是处于被动者、被教育者的位置。

而新课标和"课改"所要改变的就是这种忽视学生主动能力培养的方法。

学习是基于好奇心的知识吸纳和内化积累的过程。因为好奇，我们学习，因为学习的不断进行，我们逐步成长，宛如动植物吸收阳光、水分和营养，学习让我们生机益然。那么，理想的课堂，就是好奇心和知识能力相遇的场所，学生应该在这个场所中积极生长，充满勃勃生机。

不可否认，我们的课堂有沉闷无聊的时候，这尤其反映出我们教育评价和教育发展中的硬伤，这已经伤害到教育的根本点——学生的好奇心，老师的成就感。如果日复一日地让考试、知识点、反复讲解、重复作业成为课堂的主角，那么我们的课堂还会让教师"独唱"、学生"无语"！

《光明日报》，2011-07-20（16）

质量，是第一标准

当越来越多的年轻人进入大学，当越来越多的大学生攻读硕士、博士学位，当中国高校与国外大学加强合作交流，中国高等教育以自己的快速发展，令世界瞩目。

不过，我们绝大多数人很清醒，因为，"大"而不"强"，因为，质量是第一标准。

就高等教育的质量而言，中国高校还有着明显的差距——内，我们还不完全适应国民对于高等教育的需求；外，我们与世界先进水平明显地还有差距。

有差距，是现实。清醒地面对差距，努力地弥补差距，我们则有望获得未来。

今年全国两会，《政府工作报告》再次强调高等教育要提高教育质量和创新能力。

质量，作为伴随中国高等教育快速发展而来的最新最大的命题，已经为中国的高等院校确立了历史性的坐标。

要为一所大学的可持续性发展增添动力，需要依据于符合教育规律的质量标准。要为中国高等教育书写成功的历史性篇章，质量提升是不可回避的必然选择。要让世界见证一个古老民族的伟大复兴与崛起，质量发展是历史留给中国高等教育的使命和荣耀。

其实，中国高校有足够的清醒以面对差距，也应该有足够的勇气和决心，一步一步，稳健扎实地转变发展方式，追求以质量提升为中心的内涵式发展。应该说，在质量提升的发展道路上，中国高校一直在努力。这种努力必须得到承认，得到尊重，得到支持。

　　而关键的一点还是，不能浮躁、浮华乃至浮夸，要有一个坚定的、不为功利所动摇的、始终贯彻于各个环节并全力落实的战略——质量，是第一标准。

《光明日报》，2012-03-28（16）

质量评价，谁说了算？

质量，中外高校提升自身影响力时概莫能外的追求。提高质量，更是当前中国高校走向长远发展的必由之路。

我们习惯说"桃李不言，下自成蹊"，也习惯说"酒香不怕巷子深"。打个比方，高校就如同这"桃李"和"酒"，打动人、吸引人，靠的是果实甜美和酒味飘香，也就是高校培养的人。

应该说，这是一种理想状态下的大学办学理想——不用患得患失地考虑大学要完成的种种任务，不用为赢得社会认可而忙于种种自我推销，也不必为吸引各种投资捐赠而忙活着自我宣扬，大学，只需要按照大学之成为大学的那种办学理想去脚踏实地长期努力就可以了。

现在的办学环境是，中国的高校既要努力高效地维系内部正常的运转，又要努力在社会各方面展示自己的影响力和成就。这个过程中，大学就不再可能埋头校园、心无旁骛、潜心致志地自言自语，还必须听取并营造社会各个方面传递过来的评价，毕竟，大学的发展，尤其是如今国际环境下的发展，早已经不是那个沉默不语或者自言自语的时代。

那么，大学的质量如何，大学的口碑怎样，大学的影响力如何，这种评判权，大学只能与社会分享，至少必须经受来自各种方向、各种目的、各种层次的评价。有时候，这无疑是一个痛苦的过程，毕竟，高教质量，不是某一个人或者某一部分人说了就能算数的事情。有时候，这是一个类似于"成长的烦恼"的痛苦，毕竟，不同的评价都从不同的方向上让智者拥有"兼听则明"的机会。

《光明日报》，2012-04-25（16）

课堂凝聚教育精气神

多少年了，大家说起中国学生的一大特点，往往在"聪明、勤奋"之外，加上一句——"不说话，不活跃"。

对这种说法，我们大多数人明白是什么意思——中国学生不大习惯在课堂之上踊跃发言提问，并不能勇敢地跟教师交流。

不仅仅是在中小学课堂如此，在大学课堂，也常常见到这样的景致：教授们侃侃而谈，循循善诱，而讲台下的大学生们，往往或低头垂目，或对视而无言。课堂，经常成为教师的独角戏场。

这被总结为中国学生的特点，被总结为中国人的特点，甚至被总结为亚洲人的性格。

有一定的道理。但是，又不全然是这样。

在与留学海外的中国留学生们交流中，可以听到和看到这样的事例：中国学生，在海外高校的课堂中，刚开始也许都经历过从沉默到打破沉默，从发声再到积极发声的过程。

所以，中国大学生的沉默，有文化性格和个人性格的原因，不过，却是可以打破的"定例"。打破这种定例的，就在于大学对于课堂的理念设计、教师对于课堂教学的掌握调控、学生对于课堂的参与态度。

其实，课堂是凝聚着教育全部精气神的地方。

在这个不大的场所，是教师和学生之间的知识、情感、判断、语言时刻流动、交汇、激荡的地方。教育教学在这个地方生成和推演，并波及此后的教学场所，形成基本的教与学的有效模式。

课堂就是教育起始的地方。教育的起始能否有效，能否高效，能否落实教育设计的目的、效果，能否检视并修正教育的方法，课堂是最直接的地点。

　　从课程设计、教学设计、知识表达、情感表达的各个层面来激发学生，也许是海外课堂成功的一个侧面，而我们是可以从这些层面来完善我们自己的大学课堂的。

　　所以，如果不满意我们的课堂，如果又了解到海外课堂的生动，我们应该从中去寻找一些可以弥补缺失的环节——直接来说，课堂教学不仅仅是教育目的的实现，也是教学手段的丰富，更是包括大学在内的教育者自身完善的重点。

《光明日报》，2012-11-21（16）

创业教育要走出校园

随着社会就业形势的变化，高校对创业教育日渐重视，个别学校已经把创业教育设置为大学生的必选课程。

这在一定程度上让大学生有机会跳出简单幼稚的"象牙塔思维"，早早地开始规划自己今后的社会职业，确定自己的职业追求，筹划个人的发展蓝图，这无疑是积极的步骤。

不过，创业教育与其他的教育形式是非常不同的。最大的不同之处就在于：创业教育是着眼于学生毕业后的社会定位、职业发展，简言之，创业教育要锻炼学生在校园之外的社会中自力更生的能力。

用这样的标准，回头再看看各地高校举办的创业教育，就可以很容易看出它们与实际的距离。无论是创业课程也好，或者是社会企业的参观学习也好，或者是创业成功的学长们的经验之谈也好，作为课程的创业教育如果只是一门大学课程，它所能取得的效果就是非常有限的。

一句话，创业教育是立足于社会的，那么就必须走出课堂，走出校园，需要制度化的支持，让大学生有机会在实实在在的社会环境下，与社会需求进行对接，在实际的企业式运行中得到实务锻炼，习得实际能力。

这种能力，不只是在某个岗位上的就业力，而是一个综合性的自立能力，包括了对职业市场的判断、对自我能力的判断、对自我位置的判断、对市场创业前景的解读、对职业定位的调整、对自我创业能力的阶段规划、对创业心理的培养、对自我承受能力的磨炼。

这些能力的培养，一望而知绝不是可以一蹴而就的。而任何一次轻微的打击，都可能消灭掉创业教育要给大学生们培养的雄心壮志。

那么，尽量为大学生制度化地提供创业教育的机会，提供实际操作的机会，提供创业的机会，则是我们必须一再深思熟虑、细致构想的制度化步骤。只有这样，创业教育才能够真正走出校园。

《光明日报》，2011-02-23（16）

服务社会也是育人

继续教育是一个容易被大家忽视，但又是与所有人息息相关的教育形态。因为，如果从"面向成人提供高中、大学后的教育服务"这个概念来看，继续教育的确是一种提供终身学习机会的教育服务形式，当然与所有社会公众相关联。

从更广义的角度看，社区教育、市民教育、老年大学、农民工培训、成人职业培训、职业进修等等形式的教育服务，都是继续教育。

要提供这样宽泛和专业的服务，中国高校应该大有作为。虽然高校之外的各类社会教育培训机构都或多或少地提供各类服务，也占据了一定的教育服务市场，但是高校不应该轻易放弃自己用知识、科技和教育优势回馈社会的天然职责。

一句话，服务社会也是高校育人的一项内容。而且，各类型继续教育中关乎全民普遍文化素质提升的内容，高等院校有极大的优势、应尽的责任，去给予社会这种服务。至于政府用纳税人税款支持的高校，经过招生考试进入大学学习的大学生是高校的育人对象，而作为高校支持者的纳税人、社会大众也应该分享到大学的知识资源和教育服务。

其实，为社会提供这种服务也必然有利于高校自身学科的完善和知识的累积，因为继续教育的过程，也是大学知识得以实践的一个过程，是大学可以立足于社会长远需求以反思自身知识架构的好机会。

大学提供完善的继续教育服务，以教育服务社会，不仅是大学应尽的责任，也是发展自身的机会。善事其事，则有大成。

《光明日报》，2011-04-20（16）

在服务社会中育人

教书育人，是教育的责任。如何育人，则是一道教育界必须回答好的大题目。

人，是社会的动物。人生活于社会中，工作于社会中，成长于社会中，人与社会的关系紧密交融，社会就是人成长的环境和土壤。所以，育人的第一课堂和最后的检验，都自然应该放置于社会之中。在社会中育人，是教育必然的选择。

这个道理很简单。但是如何把学生放置到社会之中，有效地锻炼学生了解社会、学习社会、服务社会、融入社会，这是学校社会育人理念的必要环节，也是对学校社会育人理念的考验。

当今的学生，包括很大一部分大学生，对于社会是知之甚少的。即便有所了解，也是不全面的了解，或者说是隔着纱幔的想象。怎么让学生浸入社会，为学生和社会搭建一座交互的桥梁，是学校育人的关键。

"歆语工程"，是一个不错的尝试。北京外国语大学是国内外语教育的最高学府，就其学科的国际化程度来看，似乎与中国社会有些许的距离，也还是可以理解的。不过，学校没有以此为借口，走在阳春白雪的发展道路上自我欣赏，而是扎扎实实地把外语教育与地方基层的基础教育中的外语教学结合起来，让学生走进基层课堂，走近基层教师，走近地方中小学生。北外的学子，在这个过程中，了解了中国基层的社会现实、教育现实，也锻炼了自己的语言教学的能力，提升了自身的语言文化的教学和思考能力，既帮助了地方基层外语教学，又在服务社会的基础上，提高了学生的教学、交流、思考能力，一举而数得，不愧为教书育人的有效良方。尤其是持之有年，坚持有道，令人叹服。

立足社会，结合学科特色，在服务社会中育人，在服务社会中提高学科实力，的确是高校应该选择的育人良途，也是实在有效的。

《光明日报》，2011-05-25（16）

服务社会使命光荣

"大妈，别着急，你慢慢把症状说清楚，我们是医科大学博士团的，在县里要巡诊一个月呢，不着急。"这是我10多年前在重庆某县目睹的高校博士团巡诊现场。

"老乡，你看，这枝条已经有病虫害征兆，一定要修剪，还要这样下剪，你注意看我的动作。"这是8年前，我在北京怀柔农村看到的北京农学院教授在果农果园里的示范讲解。

"我还不太习惯西北的气候和饮食，但是服务这里的群众，带动他们用科技力量走上崭新生活，这个事业激励我，也吸引我。"这是5年前，一位参与"西部志愿者"行动的大学毕业生的一番肺腑之言。

"请大家稍微让让，这有轮椅车要过一下。沙特馆排队人多，大家可以选择先参观附近别的展馆。"这是去年在上海世博会上活跃着的大学生志愿者身影。

这些画面，活生生地发生在中国的各个地方，发生在中国的各个大学，承前启后，多年不辍。

大学走进社会，走进中国最乡土的环境和人群，为最乡土的人们和社会真心服务，是中国大学的光荣。

当然，国外高校也有"服务社会、服务社区"的传统，做得也很不错，甚至深入大学和学生的骨髓。而像中国大学这样成规模、成批次到基层的大集团服务模式，还是很少的。这是中国大学的传统。

当然，大学服务社会的形式也在丰富，"产学研结合""大学和社会的双赢"等概念和合作都已普及。大学服务社会，已经在大学学科发展、科研结合实际等方面硕果累累。社会也在产业升级、人才培养等方面所获甚丰。

更深入地深入社会基层，更丰富地丰富服务形式，更投入地投入时代大潮，将是中国大学的使命，将是中国社会健康发展的支柱，将为我们带来更大的光荣。

《光明日报》，2011-08-17（16）

以责任心做教育

可能，北川中学在中国甚至世界都算是国内最著名的中学之一了。

一场灾难伤害了一所学校，一个国家支持着这所学校。

所以，在短短3年里，北川中学从地震的沉重阴影里走出来，恢复了正常教学秩序。新的校园、新的同学、新的老师，一切都似乎让人看不出地震的痕迹。但是，这个学校的内心，尤其是这个学校的校长和教师们的内心，责任是第一位的。

责任心体现在他们"三年恢复，六年提升，九年跨越"的发展规划中，责任心体现在石碑上毛泽东的那句"有文化的劳动者"上，责任心体现在他们"让所有孩子成长"的决心里。

教育不等同于考试，更不等同于高考成绩。

从地震中，从关爱里走出来的北川中学，其实是有条件"快捷"发展的。但是，他们没有走上一条"以优质硬件吸收优质师资和优等生源冲击高考"的老路。相反，他们选择了更长远的、更需要时间和精力的方向：立足北川这个山区县城，尽最大的可能让学校里的每一个孩子学会感恩，学会负责，学会朴实，学会勤奋。

北川中学这样做的目的，不是盯着学生的高考成绩，也不是盯着学校的升学率，他们关心的是培养学生的学习能力，养成学生的学习习惯，让学生学会成长，健康地成长。

这似乎才是我们曾经经历过但是却久违了的教育。

这似乎才是我们一直呼唤但是却难得一见的责任心。

"让所有孩子成长。"

这需要的是教师和学校的耐心和决心，需要的是他们沉稳而不为潮流所动的坚持，需要的恰恰是一份真正对教育、对学生负责任的雄心和信心。希望他们坚持，祝他们成功！

《光明日报》，2011-09-28（16）

服务农村教育要有"心计"

云南省教育厅的副厅级巡视员李云芳曾经给我讲过这么一个"笑话":

为了让山民理解并接受农村学校布局调整,某地教育局设了一计——借口本村教学点老师要进城进修,教学点的孩子暂时到一所优质的乡镇学校"借读"两周。两周之后,原本嫌距离太远而不愿孩子去的家长们主动找到教育局:"让'进修'的老师别回来了。让孩子们都到现在这个乡镇学校去住宿上学吧!"结果,一个困扰当地学校布局调整以培育优化教育资源的老难题迎刃而解。

这个"笑话"说明了两点,其一,农村农民山里娃需要优质教育资源;其二,服务农村教育,要有"心计"!

这个"心计",是要有爱护农村、爱护农民、爱护农村教育之"心",是要有立足农村实际、能落实发展之"计"。

学校布局调整是关系中国农村教育发展的大事,也是在农村人口日渐外移,农村逐渐"空壳化"过程中,中国教育强化服务农民能力的真实要求。

农民逐步走进城市,教育服务还死板地钉在山里、村里,那是表面光鲜的浪费。用心考虑实际问题,逐步做好布局调整,做好学校管理服务,这才是正确思路。其实,这就是一种有远见的"心计"。

《光明日报》,2011-10-19(16)

评估，要让师生有归属感

高校教学质量评估，应该是目前中国高校提升高校整体办学质量必须走的一条道路，也是正在逐渐制度化的一条道路。

尽管一路走来，并不平坦，但是千里之行，已经迈出了关键的步伐，就得坚持着认真细致地走下去。而在这样的道路上行走、探索，必然有着很多的困难艰辛，也有着很多的遗憾缺漏。但为着中国高校的现状、发展和抱负，这条路必须走出来。而要走出这路，中国高校在努力前行的时候，不应该是孑孓独行者，而应该有坚定的同路人。

这同路人，不必说应该有政府的支持、社会的关注、企业界的捐赠、各方面的监督，而首先应该是大学里芸芸教师、莘莘学子的相扶相伴一路同行。

教师和学生，是大学里的一分子，或者说就是大学的一分子，是大学的组成。大学的发展，就是教师和学生自身的发展。大学的质量，标识着他们的质量。大学的声望，代表着他们的名誉和骄傲。

一句话，教师和学生，是大学的主人翁。

不过，就大学评估而言，虽然直接的受惠者必然有这些师生，但是对于国家评估或者大学自我评估而言，大学师生却少有主人翁的感觉、意识和全身心主动投入的积极性。

为什么？

究其原因，不外乎一点——大学质量本不是一蹴而就的事业，但评估工作的条条框框和时间要求却往往有些急功近利或者照本宣科。这样的评估，难免多少有应景和扰民之嫌。所以，师生的积极性有上升和低落，便不足为怪了。

让师生真正参与评估项目的设计和标准的制定，让师生充分理解和支持评估，在日常制度中逐步实现评估的要求，让质量建设的工作提上日程但不受紧迫的日程表的限定，一句话，让师生有归属感地参与评估，评估的效果和制度才能真正落实。

《光明日报》，2012-03-21（16）

学以致用，教育根本

最近，"应用技术型"成为一个事关职业教育发展的热点词汇。如果有教育热词的年度评选，估计它会成为一个极有竞争力的候选词。

这也是今年国务院职业教育工作会以及随后通过的决议中，对于部分地方本科院校提出的发展新要求。其背景就在于一段时间以来，一部分地方本科院校尤其是在部分专科学校基础上新建的本科院校，由于学科基础相对薄弱，又积极追求学术性、研究型，甚至纷纷给自己定下了"争创国内一流、世界知名大学"的宏伟目标。而实际情况是：新建本科的一些专业力量不够，师资条件欠缺，生源也不尽如人意，结果，多年的创建始终没有能够在学术性、研究型的道路上取得突破。而其毕业生又由于专业能力的限制，在就业市场上时有碰壁，成为"本科大学生就业难"的新佐证。

于是，"应用技术型"成为上上下下相对一致的取向。

其实，古人已有名言，"学以致用"就是为学为教的一种标准和目的。

难道教育的根本目的，不就是给人以知识、技能，以这种知识和技能让受教育者在社会中谋生，继而传承往复，形成一代又一代的良性发展吗？难道教育的根本，不就是让人把学习的知识和能力，实际运用于社会，造福于这个社会吗？学以致用，是我们不该忽略的命题，更应该是教育的根本，也自然是职业教育乃至高等教育都应该坚持的根本。

在目前教育发展、社会发展、经济发展的多重要求下，对于"学以致用"的回归，不仅仅是教育目标，更应该是越来越多的高校和高职的目标。只有放下虚名和所谓的地位，回到教育的目标原点，把知识转为可以应用的知识，把技能转为可以解决实际问题的技能，那么，我们的院校才有突破困境的可能。

这，是不可避免的趋势，也是不可回避的路径。

《光明日报》，2014-12-16（15）

脚踏实地，创新创业

北京某高校家属区的偏僻小巷，最近接连新开张了三家经营水吧、咖啡、零食饮料的小店。小店的主人，无一例外都是年轻的在校大学生。这是他们创业的尝试。小店都装修得靓丽时尚，经营主题也瞄准年轻大学生。但是，开张至今，小店没有多少生意，倒是店主的同学朋友们偶尔在这里聊天、聚会。与此形成鲜明对比的是，旁边一家进京打工青年经营馄饨小面的店铺却客流不断，一天营业额就达到2000元。

如今，创新创业成了全国很多高校的重点工作，甚至重点任务。如果高校不能在创新创业这个话题上有所发声，在高校圈子里似乎就显得落伍；而在校大学生创办小的经营实体，也蔚然成风。没有创业或者没有创业点子和想法的大学生，也似乎有些赶不上当前的潮流。

但是，创新创业，恰恰不是一种时尚。或者说，创新创业不应该仅仅成为大学里的一种潮流。

如果宏观一点来看，高校所实践的创新创业，应该是国家战略层面"供给侧结构性改革"在教育领域尤其是在本科和高职院校层面一场深刻的教育改革实践。

一句话，创新创业教育，就是教育领域"供给侧结构性改革"的一部分。

创新创业教育要求于学校的是：课程、师资、专业、实践教学，能够围绕大学生创新创业的实际所需，在专业学习过程中，训练并提高大学生在思想观念、思考方式、实践操作、社会沟通等方面的一系列能力。这对于国内很多高校来说，创新创业教育，本身就是一项全新的教育观念、教育方式、教育构建、教育管理的系统工程。绝不是想有就有、想成就成的应急之作。

而大学生的创新创业，也不该是满地开花式地一拥而上，更不是去追赶一场一去不复返的时尚潮流，或者用父母的资助，来一次说走就走的投资实验。大学生的创新创业，应该是立足于"新"，立足于知识、科技、专业积淀后的市场经营行为。既然是市场行为，首先就要考虑创业的风险成本以及如何管控和消除风险，然后从市场实际供需现状出发，以"新"的技术、经营、业态，创造相对较高的附加值，以取得创业的成功。对于绝大多数大学生，创新创业是美好梦想的奋斗起点，但也绝不是立等可取的囊中之物。

所以，高校创新创业教育必须长期开拓，实践积累，逐步完善，方能久久为功；大学生创新创业，更要头脑清醒，踏踏实实，点滴积累，经历验证，才不至于浅尝辄止，虚耗斗志。

校园中那条小巷里，小店还要经营下去，而这就是一个实实在在的验证过程。

《光明日报》，2016-05-24（15）

为什么纪念陶行知

说到陶行知，几乎没有人不知道这位"人民教育家"，也大多能想到他"捧着一颗心来，不带半棵草去"的名言，甚至能讲出陶行知先生一两个动人的育人故事。

但是，除了专门的教育研究者，很少有人意识到：陶行知，还是一位，或者说首先是一位职业教育的践行者、拓荒者。

陶行知，这位民国时期的留美博士、著名教育家杜威的高足、胡适的同乡同学、社会的名流贤达，早在留美期间，就将中国教育、国家、国民、社会的改善与职业和职业教育相联系，做出直截了当的判断：对劳动者和劳动实践的极度轻视，严重影响中国社会的发展；"任何轻视或鄙薄职业教育的观点都是轻率和错误的"。

回国后，他所创办的晓庄师范学校、山海工学团、育才学校、中华业余学校、重庆社会大学等，无不实践着他"生活即教育""社会即学校"的思想，包含着"生利成人"的职业教育内容。

陶行知是人民教育家。但是他和他那一代知识分子的人生和经历、忧思和焦虑、眼界和抱负，又岂是仅仅在教育！列强环绕之下，那一代知识分子寻找的是中国的病灶，教育是他们的手术刀。

在那个时代，会出现这样的现象：有那么多的洋博士、大学者，黄炎培、蔡元培、陶行知、叶圣陶、晏阳初、梁漱溟……竟然都致力于乡村教育、平民教育、职业教育，他们要传授国人以技艺、技能，要鼓舞国人以劳动的光荣和自信，要树立社会尊重劳动的新观念。

那一代知识分子，不是仅仅做职业教育，而是紧紧地抓住职业教育。因为，他们所寄希望于职业教育者甚大。因为他们知道教育需要长期的养育，才足以养育一种踏实的新风尚和新国民。

任何一个社会、任何一个国家,产业经济的发展,社会文明的进步,教育本身的完善,又如何离得开职业教育的健全生长?但社会的积习和积弊,还时不时挡在面前。

所以,即便到现在,仍有歧视和贬低职业教育的观念,而陶行知先生在近百年之前就指出那是落伍和陈腐的。

所以,尤其是现在,中国需要为现代职业教育改革发展突破奋发,在陶行知先生逝世70年后,我们更应该纪念他。

《光明日报》,2016-08-02(15)

"疫期"也是教育的冷静思考期

自新冠肺炎疫情暴发以来，全国上下齐心抗疫，取得了阶段性成果。这个过程中，中国社会经历了考验，社会大众从最初的紧张焦虑到目前的科学防疫，复工复产，正常生活也逐步恢复。教育界也经受了考验——"停课不停学"的线上教学方式的大力推广，基本保障了各年级正常的学习进度；各种线上线下的教学活动，也基本保障了应届毕业生毕业及就业的有序展开。这，展示了中国教育的能力。

其实，教育还有一种能力应该展示——疫情在给各级各类院校带来防疫抗疫压力的同时，学校和教育行政主管部门也应该对照疫期前后面临的问题，研究师生疫期学习的种种情况，发现并冷静解决这些问题；或者至少调整思路，做好解决问题的种种准备。

换言之，疫期，也可以是教育的冷静思考期。

疫情防控期间，在参与停课不停学的教学活动过程中，中小学生的家长们既感受到自己信息技术能力不足带来的压力，也多少体会到一种难得的轻松——不必每天上午7点半（甚至更早）紧紧张张送孩子到校，下午两三点又张罗接孩子放学和送去辅导班，上下班高峰的交通拥堵不再让家长焦虑，而很多孩子也难得地能够早上睡到自然醒；没有了各种课外班，防护得当的孩子们也能在作业之余和小伙伴们在小区和开放的公共区域游戏、玩耍。上课时间、做作业时间可能减少了，但是孩子们的成长并没有减少，有学习也有游戏，长知识也在长个儿；而难得的家务活动，也让孩子们体会到劳动的价值和快乐。那么，我们可不可以反思：疫情之前，要求孩子必须每天7点半（甚至更早）到校，加之作业压力、考试压力，造成家长、孩子普遍睡眠不足和教育焦虑，这些是否必须、是否值得？在疫期之后，是否可以有所改变，有所纠正？

　　同样是线上的"停课不停学"，职业院校在经受普通学校面临的课程在线化的诸多压力之外，还经受了与普通学校不同的压力——职业院校的绝大多数专业还必须要动手实操，线上网课达不到实践训练的效果，即便VR也不可能产生手眼脑协同的实体感。大多数职业院校只能把理论学习集中到线上，实习实训留待疫期后补齐。而到企业实习时间的减少，企业招聘规模的降低，也提醒职业院校必须思考这样的问题：疫期之后，我们应该怎样未雨绸缪，或者有没有可能把专业理论学习与实习实训有效甚至高效在线化？非常时期的校企合作、实习实训、教学计划、教学手段，如何进入到疫后的常规化教学中？

　　本科院校也面临一些尴尬：受疫情影响，部分专业的学生或者导师按防疫措施要求无法到位，部分高校实验室处于半停甚至全停状态。对于一些时效性要求特别高的实验室，比如生物类、作物类等必须连贯完成的实验来说，人员的捉襟见肘，大大降低了实验进度，在国际学术竞争的现实中，这无疑也是高校必须严肃冷静对待的大事：应该在国家防疫要求之下，能否建立符合本校各专业要求的防疫制度、核酸检测制度、人员配置和保障制度？其实，这也是高校现代治理体系和治理能力建设的题中应有之义。

　　疫期的教育，事无巨细都面对着防疫抗疫的压力、校园安全的压力、正常教学的压力。压力之下，更需要院校多想想——我们应该怎样面对疫情下的教育生活？我们应该怎样冷静积累疫后教育生活的新经验？

　　希望我们在疫期所遭遇的教育现象和难题，带给教育界更多的收获和思考，成为疫后我们改进和完善教育的推动和助力。

《学知报》"职见"专栏，2020-07-20）

关于中国的职业教育

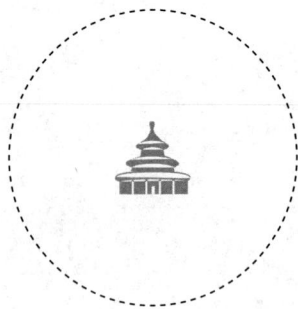

职业教育，值得期待

说起职业教育的重要性，无论是对于个人和家庭，还是对于企业和行业，或者对于社会和国家，绝大多数人会异口同声得出这样的结论：太重要！是产业的基础！是经济的基石！是社会进步的必需力量！是国家均衡发展的支撑！

但是，一旦说到职业院校的实际地位和真实困难，要解决那些挡在中职、高职院校面前的发展障碍，要消除那些社会上对于职业教育或明或隐的轻视，要真金白银地拿出力量来发展职业教育，为中国的产业经济发展提供长期的人才资源建设和备份的时候，总有些意想不到的意外情况出现，总有这样那样的争论扰乱决心。

于是，我们的职业教育陷入一个怪圈：都说重要，但却缺乏真正系列化的重视；都说困难，却又见不到解决困难的真知灼见和持之以恒的坚持。于是，职业教育在一段时间里，几乎被人们视为教育的另类。不仅家长学生选择职教有些不情不愿，就连与职业院校有着天然联系的行业企业，在与院校合作中，也是半热半冷、若有若无。对于中国职业教育发展的种种坎坷和艰辛，职业教育人甘苦自知。

当然，职业教育有着源于自身内部的问题，师资、设备、实训、生源等等都有着历史欠账造成的短板。这些都制约了职业教育能力的发展和提升，对于整体经济的人才贡献率也的确存在缺口。另一方面，在世界产业和经济竞争越发一体化和白热化的情况下，中国企业核心竞争能力的力不从心，反过来也再次制约了职业教育话语权力。

但是，职业教育真的不能被打入另册，更不能悄然无声。

这不是长久沉默之后的一次嘶喊，而应该是内外发展能量挤压下的一次应力拉升，更是长期跋涉后的一次喷薄奋发。

中国职业教育曾经创造过辉煌，不仅行业产业工人来自职教，即便高级管理者也都有中职中专的起点经历，"老中专"仍然是中国职业教育的曾经骄傲和如今一种对照的标杆。如今，中国社会的成熟让人们对于职业教育的定位日趋理智而明智；中国职业教育在数量和统计上，也的确占据了高等教育和高中教育的半壁江山，有了向上延伸的积淀和基础。中国经济转型发展的倒逼压力传递着"不进则退"甚至"不进则废"的强烈信号。

有人说得好："职业教育到了厚积薄发的时候了！""多少年的探索和尝试，终于有了突破的希望。"

这个时候，这个希望，在2014年开春的季节，的确让人看得很清晰，也让人看得有些激动。

确立了战略地位，明确了体系方向，提出了措施步骤，产生了知难而进的决心，不由得不让人对职业教育的改革发展充满希望。

当这一切步步落实，假以时日，持之以恒地做下去，职业教育，的确值得期待。

《光明日报》，2014-04-08（14）

职教打通，要立足实际

2月26日的国务院常务会议，释放出"加快发展现代职业教育"的信息，并有了"打通从中职、专科、本科到研究生的上升通道"和"引导一批普通本科高校向应用技术型高校转型"的提法。随后，关于"600所地方院校转型职教""应用技术大学联盟"的消息也纷纷传出。这一系列的消息，迅速在高校、职教界和社会大众当中引起了巨大的反响。

反响迅速，反响巨大，无疑是因为这个问题实实在在是非常重要的。

实际上，职业教育发展至今，的确不易。而部分高职院校在专业、市场融合度、校企合作、人才培养模式等方方面面，已经探索出一些成功的经验，并办出了一些业内、行内公认的品牌院校。恰当此时，社会对职业教育的重视已经不同往时，国务院又提出要打通职业教育上升通道，那么，从高职中严格筛选出一批院校上升为职业教育本科院校，应该说是：恰当其时，恰如其分。

同时，地方本科院校在发展中，尤其是在扩招和地方院校的增长型发展中，专业集中、与市场脱节、课程老化、就业压力大等问题开始——爆发，并且有渐行渐重的趋势。地方本科院校不可能再过老日子。转型成为必然选择。而由于紧贴地方，为地方经济社会发展服务也成为目前绝大多数地方本科院校的首选，在这一点上，与高职院校的使命重叠。既然要打通"上升通道"，它们向应用技术型高校转型也顺理成章。但是，一刀切地搬家显然不合理、不合情，也不利于地方本科院校和职业教育本科院校的发展。仍然是严格筛选，树立标准，从地方本科中选拔一些院校成为高职的本科阶段，才是理性的选择。

既不能封堵优秀高职院校上升的通道，又要让地方本科院校转型成功。

来自两方面的合格院校共同支撑职业教育的上升通道，这样的通道，才内外稳固，健康持久。

而这，该是打通职教上升通道时，应该立足的实际。

《光明日报》，2014-05-06（14）

上升通道，要有坚实根基

"打通从中职、专科、本科到研究生的上升通道。引导一批普通本科高校向应用技术型高校转型。"这是年初国务院常务会议上对于我国建设现代职业教育体系的战略性发声。

中国职业教育曾经有过辉煌岁月，培养了各行各业的各类各级专门技术人才，这些人才曾经是扎根在中国各行业产业企业的主力技术资源和人力资源。他们中间脱颖而出的佼佼者，仍然是经济社会活动中的优秀人物。

而中国职业教育也经历了或者说正在经历着发展中的阵痛——学校名望、办学实力、社会定位、师资生源，都与30年前有着巨大的落差。而中职、高职学校和学生在发展过程中，也都面临着各自的隐忧——没有上升的通道，所谓"断头教育"把人牢牢地限定在市场的中下游。中国职业教育人希望职业教育在全球化进程中，实现与中国经济社会相匹配的同步前进。

因此，一句"打通上升通道"，激发的是中国职业教育界浓浓的热情。

这已经是中国经济社会多年发展后对于与其要求还有差距的社会人才储备的必然要求，更是在全球化时代对技术技能人才的迫切的战略性呼唤。

要上升，必须根基坚实。

我们发展现代职业教育的根基是什么？数量上，是现在均衡布局于全国各地的中职学校、高职院校，是占了普通高校一半数量的地方院校。而质量上，是这些中职高职院校中的国家级示范校和优势专业，是地方院校中与当地经济社会和企业行业紧密合作的有行业背景和能力的大学，是我们从国家到各省（区、市）的职业教育研究智囊。

坚实根基，给真正有根基的院校共同担负中国职业教育现代体系建设的重任，这是他们责无旁贷的使命。精选质量上乘的资源，作为中国现代职业教育体系的先行者、布点者、实验者、探索者，则是我们审慎而现实的方向。

《光明日报》，2014-05-20（14）

劳动光荣，劳动者伟大

"劳动只有分工不同，工作没有高低贵贱之分！"这曾经是新中国成立之后，整个社会释放的最为积极的对于劳动和劳动者的尊重。曾经，售货员、拖拉机手、炼钢工人，一切与普通劳动者沾边的职业，是中国社会主流赞颂的对象。劳动模范，也是社会瞩目的光彩称号。在这样的风气下，劳动者成为青年人的榜样和这个国家的脊梁。

但是，曾几何时，工人、农民等普通劳动者开始逐渐在社会大众的价值框架中开始"下架"，甚至被冷落了。成功人士、社会精英等名词已经开始慢慢地向白领、金领、财富、名流靠拢，普通劳动者的光辉形象开始淡出。其实，这个过程，除了市场经济所必然带来的社会分工细化和财富衡量标杆的作用之外，在市场经济所释放的新标准激发了对于财富、成功的正当追求之外，劳动者开始回归"普通"角色，在某种意义上，也是对常态社会分工和多元价值体系的正常回归。

但是，这种正常的"普通"化，不应该掩盖一种越来越明目张胆的歧视：看不起劳动，看不起普通劳动者，正成为很多国人潜意识里、显性判断中逐渐明确的选择。这就可以解释：为什么当前那些"火爆"的娱乐节目中，那些"人气"影视剧中，富豪、宫廷、争斗、计谋占据了绝对的大多数，而以普通人、普通工人农民为主角的正剧或励志剧，少之又少。

也许，"万般皆下品，唯有读书高""劳心者治人，劳力者治于人"……这些曾经在中国历史中锤炼中国读书人的句子，可能已经片面地内化为一部分国人对于劳动和劳动者态度的文化根源。

而实际上，中国文化中真正的传统读书人在自我励志的时候，也从来不曾放弃"民，我同胞；物，吾与也"的情怀与境界的。

正因为社会历史的这些纠结，也许，要迎来中国现代职业教育的振兴发展，在各级政府把发展职业教育放在工作突出地位的同时，要大力营造这样的政策、舆论和价值环境：劳动光荣，劳动者伟大。只有回到这样一个朴素的、朴实的、真实的原点，中国现代职业教育的发展，也才有了最广泛的根基，也才能够踏上最牢实的起点。

《光明日报》，2014-07-15（14）

站上山巅扎下根去

今年，事关中国职业教育发展的几件大事，国务院职教大会、国务院《决定》、六部委《规划》已经过去快两个月了，职业教育领域所引发的激动和憧憬，也已经有一些日子了。在这些日子里，来自职教界的、全社会的，对于由此开始的中国现代职业教育的前景，都无一不抱有充分的信心，对于中央和国务院对于改革发展中国现代职业教育的决心也毫不怀疑，对于《决定》和《规划》的力度和方向，也给予肯定和期待。

无疑，这是一个好开局。

号令已出，开局向好，那么，接下来的，就不可以再是简单的肯定和单调的期待了。

因为，我们现在，最需要的是：做起来。

其实，大会也好，《决定》和《规划》也罢，都是之前多年来各地各级各类各行业职业院校大胆坚持、勇于探索、全力担当之后，积累的经验与教训、体会与心得、总结与渴盼、成功与失败的一次高度高层次高层级的集中思考和多方周密探究再提高的展示和成果。一句话，大会、《决定》、《规划》都来自多年的职业教育的实践操作、经验总结、国内外比照，来自我们职业教育界一次又一次的实践性地、踏踏实实地"做"。

从今年开始，职业教育的确有了不一样的天地，有了施展的政策空间和舆论阵地。现在，我们更加需要这种"做"的狠劲和"做"的战略。

怎么做呢？谁来做呢？

按照《决定》和《规划》的内容，无疑是涉及职业教育的各个部门、各个省（区、市）都要做。中职、高职院校、地方本科院校，甚至一些著名高校，都应该做起来。观望已经成为一种不合时宜的拖沓，也是一种没有理由的借口。而立足于本省本地本部门本校的战略发展，真正向职业教育、向应用技术型、向全面现代人才战略转变，是刻不容缓的，涉及各省各地各校发展前景的现实问题。

　　而如果不从这个高度去认识自己的承担和职责所在，不扎根于现代产业发展和现代经济社会乃至服务型管理方式转型这个深度，则职业教育没有指望，涉及的各个单位部门也没有未来。

　　所以，把握这个机会，既有高度又有深度地去做，实实在在、认认真真去开拓，站上山巅，扎根下去，中国现代职业教育，以及与之相联系的社会经济问题，也才有望走向正解。

《光明日报》，2014-07-29（14）

优质管理优化职教

新生报到，打消了三亚城市职业学院师生们长时间的担忧：2014年学校录取新生1088名，实际来校报到人数727人，报到率达到了67%，这对一所地方高职院校说，是不错的成绩。而更为可贵的是，托管后第一年的招生，比托管前三年总的招生人数还要多！

学校还是那所学校，城市还是那座城市，换的是托管后的管理团队，以及管理团队按照受委托方的管理经验，为这所被托管学校选择和打造的新的教师队伍，以及由此展开的管理制度。

这是一个新的起点，对于一所办学多年而发展受困的学校来说。这也是一个新的启示，对于国内很多受制于优质教育分布不均衡的区域来说，包括职业教育在内，托管可以推广优质教育管理制度，也可以推动教育优化发展。

而实际上，在很多城市，"总校制""集团化办学"，正在用类似方式，用一所名校、优校的优质师资、管理措施、制度优势、办学经验，复制或"改装"到附近一大批所谓的"薄弱校"，实现有限优质教育资源相对快速地、有计划地推广到更多的学校，从而在做大总校的同时，也带强一些相对后进的普通学校，虽然也存在一些需要磨合和改进的地方，也许是一种临时性的尝试，但是，其有效性和效率化的成绩，还是相对理想的。

托管，虽是教育界的一个新现象，目前的尝试，还局限于部分学校尤其是民办院校，而实际上，这是一个方向性的可选择项，当然，托管机制还必须在个别学校的尝试案例之外，逐步形成可操作的制度化安排，正如国务院加快现代职业教育建设的《决议》中所倡导的："鼓励优质学校通过兼并、托管、合作办学等形式，整合办学资源……探索公办和社会力量举办的职业院校相互委托管理和购买服务的机制。"

《光明日报》，2014-09-23（14）

职业教育进入自觉时代

现在，国家职业教育应该进入自觉的时代了。

职业教育发展到今天，经历了很不一样的过程。绝大多数中职和高职能"挺"到现在，都应该吃过不少的苦头，看过不少的白眼，都有在各级政府、教育部门、财政部门、大小企业、私人资本间纵横捭阖的经验。

到现在，职业教育终于在社会舆论、国家战略、企业需求、市场认同等方面有了很大的改观。尤其因为政策的空前重视，今年的职教氛围有很大不同。一些国家级的示范中职和高职，已经站在了职业教育的最前端，发展态势看好：专业有吸引力，就业有市场，生源有保障。在这种情况下，日子好过了。

但是日子好过了，更不能掉以轻心：也许以后的日子不会始终一帆风顺。那么，职业教育就必须思考：下一步，我们该做什么？一句话，中国的职业教育应该要有自觉意识，要主动作为。

例如，新疆农业职业技术学院在南疆的努力，就是一种自觉意识的反映——在学校发展到一定阶段后，职业院校可以更多地承担社会责任，更主动地拓宽发展空间，更积极地在一个更大的平台上实现其价值。这就是一种教育情怀的自觉，也是一种教育责任的自觉，更是一种教育发展的自觉。

又岂止是一所新疆农职院。

放眼国内，不同地方的很多中职学校高职院校，都在筚路蓝缕之后，开始认真反思自己走过的道路，寻找各自发展的前行方向：或者强化服务地方，或者落实校企合作，或者尝试打通中高职通道，或者寻求向上的专业提升。

一个共同点是：只有那些抱有发展职业教育的自觉意识，只有那些自觉肩扛开山辟路的重任，只有那些愿意为职业院校发展燃烧激情的职业教育人和职业院校，才能感受到这种主动作为的澎湃的力量、真实的收获、动人的欣慰。

时间将证明：中国的职业教育已经开始进入自觉的时代。

时间将证明：这个时代，自觉者可以大有作为。

《光明日报》，2014-10-28（14）

发展农业职教，地方政府大有可为

　　海南省农业学校从困境中走出，走上规模发展、品质发展的道路，在国内中职学校中，是令人欣慰的，估计也是令很多中职学校尤其是农业职教学校羡慕的。

　　从只能招来120名农口专业学生，到在校生一跃到万人，这破解了国内很多农业职校普遍面临的招生难题、规模难题。培养青年教师队伍，联合社会企业，打造农业职教集团，这破解了农业职教发展的品质难题。而拓展施教对象，开办"村官"班，培养致力新农村建设的农村基层组织带头人、农村致富带头人，则为国内农业职教学校破解了如何大有作为的难题。

　　反观海南农校这些成绩的取得，而且是在短短5年里取得这样飞跃式的、脱胎换骨般的成绩，与海南省委、省政府和各级政府部门的大有作为，是密不可分的。更准确地说，海南农校能有今天令人欣慰的局面，海南地方政府的作用是至关重要的。

　　2008年，海南对500名种养专业学生实行学费免费，经费由海南地方财政负担；2009年开始对所有涉农专业学生免学费，补生活费；2012年开始更明确每位涉农中职生享受免学费、书本费、住宿费，还享有每年人均1500元补贴。农业职教所必需的实训基地、实验室的建设以及农校环境的改造，海南省都给予了主动积极的支持。所以说，没有海南省的决心，就没有海南农校的发展。

　　那么，海南省收获了什么？已经收获了万余名海南农业发展、经济发展、社会发展所需的自信的有技能的年轻人才，已经收获了5600多名有文化素养、技术能力、经营思路的村主任，而且，这个收获还在继续，肯定还会规模壮大、品质提升。

　　中国是农业大国。农业是需要阳光雨露的产业。农业职教也同样需要阳光雨露的滋润，这就是各个地方政府针对性的政策扶持、政策落实、政策持续。有人说，农业职教是给点阳光就灿烂的教育，那么，在它的发展灿烂过程中，地方政府真的大有可为。地方的发展也必然与之共同灿烂。

《光明日报》，2014-02-25（14）

涉农职教，需要协同扶持

我们所有人都受着农业的恩惠。

所以，我们所有人都有着对农业应尽的责任。

涉农职业教育，是牵涉到农业、林业、水利等国家基本产业部门的职业教育。因为我国长期基础条件的欠账，农林水等部门也是公众公开或私下认为"环境艰苦、条件艰辛、任务艰巨"的行业。而服务于这些行业的职业教育院校，虽然培养着这些国家战略基础行业不可或缺的职业技术人员，其重要性不言而喻，但是，正因为其"艰苦、艰辛、艰巨"的特点，人们就业选择时多多少少有意无意回避这几个部门。这自然造成一段时间里，涉农职业教育招生难、流失大的现象。

重视涉农职业教育，既是一个大道理，同时也是一个实实在在的难题。

因为农林水等行业目前较为艰苦，所以要吸引人，就必须有各级政府的特殊政策扶持：一要提高涉农职业教育的教育地位，二要提高涉农职教的经费投入，三要保证涉农职教毕业生的就业畅通。

学校不比其他类学校差，经费投入不比其他学校少，就业渠道不被所谓"本科门槛"限制，那么，直接影响学生选择这类院校时最突出的顾虑是：学校体面不体面？我自己体面不体面？我的收入体面不体面？如果这样的问题不再是难题，那么，涉农职教就会有持续发展的根本保障。

而提供这样的保障，无疑要求政府各部门、社会各方面共同出力。这需要各有关部门在国家整体战略框架中，给涉农职教定好位，理清涉农职教的问题层次，通力合作。只有直面问题，抓住要害，协同扶持，涉农职教才能解答难题，走出困境。

农业职教，国之大端

一个是我们的邻居，同样是千百年的农业国向现代工业国家发展的韩国；一个是远在欧洲的强国榜样，历来在科技、产业、教育、职教领域负有盛名的德国。其实，这两个国家，都曾经是典型的农业国家，是各自区域历史上的农业大国，现如今，这两个国家都已经是发达或者比较发达的以科技产业为创新增长点的明星国家，是包括中国在内的很多国家学习的榜样。其实，在这两个国家的发展过程中，负担沉重的农业，曾经是一个大问题。现在回头看，也仍然有这样那样的问题在拉扯着这两个国家的发展，甚至修正着他们的发展模式。而这，对于我们是尤其宝贵的借鉴和经验。

"农者，天下之大本"，是我国南宋陈旉所撰《农书·牛说》中的一段，其原文为："岂知农者天下之大本，衣食财用之所从出，非牛无以成其事耶！"说得简单明白：农业是国家社会的根本。

直到今天，我们每一个地球人，当然包括所有中国人都知道：农业生产出国家、社会、家庭、个人生活发展最根本的东西，是生命赖以存在发展的基础。

我们知道，国家的"一号文件"都是为农业准备的，"第一产业"就是指农业，足见其被重视程度。但是，我们也知道，有一个著名的名词，叫"三农"，而且，往往有一个词经常尾随其后，构成一个新的也是我们耳熟能详的词——"三农"问题。这恰如其分地说出了涉及农业的尴尬。

其中，当然包括了农业职教。

多少次，听见职教行内的公论——"农业职教，是底层的底层、困难中的困难。"

这该是一个发力要从传统农业国家走向创新型现代国家应该面对甚至长

期面对的无奈吗？

答案自然是否定的。那么，从韩国和德国的身上，我们应该看到什么呢？应该学到什么呢？是责任，是政府的、社会的、教育的、个人的责任。其中最重要的、"第一责任"是政府的。拿出真金白银，拿出实际得力的政策，拿出苦干的决心和持久的耐力。

还是咱们自己老祖宗说得透彻直接——"非牛无以成其事耶！"没有老黄牛埋头苦干、无怨无悔的精神和全力以赴、多干少享受的劲头，涉农问题的解决是难的。

所以，说到农业职教，我们要赶紧看看世界上这些远近邻居是怎么做的，好好学，好好做。换用陈寯老夫子的话，农业职教，"天下之大端"。

《光明日报》，2015-03-24（15）

农业职教发展关键要"亲农"

在很长的时间里，中国始终是一个庞大的农业国家。从人口、传统、作物、技术、思维等方面看，中国一直是以农业作为国家社会发展基石的国家。在可见的很长一段未来时间里，从人口、作物、产业、技术等方面看，中国仍然会是一个庞大的农业国家。只是，中国会努力地朝向现代化农业大国转变。

在中国走向现代化农业大国的过程中，如今让我们忧心忡忡的农业职业教育，将承受巨大的发展压力，也将开启巨大的产业、技术、人才市场。这是中国这个国家必然要选择的方向，也是她必然要突破的聚力点。

那么，为什么说农业职业教育"让我们忧心忡忡"呢？

摆在眼前的现实如此。

在全国范围内的职业院校中，农业职业院校，一直是被职教界公认的"弱势中的弱势"——千年传统中的"跳农门"心理，让农业成为国人心目中低人一等的职业；农村与城市的软硬件差距，放大了农业环境的艰苦。

所以，涉农的中职学校、高职院校在招生过程中普遍面临困境。而进入涉农院校的学生，在选择专业时，脱农、远农的情况已经司空见惯。

在这样一种现实选择的压力和国家发展方向的冲突中，我们可以体会到涉农职教的尴尬。

那么，出路何在？

关键是要"亲农"。

首先，从中央到地方要实实在在地从国家长远发展和现实利益中确定涉农职教的基石地位。参照国际惯例，拿出真金白银来，直接扶助农业职教院校和选择涉农专业的学生，给出有吸引力的资助，给出有吸引力的毕业出路。

其次，"亲农尊农"的系列社会工程不可缺席。强大的舆论氛围和价值标榜，对于激发涉农职教潜力，必须既是长期的，更是全力以赴的。

再次，从教师到学生，从感情上和现实上接触日渐向好的农业和现代农业企业，尤其必不可少。

最后，产业、行业、企业与院校、师生、政府、政策的全面良性互动，可能是最直接也最具操作难度的一大选择。

《光明日报》，2015-02-17（15）

职教界要真正动起来

在刚刚过去的2014年，职业教育持续释放出利好消息。从中央到地方，从政策到规划，从财政支持到质量培养，一揽子改革信息解决了职业教育改革发展的方向问题，指出了努力的诸多重点，甚至对于具体的改革内容和步骤都有时间上的要求。

应该说，2014年，是给职业教育打气的一年，是给职业教育界鼓劲的一年。那么，大家自然而然地要寄希望于新的一年。2015年，职业教育必须行动起来，启动改革步骤，落实发展措施。

诚如大家所言，现代职业教育要为那些有志于从事技术技能工作的人提供无缝衔接、灵活多样的教育机会，为急需转型发展的中国经济和产业提升储备人才，职业教育界的责任重大。但是，建成现代职业教育体系，我们的确还有一段很长的路要走。

最近的一年，感觉是受鼓舞大，寄希望大，相对应的是压力也比较大：职业教育被置于国家层面赋予了新的重大责任，职教界多年呼吁的发展形势就摆在面前。而一旦面对这种新的形势，我们的职业教育界真正做好准备了吗？真正知道该如何抓住有利形势，顺势而为吗？各地各校真正准备好从哪一个环节突破"闷局"，利用契机，自我向上增值发展吗？

在目前的职教界，能感受到大家摩拳擦掌跃跃欲试的劲头，而突破性的举动还在酝酿之中。或者更准确地说，目前的职教发展势头看好，改革创新劲道还略显不足，大多仍然是个别院校、个别专业的转型提升或者突破传统。连片效应、区域效应、行业效应，还在逐步成型过程中，还在大家的持续期待之中。

所以，怎么在行业企业、区域优势、专业发展、对外合作交流等方面形成合力，形成实实在在的行动，对于职业教育的新年开端，十分重要。而这一行动，对于职业教育扎扎实实开始新的一年，落实改革发展的规划意图，尤其时不我待。

《光明日报》，2015-01-20（15）

落实是关键

近期，职业教育的发展有了良好的势头。

党中央国务院对于职业教育给予了崭新的要求，明确了其在我国经济社会发展中的战略定位，各地方政府、各行业也对职业教育有越来越急切的需求。在与市场对接、与行业企业合作的过程中，职业院校的能力有了长足进步，为发展现代农牧业、现代制造业、现代服务业培养了数以亿计的各级各类技术技能人才。

自去年开始，经济新常态的明确，要求职业教育更自觉地把自己放到更为重要的战略地位，更主动地服务于经济新常态的各类新需求中去。一句话，职业教育必须全面地为中国经济新常态发展服务。也就是说，职业教育必须明确这样一点：全面服务经济新常态，既是职业教育发展的使命所在，也是职业教育自身发展的战略机遇所在。

服务使命，理所当然；抓住机遇，更是应该。

所以，不管过去的一段时间里，中央政府、教育部释放了多少信号，出台了多少规划性文件，提出了多少要求；各级各类职业院校又针对这些信号和规划文件，开了多少研讨会，展开了怎样深入的学习讨论活动，表示了如何坚定的信心和决心，关键的一点，还是落实！

因为需求就在那里，开局已经有了，战略规划已经明确，落实就是迫在眉睫的第一要务。时间不等人，机会稍纵即逝。这种机会，对于有着人才储备压力的行业企业是如此，对于努力大有作为的地方政府也是如此，对于有着提升空间的个人也是如此，对于面临诸多发展压力的职业院校更是如此。

教育的功能就是让受教育者习得一技之能，并用这一技之能服务于社会和个人的成长并积累社会与个人再成长的基础，最终为社会和个人的进步服务。所以，对于问题的争论和新形势下的徘徊不前，应该摒弃。行动起来，形成合力，职业教育的发展，经济新常态的良性成型，才有最可保障的落实。

《光明日报》，2015-02-03（15）

拿出"钉钉子精神"，落实职教发展

国务院职教大会已经过去一年了。这一年中，看见最多的是广大职教院校上下齐心、落实发展机遇的好劲头；听见最多的是职教界内外对政策落实的期待期许。

"落实！""落实！"

始终只有实实在在的行动，才是职教人最看重也最本质的定位。

怎样落实？怎样让职教人信服，怎样让选择了职教的师生信服，进而让社会信服？

首要的，当然是宏观层面。各层级党委、人大、政府的各个部门，有责任把国务院《决定》和《规划》中已经提出的目标分解到位、领受到位，把责任勇敢地担当起来。部门之间、部门内部职能之间，通力合作，摒弃门户之见，为国家尽责，为社会尽职。抓住立法、财政、管理等各个领域亟待解决的问题，认真研究，逐一解决，不找借口，没有推诿。

相较而言，微观层面的实际操作已经启动。院校和企业之间的合作已经是百花齐放百家争鸣的态势。但是这种操作还受到来自宏观政策、校企双方实际战略意愿的影响。但是有一点是确定的：中国经济要转型发展，职业教育质量提升是必由之路。

无论宏观微观，职教改革步伐不能停，职教发展态势必须保持。

这就需要涉及职业教育的上上下下里里外外的力量，真正齐心合作，使出"钉钉子"的狠劲和力道，盯住目标，及时出击，力求势大力沉，入木三分。

唯此，中国职业教育发展的精气神才能够被激发、凝聚。

毕竟，我们正面临着中国职业教育改革发展的最好机会。

《光明日报》，2015-06-30（15）

政策和监管，要强化落实

关于"校企合作"在职业教育中扮演的重要角色，不必再争论、阐发。无论职业院校，还是行业企业，甚至职业教育的行外人，也知道校企合作对于实践型技术人才培养的实际意义。好的、良性的校企合作，必然给双方带来互利共赢的实惠，打开互助共生的发展大门。

正因为此，我国的职业院校和各自的行业企业界的合作伙伴们，始终在摸索符合各自需求、利益尤其是长远发展的合作形式，还动用不少的资源，从国外引进和套用一些已经比较成熟的校企合作的思路和已成型做法。于是，我们经常可以看到听到一些热词在职教界频繁出现——"现代学徒制""混合所有制""双师型队伍建设"……这些热词，几乎都毫不例外地指向一个目标——"校企合作"。说得更深一步，就是"产教融合"。后者，实际就是校企合作的升级版，由一校一企扩大到整个行业产业和职业教育界；"合作"这个动态词汇，也被"融合"这个状态，深深推进到应该是更高的境界——融合者，你中有我，我中有你。

当然，中国职业教育与产业之间的咬合度不深，动力不足，成功成熟面不普及，又有着非常深层次的各类原因。毋庸讳言，职业教育的服务实力与产业要求还差距不小；同时，中国产业的自身能力不足，尤其是区域性的经济发展实力和产业技术水平相对滞后，缺乏对职业教育的持续拉动，也造成中国职业教育质量还有待提升。

正因为产业与教育都有各自的劣势和短板，在合作与融合的道路上，个别企业与院校合作，肯定会有心力不足的时候，整个产业与职业教育的融合，要始终一心一德地不计代价地全力以赴，这还不现实。而这时候，政府对于产教融合的系列政策的出台和对政策实施的现实监管、细化到位，就显得尤其重要。在目前经济形势和教育发展局面下，更有时不我待之感。

要求已经提出了，问题也早摆出来了，国内外的经验和具体诉求也在产教两界呼吁多年了，法律法规的修订、实际财税政策的出台、各级财政责任的具体分解、对于企业的强制要求和保障性补助、对于院校的指导和实质性措施，都到了应该尽快明确、充分强化、深入落实的时候了。

对此，产业与职教界都深深期待。

《光明日报》，2015-11-10（15）

职教体系建设亟须落实

党的十八届五中全会通过了《中共中央关于制定国民经济和社会发展第十三个五年规划的建议》，对今后一段时间的各方面工作提出了整体要求和指引，尤其是提出确保如期全面建成小康社会的指导思想和战略目标。这对于我国的职业教育发展，无疑极为重要。

而且，此次会议和通过的《建议》，适逢我国职业教育"十三五"发展规划谋篇布局的关键节点，对于各项任务、指标、工作推进细节，都有着指导意义。其实，近两年来，关于职业教育发展的各类重要会议、重要政策、重要文件先后出台，都具有极强的目的——迅速建设服务于社会经济发展的现代职业教育体系，培养服务于现代社会经济发展所需的各级各类技术技能人才。

去年，国务院出台了《关于加快发展现代职业教育的决定》，教育部、财政部等6部委共同编制《建设规划》；今年以来，教育部先后发布了《关于深化职业教育教学改革 全面提高人才培养质量的若干意见》《高等职业教育创新发展行动计划（2015-2018年）》，就职业教育如何落实立德树人根本任务、推进产教深度融合、强化教学规范管理、增强办学活力等提出了具体政策措施。可以说，上到国务院，下到具体分管职业教育的行政主管部门，再到各级政府和地方教育和人社等部门、行业企业，对于当前的职业教育发展都有着高度的共识：经济新常态下，中国的经济发展、产业转型、社会进步，都期待职业教育大有作为。

在这一背景下，党的十八届五中全会再次为职业教育的下一步发展提出了战略部署和定位。其中，把现代职业教育体系建设落到实处，已经是党和政府各个层级、职业教育各个工作领域、社会各个层面，一而再再而三提出的战略目标。谋篇布局已经成型，关键是实质性的措施，包括立法修法、细化政策、监督评价、产教融合等方方面面，都亟待各方勇于探索，勇于落实，积极总结，积极推动。

落实，是职业教育此后最为重要也是最为艰巨的工作任务。

《光明日报》，2015-12-15（14）

法规为现代学徒制奠基

现代学徒制，打破了职业教育由学校单独教授的旧格局，结合了人类知识技能传承中的一个古老而又有生命力的传统——师徒传承，教学相长。

而这种学徒制，又完全不同于旧时学徒，是把在现代化企业中的参与生产实践的学习，与在现代化职业院校中的知识概念素养素质学习，紧密地结合起来。结合的目的，就是为了给现代行业企业提供高技能高素质的行业性实用人才。

职业教育不同于普通教育的一点，实际上也就在于此。

在教室里建造不了铁路，修理不了机械，播种不了粮食，喂养不了牛羊……只有在实际的企业生产和经营活动中，才能高效率地培养现代化生产经营所需要的能动手、会动手的技能型人才。

要提高生产者素质，就离不开系统的学院知识素质培养。那么，企业和院校的联手合作，既是职业教育的本意，又是双方互利发展的理性选择。

但是，考察国外实行有年的现代学徒制经验，会毫无例外地发现一个基本现象——德国也好，新西兰也罢，实行现代学徒制的行业企业与院校机构，之所以得以坚实合作，最重要的不是双方的意愿，而是来自各国各级政府的意志和执行这一意志的强大保证——法律。

政府的行为、成熟的立法、高效的执法、强大的落实力度，实际是现代学徒制从一开始就不能缺乏的立足土壤，更是随着世界经济全球化过程中竞争加剧而不断更新应变并一再升级的强力保障。

德国如此，新西兰如此，包括这里没有提及的其他很多国家，也是如此。

看看我们自己，其实关于二元制、现代学徒制的尝试，早已经开始，毫不新鲜。

但是，我们寄希望于职业教育的时候，一定要记得政府必须对职业教育鼎力支撑，这种支撑就是健全的政令法规，是成熟的法制体系建设，是沉稳地落实法律法规。

所以，再不能让企业和院校实实在在冲在前面，法律却模模糊糊地落在后方。

《光明日报》，2015-10-13（15）

中职困局，不容忽视

我国的中职教育规模巨大。截至2011年，全国中等职业学校有13093所，占高中阶段总量的48%以上；中职招生人数占普通高中阶段招生总数的49%。即便从世界范围来看，我国中职生所占比例达到或高于发达国家平均水平，略低于欧盟21国的52.4%，但高于20国集团37.6%的平均水平，居于世界前列。

学校和学生数量规模大，但面对的问题也非常大。

生源日渐枯竭。如今，尤其是高等教育进入"大众化阶段"，中职早已不再是热门。甚至，某些地方学生的中职、普通高中比例严重失衡，9成以上初中生不会选择中职。生源的迅速减少，严重挤压了中职的生存空间，甚至对高职院校也造成潜在的长期的招生压力。

经费短缺。应该说，教育经费的逐年增长，确保了我国各类教育事业的积极发展。针对贫困学生的资助政策、国家级示范校建设等措施，及时为中职学校发展带来利好，但是对于全国范围的、现有规模的中职教育而言，经费短缺是明显的。

市场淘选。在越来越重视服务当地的高职院校、本科院校的围绕下，中职毕业生的就业市场同样面临被挤压的现实危机——学历低、年纪小、专业能力有限、文化素养不高，这些现实局限，使中职面临生存危机，发展更是困难重重。

这就能解释，为什么目前我国中职学校总数呈下降趋势，为什么一些县域职教中心人去楼空，为什么一些中职学校甚至假造学生人数套取国家资金。

但就在这种状态下，民办中等职业学校发展迅猛，占全国中等职业学校比重达11%。

这又透露出一个信息：中职教育虽然面临重重困局，但是还未落伍，仍有很大市场。

《国务院关于加快发展现代职业教育的决定》提出建设"现代职教体系"。中职教育之困,可能还得从"体系"着眼,才能够有所突破。

如果打通中职、高职、应用型本科、应用型硕士博士的上升通道,并在学术型高校和应用型院校之间实现某种程度的学业互认制度,政府的投入相应均衡,并为中职学校与产业对接融合提供一些特殊的可行政策,实行多元所有制的改革,那么在全国范围内,中职教育应该还有发展的空间和希望。

《光明日报》,2014-08-26(14)

中职应是职教中坚

曾经，中专生也是中国社会中一个响当当的群体，中等职业学校和它的老师、毕业生们，还享有较高的社会地位。到现在为止，在各行业领导中，都不乏当年老中专生的身影。

即便到现在，中职仍然是中国职业教育的一大力量。截至2011年，全国中等职业院校发展到约1.3万所，占高中阶段学校总量的48%以上；中职招生人数占普通高中阶段招生总数的比例达到49%。从世界范围来看，我国中职生所占比例达到或高于发达国家平均水平，居于世界前列。

但是，目前的中职教育已经面临非常具体的困境：生源减少，社会认知度降低，适用师资难觅。普遍而言，中职学校都已经有了浓厚的危机感。

这种危机的存在有其内在的原因：中等和高等职业教育在培养目标、专业设置、课程体系等方面还缺乏有效衔接，中职在一定程度上成为"断头教育"，这的确削弱了中职的吸引力。按政策规定，每年仅有5%的中职学校优秀毕业生能够进入高职院校学习，学生上升通道受限，成为中职教育发展的瓶颈。

加大投入是大力发展职业教育的根本保证。但有学者研究发现：我国中等职业教育支出占GDP的0.2%左右，这比欧洲国家低一半，该比例仅为德国和法国的1/3左右，而生均支出仅为发达国家的1/6左右，与个别发达国家相比差距更大。

中职本就是职业教育的起端层次，是学术型教育向技能型教育实行人员分流的起点，也是国家基本人力资源储备的开端。就是从这个意义上说，中职是基础性的。中国这样一个体量的大国，而且是处于技术、经济、社会开始迈向发展的一个社会，需要大量的中职教育培养的技能人才。要为这个社会奠定一个厚实的发展基础，就应该放远眼光，真正支持中职教育发展，把中职锻造成职业教育的中坚力量。

《光明日报》，2014-06-17（14）

固本增源开启通道

近几年来，中职招不到足额的学生，各地各类中职学校变着法子争抢生源，已经演变为一种"大战"。这个过程中，一些不正当的做法也已经让本来就渐渐失去吸引力的中职学校声名受损，教师疲于招生、校长疲于招生，而家长们疲于应付或者游说或者利诱的各路人等，部分中职学校更加举步维艰。而还有一部分中职，俨然已经成为另一种形式的"高考补习学校"。一些中职学校还在高考成绩公布后向全社会"报喜"，再次强化社会对于高考的唯一认同。

这种情况必须改变，而改变这种情况，肯定要付出一段时间成本，既考验中职学校的生存智慧，更考验各级政府和教育主管部门的发展思路。

中职的发展，必须从这样的怪圈中跳出来，除了学校努力，更需要政府和职能部门有所作为。

作为的空间是有的，一个是固本增源，用积极的职教发展政策纠正全社会的观念，在财政和政策上，公平乃至倾斜支持中职的发展，以此方便中职学校继续吸收传统来源的生源；另一个就是开启通道，也就是国务院有关决议中的打通"中高职上升通道"，不以百分比来限制中职生升入高职，而尽量打通课程衔接的通道，让大部分中职生只要有意愿，就能够进入高职继续学习。这既解了中职招生燃眉之急，也为高职提供了有技能基础和从业意愿的稳定生源，更让初中生及其家长看到中职之后的高职保障，这无疑增加了中职的吸引力。

中职是职教的起点基石，巩固和增厚这个基石，职教发展才不会成为无源之水、无本之木。

《光明日报》，2014-10-14

抓住机遇，改革新生

走在宁波卫生职业技术学院的校园里，会为她出奇的整洁、宁静、优雅而感动。

看着校园绿径上三五走过的身着护士服、头戴护士帽的学生，会感觉一丝安慰。

遇到的学校里的老师，平和的微笑中会让人有似曾相识的感觉。

而所有这些眼前看到的景致，感受到的气氛，很难让人觉察到这个学校当年的挣扎和痛苦——不转型，政策已经收紧，学生出路堪忧；转型，师生尤其是教师要割舍一个世纪的"医疗"情结，那需要脱胎换骨的勇气，也要经受从里到外的个人煎熬——也就是学校、教师、学生、家长的所谓"脸面无光""从头开张"。

但是，一个呼之欲出的庞大且渐趋普及并高端化的健康护理市场，就那样摆在眼前。是适时转型，抓住市场机会，求得学校的新生，还是"不吃馒头蒸口气"，坚持待在已经从政策和行业层面日渐消失的自我空间中？

其实，答案是无疑的，只有勇于变革，才能有一线生机。

从这个角度讲，从生死攸关的转型过程中闯过来的这一所学校的涅槃，其实，就是国内很多高职院校的当前课题：一个空前的市场机会、一次从上而下的政策机遇，都日渐清晰地出现在职业教育面前，包括那些本来就有着职业教育背景、有着行业企业背景的地方新建本科院校的面前。

一个好的启发：在合适的时候，必须作出适合的选择；作出了选择，就必须全员全身心地投入各自的职教事业的探索中；在探索中，就必须坚定地按照自己的实力、定位，紧密地贴合住职业市场的需求。而在当前传统职业市场明显细分细化、大众化同时高端化的情况下，包括职业院校在内的高校，都必须放下包袱，寻找自己的发展之路。

《光明日报》，2014-04-22（14）

混合所有制，职教期待新尝试

早在十八届三中全会时，中央强调要积极发展混合所有制经济，并提出：国有资本、集体资本、非公有资本等交叉持股、相互融合的混合所有制经济，是基本经济制度的重要实现形式。此次全国职业教育工作会议明确在职业教育领域探索发展混合所有制院校，无疑是职业教育界的一件大事。

其实，在混合所有制之外，还有好几个名词是职教界非常熟悉的——"现代学徒制""产教融合""校企合作""双师型教师""产学结合""生产式教学"等等。无论是哪一个名词，无不潜在地或者直接地在说着同一件事——按照职业教育的教育特质和育人要求以及质量标准，要有合格乃至高质量的职业教育，职业院校就要与企业生产靠近，职业教育就要与行业市场紧密衔接。

但是，无论校企合作还是产教融合，都是合作式的联盟关系，不固定，很松散，而且因人而异。企业对于院校来说始终是外来者，院校对于企业而言，又像是一个时而可有、时而可无的手杖。很多时候，这种"拉郎配"的关系，带来的并不是积极主动的深度合作。其效果可想而知。企业界对于职业院校伸出的橄榄枝，报以半冷不热的回应，成为常事。

混合所有制，就是要把这种临时性的"拉郎配"，转化为"自由恋爱"基础上的"合法婚姻"，让企业成为院校的共同所有者，让院校成为企业的法定伙伴。当院校也是企业的一部分，企业对于合作、融合的理解和需求甚至于主动要求，会植根于其生产经营的战略需求而有巨大不同，也自然会有更加实质性的投入、管理，院校自身的质量发展以及对于企业的贡献率，必然会活力迸发，如泉喷涌。很多束缚住职业教育发展的难题，会在这种基本所有制改革中逐步化解。

当然，混合所有制不能"一混了之"，也不可能"一混就灵"。这必然是

185

一条需要不断尝试、不断突破的改革之路。很多改革，必然是要去突破既有意识、固定思维、现有格局的束缚。改革必然要付出极大努力，付出极大艰辛，需要极大定力。但是，这是方向所在，势在必行。

所以，我们有理由期待职业教育界和所有与之相关的各部门和政府以及企业，共同勇敢担当，大胆尝试，为职业教育发展走出新路。

《光明日报》，2015-08-11（15）

高职，应有更大胸怀

伴随30多年的发展，高等职业教育这个概念，在中国越来越清晰，中国高职院校也越来越壮大。千所的高职院校、1000多万名在校学生的规模，已经让中国高等职业教育成为中国乃至世界教育的一大力量、一种景观。

如果仅仅以数量、规模论，中国高等职业教育在世界范围内，毫无疑问是举足轻重的。况且，在全世界，正经八百有法定的"高等职业教育"这个教育类别的，也就中国和瑞士两国而已。从这个意义看，中国的高等职业教育，的确是世界教育领域的一大力量。

毫无疑问，中国高等职业教育发展迅猛，对社会经济的贡献有目共睹。虽然，从我们能接触到的高职院校来看，从广大企业行业与高职院校之间实际的供需现状而言，高职教育的实际贡献率和高质量保障能力来比较，我们与大功告成还差距较远。

当然，与发达经济体已经成熟并仍在完善的职业教育体系相比较，与国际先进的职业教育立法监督实施体系相比较，与国外充分交融的产教融合、校企合作相比较，与先进国家普通教育与职业教育浑然交融互通互动相比较，我国的职业教育还有很多有待提升、完善的工作要去做。而这些，都无一不涉及法律、法规、政府、教育、行政、行业、产业、院校乃至普通社会公众等方方面面。

换言之，中国高等职业教育，体量已大，气势已足，但是整体的质量和能力，仍然需要提升。这种提升，是中国高等职业教育发展的必然。因此，中国高等职业院校应有更大胸怀，因为，中国高职终将给世界教育作出独特的贡献。

这是中国高职对于自身的期许，是中国高职的希望所在。而与这种更高期许伴生的更大胸怀，能让我们在越发自信的同时，更加清醒。这需要各相关方面和高等职业院校一起，在这个历史性时刻，看看自己的来时之路，望望自己的预期之境，以更大的责任感，给自己一个踏踏实实的再出发的号令：我们已经走在创造新境界的路途上，我们要以自信和务实的态度，把职业教育与普通教育、经济发展、区域发展、人才培养更加紧密务实地结合起来，探索持续有效的多元化发展之路，让高职教育更趋成熟，进入良性循环。

　　凭此，中国高等职业教育，就一定能为世界教育作出现实的启发和贡献。

《光明日报》，2015-10-27（15）

专业发展是核心内容

按照生育人口数量计算，我国的人口高峰期已经过去，一段时间里，随之而来的是逐年降低的人口增长。这个趋势已经让众多的幼儿园、小学、中学经历了阵痛，高校也开始感受到这个趋势的前潮。而来自本科招生基数扩大、本科院校内部对优质生源的竞争、海外高校的生源吸引等方面的压力，使得绝大多数高职院校能更加清晰地感受到生源质量和数量的双重压力。

各大高校为招生投入巨大精力，高职院校的重视程度实有过之而无不及。

要在短期里维持高职的招生数量，并不是件太难的事：增加招生工作的人员投入，紧盯中学校长班主任，多跑学生家做说服工作，甚至用奖励机制调动校内外的积极性……当然，这使得生源大战愈演愈烈。

而另一方面，选择高职院校的考生，越来越看重专业：是否热门，是否好就业，就业后薪酬是高是低，专业在同类学校中是否有竞争力，等等。这已经成为考生选择高职的最重要考虑标准。

一句话，高考改革，会让高职的专业结构接受考生更多的考察、分析甚至是考验。而高考改革最直接的一个效应，应该是倒逼高职院校在生源压力之外，提前重视自身的建设问题，尤其是高职院校内部的专业建设问题：优势专业是什么，特色专业是什么，专业集群是否成熟，产业支撑是否足够，以及在专业结构与产业吻合度、与地方区域需求吻合度等方面，无疑都要下功夫。

10多年来，关于高校的所谓"热门"专业，已经潮起潮落改换了多次排序，昔日洛阳纸贵、如今门可罗雀的专业比比皆是，高职务必要提前关注这个问题。

　　总之，专业发展才是高职发展的核心内容。随着高考招生改革的到来，高职必须未雨绸缪了。

《光明日报》，2014-12-23（14）

高职别出现"升本热"

职业教育以直接服务产业，直接服务经济为目的，把培养人的职业能力，参与产业生产能力作为重点。成功的职业教育必然推动一国的经济和社会管理能力的提升。

我国的高职院校就碰上了这样一个经济发展、职业教育发展的好时机。也正是因为时机好，高职院校在纷纷做大做强自身体量的同时，也寻找着机会提升自己在教育序列中的地位。于是，"专升本"成为一个共趋选项。所以，"升本"成为高职院校心中一股时时涌动的热望。

其实，就高职发展的现状、社会需求、办学水准、社会声誉而言，国内高职院校中已经有一大批在硬件软件条件上具备了本科的实力。要择其优者升格为本科并不难，就事业发展来看，也应该。但是问题在于，在职业教育的普遍水准还不高的情况下，贸然升本，甚至激励绝大多数院校奔向本科层次，必然造成两种结局：一、过多院校集体升本后，造成本科教学水平的下滑；二、升本不成功的学校，继续冲击本科，却忽视职业教育专科层次教学。如果这样，就是对好不容易累积起来的职业教育资源和优势的浪费。

那么，怎么办？

就整体而言，应脚踏实地地发展高职教育，先培育良好深厚的基础，从而循序渐进地选取并严格考核，把条件好的院校优先升为本科，作为区域职业教育的标杆，然后根据地方产业需求实际，架构多层次的职业教育框架，做到有高有低，多层互动，依据产业实践中的人才需求做好布局。

只有脚踏实地、立足实践，既满足高职向上升格的愿望，又培养高职向下深度扎根的能力，职业教育才能健康地成长。

《光明日报》，2011-01-25（7）

把握人才市场的需求变化

由于职业教育与产业、行业乃至经济社会一直保持着直接的紧密联系，准确把握人才市场的需求变化，并做出适时适当的反应，就是职业教育必须具备的素养，更是包括中职、高职在内的所有职业院校一定要主动培养的眼界和能力。

其实，当前我国的经济社会发展进入一个新的时期，这个时期的经济社会新常态对于具体的产业行业也提出了新的要求、新的标准，也是我国产业行业经济乃至社会服务管理提升品质、转换发展模式的重要机遇期。这是产业的机遇，当然也同样是职业教育的机遇。关键是，职业院校是否愿意，是否能够把这个机遇牢牢地把握在自己手里。

简单地说，我国的经济发展模式已经开始从劳动密集型、人口密集型转向技术密集型、人才密集型，产品低附加值产业已经难以为继，电子类、电商类、创意类、创新型产业方兴未艾。中国产业和服务业都已经开始从陈旧、传统的生产模式、人员模式、合作模式开始发生大的变化，其中，最大的变化，就体现在产业行业对于人才的需求发生了根本性的变化：复合型、跨专业、熟悉市场、熟悉生产、熟悉管理、熟悉销售的人才，正成为目前和下一个阶段最受欢迎也最为短缺的群体。

宏观来说，我国正在实施的"一带一路"对于产业行业也提出了国际化的高标准要求。如何在产业走出国门、走向国际的同时，培养并建立有效的人才库和人才标准，也是我国经济社会持续发展内在的必然要求。

而这些，正是职业教育的重大契机。课程体系、专业设置、培养模式、校企产教合作形态的各个方面，都是职业教育摆脱低端，走向高大上必须抓住的宝贵机会。

既然如此，我们职业教育必须紧盯当前、先行一步，至少，不能再落后、忽视这个市场的需求。

《光明日报》，2015-09-15（15）

为自信喝彩

开学与毕业，大学的校长书记们，都会纷纷为新生和毕业生们准备一份思想大礼——开学致辞、毕业寄语。我们也经常听到这些真诚深刻、语重心长的演讲。

不过，这一次，我们听到不大一样的演讲，相同的是语重心长，甚至更加动人心魄。

其原因，就在于，这所高校，新疆农业职业技术学院，以及这所高校所代表的那一大批院校，与我们平时所时时刻刻关注的那些"985""211"大学、名校不大一样。

他们的不一样就在于其身份的相对特殊——他们是高职院校，虽然身在大学行列，是中国高等教育中的"半壁江山"，是高教体系的重要构成，但是又时时被另眼相看——很多人会说："那是大专学校！那是低学历层次教育！那是低考分学生的选择！"在中国社会，这种说法是很致命的——致命地打击着考生的自信，折磨着学生家长的自信，消磨着高职院校的自信。

但是，即便"万般皆下品，唯有读书高"的传统中，也有"三百六十行，行行出状元"的例外。现实把成功的机会留给那些踏踏实实习得专长的人，认认真真办学育人的学校。而能否自信地看待自己，自信地养成实力，自信地把握机会，决定了学生和学校到底能走多久、到底能有怎样的精彩。

如果按照惯常的思维，职业院校是高校的弱势群体；农业职业院校，又是职业院校中弱势的弱势；那么，地处边疆的农业职业院校，可能把所有的弱势都积压在自己的身上。那么，这所学院应该是几乎没有什么出彩的机会了。

但绝非如此。我们看到的是这所学院在全国高校中倔强不屈的精彩，听到的是这所学院满满的自信。

其实，这精彩和自信，又岂止这一所学院？在全国范围内，那些不陷于困境，不囿于哀怨，勇于探索，扎根广阔的职教土壤和宏大的产业市场的那些中职、高职学校和他们的师生们，都透着这样义无反顾的自信，锻打锤炼着暗色中自己光华四射的精彩。

这样的自信，值得喝彩。

《光明日报》，2015-09-29（14）

技能大赛面向人人

"普通教育有高考，职业教育有大赛。"这曾是在整个职教界喊出来的凝心聚力的响亮口号，也是整个职教界谋取新发展新形象的大举措。一年一度、遍及全国、连接主要职教专业、重要行业企业的技能大赛，实实在在甚至轰轰烈烈地推动着职教院校提升教学实践培养能力，锻炼着职教学子以技能为核心狠钻精学的能力，更锻造着行业企业以技能为平台参与职教改革的意愿和志趣。

而在2008年就有人提出：普通高中学生参加高考，都会有一个高考成绩作为升入大学的依据；那么，中职学生去参加大赛，是不是也应有一个大赛成绩，作为进入职场或者升学的主要依据？这其实就提出了一个重大命题：技能大赛，应该面向所有中职高职学生。这也提示我们要关注技能大赛参与的广度和宽度。

一方面，多年以来，几代职教人筚路蓝缕，齐心协力，突破创新，终于打造出全国大赛、省级大赛、行业大赛、企业大赛、校际大赛、校内大赛等一系列的技能赛事，对于职教发展，功莫大焉。

但另一方面，一个问题也逐步凸显：之前，一些院校和区域，为了在技能大赛上斩获好的名次，会不同程度地采取小规模抽选尖子学生、尖子能手，集中时间突击培训，用"精中选精、优中选优"的方法，用"选手制"来参与各级技能大赛。这样，日积月累，就有一个弊端显现出来：原本设计不同于奥赛的技能大赛，开始变了味，开始沾染上"应试教育"的恶习——一部分学生得到了培训、参赛的机会，大多数学生就只作了围观的看客，"陪太子读书"。

如果有这样的迹象，可以理解是一些院校急于拿到大赛的好名次，从而彰显学校办学实力，吸引更好的生源、更多的企业合作，从而促进院校事业再上台阶。但是，各级技能大赛不应该偏离初衷，不应该成为应试和"锦标主义"的又一种附庸。用制度设计的规范，用政策引导的力量，实现并坚持一系列面向人人的大赛，才符合大赛激励所有职教学子的原本初心，也才能不断积聚和激励职教师生的源源不断的力量。

发展到现在，随着中国经济飞速发展，中国企业经营壮大，其对于技术技能人才的需求，越来越走向高精尖，需要越来越多的专业技术精良、专业视野开阔、专业素质优秀的人才。也就自然要求我们的中职学校、高职院校培养更多更高层次的合格毕业生。从这个角度看，让所有学生都有机会参与大赛，是非常必要的。

技能大赛面向人人，职业教育造就人人。

《光明日报》，2016-06-07（15）

选择不盲目，教育不盲从

中国有一句话，叫"知己知彼，百战不殆"。虽然是军事术语，但是早已经被人们用来指各种情况下，要取得优势，就必须更好地了解自己，也了解对方。转到教育尤其是个人的专业和就业选择，这句话依然有效。即便是对于我们日渐深入的教育交流和经验学习，它说得也蛮有道理。

其实，长期以来，在高考后选择学校、填报志愿的时候，考生家长、考生自己，除了那些极为清醒的个案，大多数人往往有些懵懵懂懂：什么专业好？哪个学校棒？我该去什么专业什么学校？这种时候，各级各类的名校、各种各样的"好专业"，是考生和家长的首选。所以，一段时间里，"热门专业"本身就是一个热词，这无可厚非。但是，不能回避的一点是：学生的选择，有时候又多少有些盲目——对于专业和学校的了解有些一头雾水，对于自身优长和专业潜力也不大清楚，关键对于"自我的成长性何在"这一点更有些不知究竟。

如果说学生的选择有时候有些盲目还是不得已的话，院校对于自己录取的学生则有着第一责任：尽力发现学生们的优势，为他们的个人成长提供尽可能恰如其分的触发点和激发点，让他们在学习过程中，时常收获来自自身成长、自身优势的成就感和喜悦感，进而迸发出职业人对于自己和职业的责任感与荣誉感。

我们的教育，我们的院校，其实一直在自觉地寻找这个路径。这也可以解释，为什么那么多的职业院校，一直向德国的双元制学习，纷纷将自己的院校长、教师、学生派往欧美和亚洲有着丰富职业教育经验的国度去学习交流。这是我们的职业教育必然要经历的一个阶段。好在，我们的院校迅速地意识到和发现：外国的经验生长于国外的土壤，职业教育和职业院校的国别特色、区域特点、产业特征太明显，在学习的过程中，发现我们有自己的优势，有自己的需求，必须自我探索，不能盲从。

学生要理性地敲开自己的成长之门，院校也要积极构建自己的教育框架。

当选择不再盲目、教育不再盲从的时候，职业教育就开始走上一条自觉作为、自信成长的道路。

《光明日报》，2016-08-16（15）

把职业教育导入良性循环

职业教育至今地位尴尬。

说重要，职业教育与产业经济和社会发展息息相关，直接相连；说不重要，大多数学生和家长视之为"无奈选择"；说风光，毕业季学生的就业率连续十余年远超本科甚至国内一流院校；说失落，招生季，为了生源又经常让高职院校老师们苦口婆心说干嘴，东奔西跑累断腿。

"招生困难"与"就业不愁"，职业教育的尴尬却折射出两个方面的启示。

一方面，社会大众仍然可笑地墨守一个"唯有读书高"的陈规陋习。而这的确使得广大家长、学生对于专科层次职业教育从心理上充满排斥，选择高职往往成为"无奈之举"。于是，高职院校招生被动，生源数量、质量包括录取后的报到率，都每每下滑。

另一方面，就是在这样的生源数量和质量难比普通本科院校的情况下，同一批学生，三年之后，却又成为用人企业争夺的"香饽饽"。

这说明了两个问题。

其一，即便是专科，高职院校也有足够能力把高考考分不高和高中学习素养不足的孩子，在三年里让其习得一门专业技能，成为企业和个人发展所需。

其二，高等职业教育仍然是产业经济和社会各方面不可或缺的一种教育类型，仍然是社会人才培养与输送的重要环节。

那么，职业教育的尴尬，其实是一种虚妄而且亟须破除的尴尬。

如不突破这种尴尬，任由职业教育在专科层次"断头"，职业教育的社会认可度就不会高，社会大众就不会选择，生源数量和质量就会步步下滑，职业教育就仍然会在"低端""底部"徘徊，就更不会吸引充足和优质的生源，就更加无法引发社会认可，职业教育就必然陷入恶性循环。

如果按照教育规律办事，让优质的职业院校的优质专业有上升的通道，有机会升为本科专业，就可能在招生环节突破家长和学生的心结，就可能塑造一条有效的人才培养通道，就可能吸引来充足和优质的生源，就更能够培养用人单位所需要的高端技术技能人才，就更可能提升职业教育的社会认可度，职业院校就可能吸引更多的家长、考生选择，职业教育就能建立良好的社会声誉，就可能带动中职学校的发展，就可能实现中高职的衔接、职业教育与普通教育的平等并立，职业教育就可能迅速进入良性循环。

甚至于，进入良性循环的职业教育，就能够更好地服务经济发展，更能够塑造提高公民群体素质，从而推动我们的经济和社会发展进入更加良性的循环。

其实，职业教育的尴尬就是我们这个社会的尴尬；而被导入良性循环的职业教育，将是我们这个国家进入良性循环的教育推手。

《光明日报》，2016-07-05（15）

生源不足，凸显教育结构失衡

近几年高考前后，关于高职院校生源不足的话题以及所谓"零投档"的担心和议论，就会热闹上一阵子。

其实，对于"零投档"以及"高职生源不足"的问题，学界和教育主管部门包括高职院校自己都有更为稳妥全面的判断；从投放计划的专业门类、投放计划的数量、专科层次外省区投放的响应效果等方面，对"零投档"和"高职生源不足"也有更切合实际的了解和理解。

换言之，"零投档"和"高职生源不足"描述了高考招生中部分高职院校的部分现实窘境，却并没有触及整个职教界忧虑的全局困境——"教育结构失衡"。

大体上，我国的教育结构，可以分为普通教育和职业教育两种类型。高等教育阶段也可以分为普通本科院校和高职高专院校两个类别。多年以来，"普职比大体相当""高职占据高等教育半壁江山"是大家都朗朗上口的表达。而就统计数据来看，普通教育与职业教育、本科院校与高职高专院校的院校数、学生数也大体接近。但是，这样的表达和数据，却很容易让人忽视职业教育、职业院校在教育结构和高等教育框架中的真实困境。

实际上，随着全国范围内适龄生源的减少，在高中阶段，中职学校的招生已经遇冷。全国范围内，普通高中招生已经远远高于职业中学。而这势必波及高职院校招生。同时，高考后录取阶段，高职被定为专科，是录取最后阶段的"接底"，成为低分考生的选择。虽然不能说高考分就是高素质、高能力，但从生源素质而言，高职院校的确无法与本科院校相抗衡，"半壁江山"只是个说法，缺乏实际意义。

就此而言，职业教育的生源不足，日益凸显出我国教育结构的失衡状态。

滑稽难堪并令人担忧的是，职业教育通常被定位为"与产业经济直接相关的教育类型"，而且事关中国制造、中国智造、中国产业的核心能力。自上而下，没有不强烈要求、规划职业教育的快速高质量发展的。而一旦说到落实，无论财政支持、院校定位、制度设计、政策法规，还是上下合力、内外同心，这种关系到职业教育、职业院校长远良性发展的结构性改善、改良、改革，却又每每"只听楼梯响，不见人下来"。

没有结构性的调整改革，职业教育的生源不足将长期困扰广大职业院校，也势必累及中国的产业经济的转型升级和系列重大国家战略的实现，遑论立足于此的社会生态的良性发育。

所以，在倡导"劳动光荣、技能宝贵、创造伟大"的时代，各方面却存在职业教育发展的结构性条框，真的需要及时突破以营造结构性的教育平衡。而这一平衡，才足以让职业院校解决生源问题，才足以让产业和社会走出潜在的全局困境。

《光明日报》，2016-08-30（15）

职教支撑大舞台

当G20系列高峰会议——顺利进行，当会议期间的一家家会场、酒店进入大众的视野，当《最忆是杭州》的演出中那把美轮美奂的折扇从水底升起，人们不禁要在心里为盛会中的杭州、为主办方中国喝一声彩。

而在这些喝彩声中，可能会有很多人忽略了为这次峰会提供国际级专业服务的那一群人——参与G20服务的职教院校的师生们。可能会有很多人压根儿就没有想到：这么高端大气上档次的国际峰会，会与那些"规模小小、师生少少、教师编制受困扰、学生名分被跌掉"的职业院校有什么关联。

而恰恰是这些职业院校，这些被社会大众、教育同侪甚至师生亲友所误解、错置、看不上眼的职业院校，成为服务并支撑了一届让见惯大场面的各国元首和世界媒体都眼花缭乱，据说连德国总理默克尔都赞叹有加的超级峰会。

在会场、在酒店、在宴会厅、在晚会现场，这些20岁上下的年轻的准职业人，用自己的微笑、自己的姿态、自己的仪容、自己的服务、自己的从容，为G20打上中国烙印，也留下中国职教人的身影，留下中国职业教育的痕迹。

所以，那些喝彩声，也应该给年轻、可爱而敬业的他们。

这说明了职业教育的能力，说明了职业教育的需求，更启示我们对职业教育以新态度——给职业教育一个更大更好的舞台！

正因为职业院校、职教师生们能够支撑和扮美大舞台、大时刻，也因为中国社会和个人正进入健康发展和理性发展的大机遇、大时代，那么，给予职业教育、职业院校和职教人更大更多更好的机会，调动他们的创造能力，支持他们更主动参与、更长久坚持，去打造自己大发展大创新的大舞台，这不更是一件值得尝试值得探索的大事业吗？

职业教育，需要大舞台；整个社会，需要这个大事业。

璀璨的演出，有多少职教人的付出！

《光明日报》，2016-10-11（15）

排行榜，请放高职院校一马

日前，某"高职院校媒体传播力课题组"推出了"全国百所示范性高职院校影响力排行榜"，先期发布了影响力前30名。完整的"全国示范性高职院校媒体传播力报告"和"影响力排行榜"，将在半年后举行的"第一届中国高职院校影响力高峰论坛"上正式发布。

据我了解，在全国众多高等职业院校中，教育部曾在"十一五"期间推动"国家示范性高等职业院校建设计划"，到2011年结束时效果良好，显著提升了高职院校的办学水平和精神状态。2011年，教育部和财政部新增100所左右国家骨干高职院校，继续推进"国家示范性高等职业院校建设计划"，今年年中已经完成。需要指出的是，对"国家示范性高等职业院校建设计划"惠及的200所院校，教育部门从来没有划分过高低优劣。

客观地说，该榜单先期公布的前30名高职院校都是佼佼者，但它们的影响力源于多年发展积累。职业教育立足服务地方经济社会发展，其专业建设优先面向当地产业发展所急需，院校之间可比性有限，再通过跨地域的、全国性的对比，在数据采集、分析、比照等方面也几乎没有排序的基础。比如，在农业畜牧兽医类高职院校与工业航运信息电子类高职院校之间，榜单研制者如何进行数学建模、数据对比、影响力排序呢？排名前30名的院校里，没有一所来自职业教育重镇上海、四川，这一榜单的打分和排序已经在高职院校当中引发议论。

一段时间以来，以排行榜的形式对某一领域作出全面分析的做法颇受公众欢迎。一份可靠、公正的排行榜，可以为大众和业界提供真实的业内信息，推动该领域夯实基础，改进工作。好的教育机构排行榜，应该是为教育界提醒、帮忙的，体现出对教育事业的关爱、支持和责任，而不是语焉不详，添乱添堵。

特别需要注意的是，很多时候、很多元素是不能简单排序的，如果硬排一气，则只会丢三落四，破绽百出，难以自圆其说，对行业发展起不到应有的促进作用，对公众更会形成一定程度的误导。一段时间以来的大学排行榜、高中排行榜甚至小学、幼儿园排行榜，几乎都很难形成真正的公信力，对教育发展没有多大益处。现在，随着职业教育受到的关注越来越多，排行榜又及时"跟踪"上来，凑热闹，求关注，谋利益，此风实不可长。排行榜，请放高职院校一马！

《光明日报》，2016-11-18（2）

职教期待雨露甘霖

有人说：即便在大漠深处，给点水，沙漠也可能会灿烂。

不假，即便是塔克拉玛干大沙漠，中国人仍然建造出穿越其腹地的沙漠公路。而修造这奇迹一般的公路，前提就是水——用水浇灌沙地，为芦苇、沙枣、沙棘等沙地灌木提供基本也是最重要的生命保障。

有了水，沙漠里就有了宝贵的植被，就可以固定住沙，就可以修筑并保护一条穿越沙漠的公路，连接起沙漠里的绿洲，连接起沙漠与平原、森林、草地，连接起沙漠和远方，连接起贫瘠和希望。

沙漠里修路如此，突破困境，发展一项虽艰难却宝贵的事业，也如此。

打一个不是非常恰如其分的比方——沙漠里的公路，沙漠里的水……可以用来形容职业教育的形象，也可以用来叙述职业教育的困惑和坚持，描述职业教育的期待和渴望。

备受上下关注和支持的职业教育，成就巨大。面对发展机遇，职业教育的重要性需要更持续彰显，其现实困境需要更理性正视，其发展诉求需要更真诚理解。

就像沙漠里需要水一样，处在关键节点的职业教育期待及时雨的灌溉；就像即便有了水，浩瀚的沙漠也不会立刻灿烂、绿洲处处一样，对职业教育，需要一个长时间稳定的理解支持，呵护保障，才有可能迎来教育机体的健康成长。

而对雨露甘霖的期待，职业教育一直没有放弃希望。

《光明日报》，2016-11-29（15）

补齐高职发展短板

"职业教育是中国教育的重要组成部分""高职教育是中国高等教育的
'半壁江山'"……这是中国职业教育界内部常常用来给自己正名、鼓劲的一种
官方判断和经典语句。

这不是自我鼓吹，而的确是建立在事实基础上的判断。目前，全国共有
大学2596所，其中本科院校1237所，高职院校1359所。早在几年前，全国高职
院校在校生人数就已经超1000万。就规模而言，"半壁江山"的说法是成立的。

支撑起了高等教育，高职自己却经常面临历史和现实的尴尬——高职院
校大多起源于中等专科院校，21世纪初期前后，才由中专升格到大专，进入高
等教育的界别，被定位为专科层次的职业技术教育。

伴随着中国经济社会发展、产业技术进步和行业企业对于技术技能人才
的极大需求，经过20年左右的发展，高职院校逐步稳定发展为我国经济产业所
需技术技能人才的重要来源，成为与产业距离最近、服务最直接的高等教育类
型。这也是，在本科毕业生就业难问题越来越突出的同时，高职生却经常"供
不应求"的原因。经济社会的实际需求，的确给侧重实际动手技能培养的高职
一个证明自身价值的大好机会，从一个侧面说明了高职教育对于经济社会发展
的重要性。

但是，除了这些在当地、在产业界专业优势明显的院校，大多数高职院
校，或者说整个高职界仍然被考生、被社会大众先入为主地误解为"低层次"
教育；对于高职院校发展至关重要的政策支持，在跨部门的通力合作中，收效
不尽如人意；给予高职院校包括生均经费拨款在内的财政支持，也长期低于本
科院校；《职业教育法》仍然在艰难的修改过程中，院校期盼的立法和政策红
利，仍需等待；高职教育发展的前途在哪里，院校发展的后劲在哪里，仍然考

验着我们的智慧。

其实，除了支撑教育和经济产业发展，高职教育还是社会均衡发展的重要支撑。一大批来自贫困家庭的孩子进入高职院校，成为这些家庭的第一代大学生，改变了整个家庭乃至家族的生活境遇，也提升着整个社会的文明程度和受教育水平，为中国社会整体的进步积聚着微小却至关重要的力量。

高职毕业生，很多都在生产一线从事实际的产业生产和服务。很难想象，如果高职院校的地位一直不高，高职教育的发展得不到最坚实和最本质的支撑，她所培养的人才，会以一种自信和有成就感的主动精神，为这个社会提供高质量的产品、高品质的服务，会让整个社会感受到真真实实的进步吗？

值得庆幸的是，高职教育的重要性在中央的发展战略中一再被提及。国务院提出"加快发展现代职业教育"，建立"现代职教体系"，弘扬劳动光荣、技能宝贵、创造伟大的时代风尚，营造人人皆可成才、人人尽展其才的良好环境，努力培养数以亿计的高素质劳动者和技术技能人才。

既然，包括高职教育在内的职业教育，既是教育的重要组成，又是产业的重要支柱，更是社会均衡发展的重要支撑，那么，我们的教育资源、行政资源、经济资源、社会资源，都应该齐心协力，为高职教育发展补齐短板，给高职院校最坚实的支持。

《光明日报》，2017-09-14（14）

"螺蛳粉学院"的滋味

这两天，"螺蛳粉学院"有点红。其实，这一碗广西柳州的风味独特的螺蛳粉，在成为网红美食之前，早已经闻名遐迩。而最近成立的"螺蛳粉学院"，更在网红的加持之下，迅速成为职教圈里圈外的关注点。

食客们都知道：地道的柳州螺蛳粉风味独特，那鲜美的汤头、软韧的粉条、酸溜溜的气息，有人喜欢大快朵颐，有人厌烦退避三舍。同样，螺蛳粉学院刚刚对外宣告落地，也是有人点赞为职业教育与产业合作创新的务实之举，颇接地气；也有人评价是职业院校的跟风炒作，蹭热度赚流量；而个别更定位为"国内首家"，凸显其独创首倡。

其中的滋味，很值得品一品。

毫无疑问，为当地做好螺蛳粉的文章，深度服务支持地方产业，推动传播地方文化，因应地方产业的多元化开发，优化地方优势产业的提效升级，布局地方产业所需人才的培养和多元经营，这都是职业院校应该积极参与、大力投入的事业，是高职院校所当为。"螺蛳粉学院"的成立，突出了扎根地方办学的能力。这味道，鲜。

而作为产业所在、院校所在的地方政府，对于这一产教融合的创举，想来既是乐见其成，也许还愿促成其美。在如今所谓"流量为王"的信息时代，"螺蛳粉学院"，又一次点亮了柳州的城市关注度。这味道，爽。

至于在当地以及早已经把实体店开遍大江南北，如今又借助电商网店经营螺蛳粉的商家们，毫无疑问也收获了一波高传播率的话题关注，收获一大批螺蛳粉的新粉丝。生意好做，前途有盼。这味道，美。

但是，有一点不可不慎重珍重，那就是——"学院"这两个字。

之所以会有包括职教圈里人在内对"螺蛳粉学院"的成立持保留态度，

说到底是对于高等教育院校体系、专业传统及规律的尊重；也有对于外界尤其是那些对职业教育不了解甚至有偏见的大众误读、网络嬉戏的担忧——既然是学院，就该由不同的系和专业组成。一碗螺蛳粉，配料再复杂，工序再多，生产环节再精细，营销手段再丰富，能够支撑一个学院几个系十数个专业的长期发展吗？螺蛳粉学院之下，要不要再设立酸笋系、养螺系、制粉系？系之下，要不要再开设熬汤专业、配料专业、煮粉专业？如果学院被这样揶揄议论，这味道，不对。

就正规的高校院系设置来讲，"螺蛳粉学院"不可能与机电学院、纺织学院、金融学院、幼教学院一样内设二级学院。它会自然而然地就成为职业院校中经典的、常见的一所产教融合、企业订单式的产业学院——它的相关专业在其他经典院系中早已存在，而它需要统合这些已有老牌经典专业的部分力量，更专注于螺蛳粉这一产业和包括电商在内的经营企业的需求，做专业度更高、方向性更强的三年学制安排、理实训规划、校企育人合作。这其实就是职业院校中一直以来所坚持的方向和路径。而之所以命名为"螺蛳粉学院"，除了便于各方精准布局合作、借用网络热度之外，眼球经济未必不是其中的动因之一。而由此所引发的议论和揶揄，多少还隐隐地透露出外界对于职业教育简单化定位带给职业院校办学的无奈。这味道，有些涩。

所以，在风评两极的舆论关注中，"螺蛳粉学院"的定位其实是清醒而鲜明的。它不是某些媒体上所谓的"国内首家螺蛳粉学院"，因为这意味着在四川、北京、安徽、河北乃至每一个省份还有成立第二、第三家螺蛳粉学院的可能，而实际上这并无可行性；而且，这更意味着回锅肉学院、臭鳜鱼学院、火锅学院、狮子头学院、驴肉火烧学院也将在全国各地首家、第二家、第三家地开张下去。那样的话，国内关于机场命名的经典段子就会转而套盖到高职院校，而这并非正努力以多方作为职教全新形象的职教界所乐见的。

其实，社会各界尤其是严肃媒体，别拔高更别炒作"螺蛳粉学院"。它并非职教界的新生事物，它更应像是李云龙的独立团，是立足于服务地方产业、推动地方文化的职教轻骑兵，利用新的办学资源，形成更灵活的产教合作机制，架构更适应的教育教学体制，去快速进退地因应市场的需求，利用市场的热度，培育大众的认知，而绝非一个噱头。这样去理解和传播"螺蛳粉学院"，才全面而有意义。

这样的定位和传播，才能持续地熬出一锅好汤，煮出一碗好粉，做出地方所需、产业所需、校企所需、师生所需的好滋味的职教美食。

《学知报》"职见"专栏，2020-06-29

充分发挥劳动教育优势，职业院校要趁势而上

2020年3月20日，中共中央、国务院发布《关于全面加强新时代大中小学劳动教育的意见》，对构建德智体美劳全面培养的教育体系，加强新时代大中小学劳动教育，提出了具体要求和意见。

早在2018年9月，全国教育大会就明确提出："要在学生中弘扬劳动精神，教育引导学生崇尚劳动、尊重劳动，懂得劳动最光荣、劳动最崇高、劳动最伟大、劳动最美丽的道理，长大后能够辛勤劳动、诚实劳动、创造性劳动。"

职业院校，在劳动教育领域具有其他类型教育和其他教育类型学校所不具备的得天独厚的优势和储备。长期以来，职业院校在教育积淀、教学设备、师资能力、育人目标、实习实训、就业入职、职业提升的方方面面，都直接对接劳动教育并努力践行"劳动光荣、技能宝贵、创造伟大"的人才培养宗旨，体现了职业教育的类型特色和"看家本领"——职业教育就是距离劳动最近、接触劳动最多、服务劳动最直接、理解劳动最深刻的教育。

劳动教育，正是职业院校的优势所在。

党中央、国务院对于劳动教育的重视，给了职业院校一个难得的机遇：充分发挥自己在劳动教育领域的优势，服务党中央、国务院"加强新时代大中小学劳动教育"的战略部署，乘势而上，服务于整个教育系统设计、普及、提升劳动教育。在这个过程中，职业院校可以凭借劳动教育优势，引导整个教育领域现代劳动教育课程的建设实施，引导教育界乃至全社会正确理性看待职业教育，重树职业教育的教育价值，重建职业院校的教育地位。

怎样充分发挥职业院校的劳动教育优势呢？

其一，职业院校要抱起团来，立足地方，主动作为，积极申请参与省市县教育行政部门对当地大中小学劳动教育的宏观规划、课程设计、师资培训；

地方政府尤其是教育行政部门应该认真对待此一诉求，以政府购买服务的方式给予职业院校以支持，支持他们积极参与区域内劳动教育的规划设计和战略布局。

其二，每一所职业院校都可以拿出各自的优势专业、特色专业，结合地方普通大中小学的劳动教育的需要，主动联系当地幼儿园、中小学和大学，根据这类学校劳动教育的特点，设计相应学龄段学生的劳动课程，为这些学校开展劳动教育提供参谋服务、课程设计服务、师资培训服务、师资派出服务。

第三，职业院校可以根据周边学校的需要，成立以某一所优质高职或中职学校为中心的劳动教育服务联盟，集中几所高职、中职和技工学校、技师学院的专业优势、师资优势、学生优势，为区域内的大中小学提供"联盟+学校"的劳动教育服务路线图。

第四，在为幼儿园、普通大中小学学校提供劳动课设计、劳动课教师培训的基础上，职业院校还可以借助政府购买服务的方式，申报、竞标承包某一所学校的劳动课，派出自己的老师甚至优秀的学生到对应的普通大中小学学校担任劳动课教师。尤其是同龄的职业院校的学生成为同龄的普通学校学生的劳动课老师，其教学趣味、教育意义都非同凡响，将极大地提升职业院校师生"劳动光荣"的成就感，能切实塑造普通学校师生"技能宝贵"的切身感受，更可以切实提高劳动教育、职业院校在教育界内部以及全社会的教育地位和声望。

我们看到，劳动教育是重塑职业教育形象和地位的一个大好机会。职业院校做得还不够，想得还不深，还得更积极更主动更充分地发挥自身的劳动教育优势，乘势而上。

《学知报》"职见"专栏，2020-07-06

即便起点失意的人生，不懈奋斗也终有亮色

最近几周，苟晶的名字成为全社会关注的热点。这个被盗用了个人身份和高考成绩的山东女生的命运，激起人们的同情和愤怒。目前，这件事的细节和真相，随着山东调查结论地给出，又出现了反转和舆论界的论辩。

但是无论怎么反转，有一个基本的事实却应该引起所有人的关注——即便身份被盗用，即便人生开端失意，苟晶在第一次高考失意之后23年的人生中，也有一个大大的亮色，而这更为重要，也更为可贵——苟晶并没有轻易向高考和职业开端的失意低头，她没有自暴自弃，她没有屈从"高考落榜"的压力，她没有屈服于生活的艰难，她没有放弃自己对于美好人生的努力和争取。

她的高中同学们后来说："我们真怕你自暴自弃，随随便便嫁给一个人，稀里糊涂过一辈子。"苟晶没有这样。她努力地从已经被挤压得越来越不可能的一点点缝隙中寻找可能，竭力挖掘这可能，寻找那缝隙中的一丝丝光亮，尽力放大这光亮。

更可贵的是，苟晶做到了，她坚持着做到了。

无论如何反转，善良的人们愿意相信苟晶自述中以及媒体报道中她的这种坚持——

"离开湖北黄冈的学校后，她独自一人来到浙江打拼，沉浮多年。她曾经在杭州骑着自行车，满大街销售化妆品、软件，每天骑几十公里，晚上累得全身骨头疼，也曾被骗入传销团体，幸而及早逃出。"

"为了淘好货，她一天跑遍义乌国际商贸城，跑到脚底长泡；为了学习电商运营，苟晶抱着娃就冲进阿里巴巴开设的免费培训课。采购、运营、美工、客服、仓库打包员都是她一个人，经常忙到凌晨一两点才睡，清晨又会在半梦半醒中去接单。"

"她逐步摆脱学历的困扰，从来没人向她要学历证书。从她的谈吐、气质，人们也根本看不出她是一个没有读过大学的人。"

"2007年，她在自己家里开起了淘宝店，一干就是十多年。"

"2009年，苟晶进入一家家纺公司做淘宝运营。3个月后，她被一家企业高薪挖走。"

"2011年，她又来到一家男装企业做电商运营，不到4个月，月销售额就做到了近700万。"

"现在，苟晶成为湖州某童装企业电商部门合伙人，在杭州买了房，两个孩子，大女儿考上了北京的大学，小家庭生活富足幸福……"

按照现在流行的某些标准看，没有上过大学的苟晶最终还是成功的。而显然，这一切与成功的高考无关，与某一所大学无关，与高起点的就业岗位无关。这所有的一切，只与苟晶自己的努力有关，只与她不放弃自己，不放弃自己的希望，不放弃自己的努力有关，那是不懈的、不认命的、坚持了23年的努力！

哪有那么多"一帆风顺"，普通人的成功从来都依靠我们自己的奋斗，这奋斗不是大学的校徽校名、岗位起薪所能持续提供背书的，能够给我们的人生背书的只有人生中的我们自己！

由此想到职业院校的孩子们，他们可能没有成功进入某一所大学名校，他们可能毕业没有进入白领岗位，他们可能没有得到高起薪的工作，他们肯定也会失落伤心，也会怨天尤人，也会后悔愤怒。但是，我敢说，他们中比苟晶更聪明，更有天赋，更有资源的，大有人在。

所以，看看那些一路放下失落伤心，抛掉怨天尤人，转化后悔愤怒而去努力奋斗的人们，看看那些为自己寻找和实现可能性的人们。

看看那些人，我们应该能够看见自己的人生的亮色。

这亮色，不会被失意的高考所长久遮蔽；这亮色，不会被年轻时的失落而永久压制，只要你总是努力去奋斗。

当你确信人生正虐你千百遍，你要更千百倍地珍惜自己。

只要你总是记住：即便起点失意的人生，不懈奋斗也终有亮色。

当然，得是诚实、踏实、真实地努力。

《学知报》"职见"专栏，2020-07-13

这样的专升本，坚持了职教的本质

近日，湖南省教育厅发布通知：经学生本人申请，各高职高专院校审核公示，省教育厅审查，540名高职院校学生，通过2020年湖南省普通高等教育专升本推荐免试资格审查。

"540名""专升本""免试"，这些敏感的词汇，马上激发了职教圈、院校间、学生们的关注。

我细细研究这份540名幸运儿的名单，发现都有参加技能大赛获奖的记录。联系相关方面，得到了印证——

湖南省教育厅今年正式出台政策：凡参加全国职业院校技能竞赛获奖的选手，以及参加湖南省职业院校技能比赛获得一等奖的选手，都可以免试推荐上本科；免试生进入湖南省内非985、211的本科院校三年级学习，相当于3+2；本科期间就读与高职期间相同或相近的专业；这些学生已经高职毕业，技术技能优秀，本科两年的专业学习，将使他们理论基础更加扎实，技术能力更加强劲，应该会成为各行各业的技术人才栋梁人才。

目前，见诸正式报道的，湖南省是第一家对获得全国技能大赛奖项和省级技能大赛一等奖的高职生大范围给予免试专升本机会的省份。

不能不为湖南省的这一政策叫好、点赞。

好就好在，湖南省教育厅积极担责，对专升本进行了与时俱进的改革；好就好在，湖南省的改革主动适应了职业教育的特质；好就好在，湖南省这一政策体现了对职业教育的本质坚持。

以往，各地的专升本大多是按照传统文化课科目考试的方式进行，最后依照考生考试成绩决定考生能否成功专升本。

这在确保一把尺子量所有人的整体公平的基础上，也把大批高职院校的专科生们早早地摁在了复习文化课、反复训练的备考计划中，无形中影响了高职院校大专学生踏踏实实学习掌握专业技能，认认真真实习实训谋求发展的积极性。在考分决定个人命运的环境中，技术技能的学习不可避免地会受到冲击，会被冲淡，甚至被取消。更严重的是，这种传统的考试式的专升本，其中暗含的"考分高于技能，学历优于能力"的价值框架，会在无形中严重冲击职业院校千辛万苦要为学生们营造并希望他们确立的"劳动光荣、技能宝贵、创造伟大"的职业教育的价值观。

湖南省在传统专升本途径之外，设立新规，以技能大赛获奖等值于专升本考试成绩，无疑是对技能价值的最直接的肯定和认同，更是对职业教育与普通教育类型不同、同等重要的一次绝佳阐释。

据悉，第一次实行免试专升本，这540名"幸运儿"来自湖南省的44所高职院校，占全省高职院校的63%，占全省应届毕业生的0.29%。虽然在应届生中比例很低，但是这一方面体现了技能大赛获奖的高难度、印证了其含金量；另一方面，540的绝对人数和全省6成以上高职院校有份参与，又体现出这一政策对该省高职院校和在校生努力学技术、专心攻技能的教育引导，体现了对职业教育就是要培养技术技能人才这一本质定位的坚持。

毫无疑问，湖南省这一政策顺应了当前产业转型升级对更高能力、更高学历人才的需求，也顺应了群众对学历提升的需求，更顺应了技术人才技能成长发展的需求。这无疑也将更有效地吸引一大批有志于技术技能学习的年轻人和家长们选择职业教育，通过技术技能成才成长。

那么，我们也不由得希望湖南省教育厅继续完善这一政策，在免试专升本的这批技能高手进入本科院校之后，仍能让他们在专业理论知识学习的同时保持高效的专业技能学习、技术训练，不要让孩子们"捧上书本放下技能""进了本科丢了本事"。

同时，目前的本科院校大部分不属于职业教育类型，也并非应用型本科，如何在人才培养的衔接上降低差异，减少重复训练，增强人才培养针对性，这是教育厅和本科院校自身必须认真考虑和谋划的。

一个好政策的出台不易，要真正落实并发挥出持续的带动效益就更加不易。希望湖南省教育厅的改革不断完善，顺利推行，也希望其他省份善加参考借鉴，从专升本改革这个小切口，拓展职业教育的新空间。

《学知报》"职见"专栏，2020-07-27

高考发榜季，职教要大声说出自己的功绩和魅力

每年高考发榜，让我们看到当今教育的真相。

一本、二本、大专，省控线、提档线、录取线，一方面让辛辛苦苦三年的考生和考生家长们在一道道分数线里找到自己的位置，找到自己的大学方向，选择自己的未来专业，规划自己的发展方向；一方面，也让不同的高中学校释放出本校的高考"喜报"，通过各种精细化的数据统计一次次明确锚定本校在本地的重要性、影响力；另一方面也让不同的大学在又一次的计划投放、招生录取中以录取分数线、重点目标学生招录情况强化了自己在大学圈里的地位。

而这个过程中，很少看到或者听到高职院校主动而响亮的声音。究其原因，就如今年多省先期公布的大专分数线150，让大专层面的高职院校不得不面对一年一度的"分数冲击"——与一本相差近400分，与二本相差近300分，这一官方正式发布的巨大分数鸿沟，让职教圈内再强大再高大上的院校也不得不面临一次社会目光的注视和甄别。

虽然，很多办学成功、业内口碑好的高职院校的录取分数线都接近甚至超过二本院校录取线，这些院校的个别发声和负责人在各种场合的细化解释也能够让我们理性地看到大专层次高职教育的成绩和吸引力，但是，高考发榜季的分数线，却实在如同一道分水岭一样，把社会大众的关注和理解都引入另一个方向：大专就是分数低，孩子学习就是不行。进而让大众钻进另一个误区：分数低就是差孩子，低分数就不是好学校。

大家越来越知道，职业教育作为另一种类型的教育培养的是技术技能型人才，也许不擅长文化学习的孩子很可能是技能高手，也许经过三年的学习实践、竞赛培养，低分数的孩子可能还有着与本科同龄人同样精彩的职业未来，

但是，这一切对于院校尤其家长而言，都是后话，在关注考分、志愿填报的关键时间，来不及也顾不上去考虑这些，而在这种"来不及""顾不上"的时间缝隙中，一些固化的印象就越来越固化，越来越死板，也就把一部分高职院校的表达和解释冲刷走、稀释掉了。

所以，在高考发榜季，我们看到越来越多的"几家欢乐几家愁"。

一方面是知名高中、著名大学一再精细化的分数统计"本校700分考生总量全市第一""本校700分考生在本校应届考生的比例居于全地区第一""本校一本上线率本市第一""本校今年在某省尽揽高分考生""本校录取600分以上考生再创新高"……诸如此类的喜报营造出热闹热烈的高考发榜季的独特气氛。这一气氛里，大专层次高职院校显得安静且多少有些嗫嚅、沉闷。

但是，高职院校实在不该沉闷。如果需要，大专院校实在可以大声发出自己的声音。

如果高考发榜季把诸如150分这样的分数线与大专院校直接相连，那么，高职院校就不要回避它，而是大大方方地承认它、回应它、解读它、彰显它。

首先，职教界要大声地说出来：在目前的教育结构中，职业教育作为一种类型教育，在招生录取上的确与普通教育存在特殊性、差别性，而职业教育长期以来实在起着"兜底教育"的作用，极大地提高了我国高等教育普及率、入学率，这方面，高职院校厥功至伟。

其次，高职院校接收了高考考分相对低的一大批学生进入大学，既提高了高等教育入学率，关键在于还在一个相对低的学习能力的基础上，努力培养这一大批学生，树立他们的信心，传授训练技能，奠定职业发展根基，规划事业持续发展的可能。在一个低起点上让孩子们健康成长成才，高职院校知难而进，秉持着教育初心，肩负起教书育人的重任。

其三，高职院校不可能请求官方发布高考分数时回避确实比较尴尬的大专录取控制线，也不可能限制高中、大学细化统计它们的高考和招录成绩。那么，高职院校完全也可以细化自己的"高考录取及人才培养对照统计数据"——三年前，我们录取的学生高考平均分是多少；三年后，这批学生的专业就业率是多少；我们的学生总数中，获得各级职业技能大赛的比例是多少；升入应用型本科院校的比例又是多少；用这些踏踏实实的数据，说出职业教育踏踏实实的教育担当、教育成绩、教育理想，说出职业教育对于普通人成功成长的助推力。

有一副著名的对联"读书好营商好效好便好，创业难守成难知难不难"，很适合当前的职业教育、高职院校。

职业教育是知难而进的教育。我们已经知难而进，迎难而上，而且还破难而立。那么，请越来越自信的高职院校、职教界人士，一定要抓住所有的机会，在任何一个重要的场所，尤其在高考发榜季，大声说出职教的成绩、职教的功绩、职教的能力、职教的魅力。

这样，高考发榜季也许就不会再始终那么单调、沉闷甚至固化偏见、误导取舍，也让真正关心孩子成长、理解教育价值的社会和大众，有时间、来得及、顾得上好好想一想、品一品职业教育独特的能力和魅力。

《学知报》"职见"专栏，2020-08-03

善用"职教老人"这笔财富

暑假的到来，宣告了一个学年的结束。与此同时，还有职教圈里一批院校长、书记、老教师们也迎来了人生的关键时期——或退居二线，或到龄退休。

虽然到龄退休、到点下车是自然规律，也并不与学年假期必然重合，但是学年结束和二线、退休的巧合，却似乎总是有些别样的深意，耐人寻味，引人深思。

为了表述的方便，也因为年龄的缘故，我们可以暂且把这些退居二线或者到龄退休的院校领导和授课教师统称为"职教老人"。

在工作的接触中，一个深深的感触就是：这些已经或者即将在数年内走向人生新阶段，颐养天年的"职教老人"们，真的是职业教育的一笔宝贵财富。

为什么这么说？

除了通常意义上，"老"所包含的经验丰富、阅历老到、见多识广之外，落实到职业教育这个具体的教育类型、院校经历来说，这一批"职教老人"，有着超越于时间概念的"老"和经验丰富的特别意味。

特别在哪里呢？

特别在：这一批"职教老人"，经历了近40年来职业教育跌宕起伏的历史时期——从重要支柱到边缘补充的受挫期，从谷地平原到高原高峰的改革发展期；近20年来，深化改革、快速发展、多方协作、多元突进的职业教育更把曾经的辉煌、一度的坎坷，都朝向目前欣欣向荣、未来更是光明的事业推进。

这一批"职教老人"，正好在自己20岁左右的人生事业初始期与职业教育站在了一起，又在自己30多岁精力旺盛的时候与职业教育的重大改革发展重合在一起，更在自己四五十岁年富力强的人生抱负施展期与职业教育再度走向辉煌的事业融合在一起。

他们大多数人，在新入职的时候，可能经历过短时期职教由受社会认可到被大众看低的痛苦阶段，院校和他们本人都很可能经历过一段时间的冲击和低谷期。这样的艰难时期，一方面锤炼了他们对职业教育的耐心和坚守，一方面也磨炼了他们对于职业教育的理解和坚持，更让他们在职业教育的艰难困苦中，收获了玉汝于成的主动作为和责任担当。

社会认可度不高，生源下滑，师资流失，就业严峻……怎么办？这些"职教老人"的回答就是：扛！自己去找企业，谈合作，抓实训，提质量，保生源，广路径，实实在在地扛过困顿期。

当迎来再一次职业教育的发展期，这些坚守坚持在职业教育校企产教界里摸爬滚打的"职教老人"们，凭借之前的积累，又在职业院校的示范校骨干校建设、院校新区建设发展、技能大赛人才培养、教学名师梯队成型、校企合作产教融合以及实训基地打造、精品课程资源库建设、国家或省级教学成果奖培育、双高建设、职教本科试点等重大工作中，再次经受考验，迅速脱颖而出。

事非经过不知难。

经历过艰难困苦的这些"职教老人"，一个突出一致的特征是：虽然退居二线，到龄退休，但对职业教育有深厚的感情，对职业教育发展有高度的信心，对职业教育事业有精当而敏锐的判断。

所以说，当历史推动中国社会进入到中华民族伟大复兴的战略性重大历史阶段的时候，职业教育迎来了又一个内涵式发展的重大机遇期，职教圈又经历新老更迭的时候，这批"职教老人"的价值更加宝贵，需要教育界内外高度珍惜重视，善加引导使用。

怎么引导使用呢？

第一，学校层面，可以根据学校当前自身发展和长期战略定位规划的需要，根据不同情况，设立"'职教老人'工作室"，分别从战略定位、发展规划、专业打造、师资培养、企业合作等角度，邀请退休教师或领导继续为学校发展出谋划策，尽心尽力，让他们把自己的经验、资源更多更好地留在学校，用在学校发展的事业所需上。

第二，区域层面，省市县各级相关部门可以在征求"职教老人"意见和意愿的情况下，成立"区域职业教育发展智库"，或者依托各地的职教学会，也可以鼓励民间力量自办，目的都在于让这些了解本地产业发展、了解本地职教现状和前景的有志之士，来一场老骥伏枥壮心不已的智库建设，为当地职教、产业、社会发展继续发光发热。

第三，全国层面，可以适当形式，进一步激活"职教老人"的宝贵经验，为下一步的职教战略的政策设计、制度完善、举措落实起到先期咨询建议的作用，有机制有机会让他们畅所欲言、建言献策；同时，不妨以职教学会或者其他第三方的形式，组织"'职教老人'支教团"，以集体或者小组的形式，对口帮助职教后发展地区，为这些地区的政府、教育行政部门、职业院校传经送宝，直接提供服务，助力当地院校发展。

"家有老，是个宝。"

"职教老人"就是职教界的宝贵资源，善用善加引导，职教事业应该会迎来更美好的第二个春天。

《学知报》"职见"专栏，2020-08-10

职教新人入门课，要巧设计力担当

随着新学年的临近，又一批应届新生将迈入全国一万三千余所中职学校、高职院校的大门，成为职教新人。打基础、培底气，职教新人的入门课，其重要性毋庸置疑。

啥叫"入门课"？顾名思义，之前毫无了解、第一次接触，没有基础知识和认知，没有基本概念和方向，是入门之前的状况。职教新人们，除中职升入高职者，大多数是第一次走进职业学校的大门，第一次进入职业教育领域，他们或者是初中毕业生，或者是高中毕业生，随着高职持续的大扩招，还有一部分来自退伍军人、职业农民、下岗工人、再就业农民工……他们绝大多数，是首次进入作为类型教育的职业院校，是第一次接受正规的、系统的、专业化的职业教育、职业培训。

他们身上的一些特点，决定了这入门课何其重要。

毋庸讳言，初中高中毕业生进入中职、高职，其内心大多有些失落的成分在——当自己的同班同学进入高中、重点高中向着大学前进，当自己的同学好友进入大学、重点大学向着理想前进，因考试分数被纳入职业院校的应届毕业生们，对照之下，难免失意、失落；加之当前社会大众对于职业教育仍较隔膜，对于职业院校还没有"高看一眼"，还多多少少"另眼相看"，他们的失意失落在情理之中。

扩招中走进职业院校的退伍军人、职业农民、下岗工人、再就业农民工的情形和应届初高中毕业生不一样，经历过职业生活的他们更加清醒，也更加了解职业现实，不会像应届初高中学生那样心有不甘、彷徨忧虑。但是，作为再就业的主体之一，他们也经历了坎坷，面对过现实中实际的职业困境，也自然会有这样那样的心结。

　　所有这些职教新人的这些特点，职业院校应该是了然于胸的，对于他们的培养，也自然要在探索实践中成竹在胸。而为这些职教新人开设的"入门课"，更要精打细磨。

　　其一，职业院校的"开学第一课"要精心设计，精准发力。有的失意失落，有的有心结，那么"开学第一课"就要响响亮亮地打消他们的顾虑，打破他们的心结。总而言之，职业院校的"开学第一课"，必须新奇新颖，打破学生们从小到大"排排坐吃果果"的那种拘束的课堂感觉，要把他们之前没有见过的专业技能、专业成绩、专业成就直接明了地展现给新人们，要让他们眼花缭乱，热血沸腾，要让他们在热血沸腾中走进职教大门。

　　其二，职业院校的"思政课"要巧设计力担当。都是教书育人，都是传道授业，职业院校的育人难度比大学还要难。不是说孩子们的入学成绩低、学习差，而是学技能学技术本就不是轻松活，得要动脑动手一起上，得课堂厂房一起到，学业产业企业一起懂。更何况，高职三年的学制，本就比大学少一年。那么，职业院校的育人一定要抓紧抓强，这个紧和强，首先就在职业院校的思政课如何设计上。一段时间以来，劳模精神、职业道德、职业伦理、劳动教育，已经成为职教思政课的标配。标配没有问题，问题是标配一定要配得上这些孩子的需要和追求。也就是说，一定要以他们看得懂、喜欢看的方式来教育，那就是不要满堂灌，不要读教材，不要依赖PPT。要把孩子们带入职业工作的现场，让职业荣誉感直接来讲课，让成功职业人直接来讲故事，让职业现场直接来传递职业荣耀，让企业、顾客、父母直接来感受学生的成长，赞赏学生的成长。这样的话，职业院校思政课一定要走出校园，要走进职业历史的重要场景，走进成功职业人的身边，让故事本身来传达力量。

　　其三，职业院校要把"小先生课"开足开强。曾经，中国著名的教育家也是职业教育家的陶行知，主张以社会为课堂，变学生为老师，让这些在学的"小先生"在教导引导他人的过程中学会自我教育、自我成长，体会教育真谛，体味成长的自信。那么职业院校要提供学生这样的机会：校内社团中互助互学的机会、校外给普通学校设计专业劳动课的机会、校际广泛参与各级职业技能大赛的机会、跨地域技能交流展示的机会……只有在贴近职业的实训实战中，让学生们体会到成就感成功感，他们对于职业的理解、对于职教的认同、对于自我的认识，才能够渐趋本质，渐入佳境。

......

职教不易，育人很难，只有坚守育人的初心，坚守职教的本分，从为学生成长负责、为学校发展负责的角度出发，巧妙设计，用力担当，职教新人的入门课，才上得好有效果，职教新人才入得了门，上得了厅堂，也才能学有所得，技有所长，才不辜负各自的成长时光。

《学知报》"职见"专栏，2020-08-17

职教中人，要有底气有发展有依归

前面两期，分别谈到了"职教老人""职教新人"。今天，顺着话头，谈谈"职教中人"——正在职业院校中任教的、年富力强的、还将伴随职业院校和职教发展的教师群体。

与因为年龄到期已经和很快将离开职教界的职教老人、刚刚考入职业院校的职教新人不同，"职教中人"无疑是职业院校中更长期的、更稳定的大多数。

既然是长期稳定的大多数，那么，毫无疑问，他们应该是职业院校发展、职教发展的根本力量、中坚力量、核心力量。

我们说要继续挖掘和发挥"职教老人"对于职业教育的热情、对于职业院校的热心、持续激活他们发展职教的资源；要为"职教新人"进入职教圈上好第一课，要培养他们的职业荣誉感、劳动光荣观，要激扬他们奠基职业生涯、努力职业发展、明确职业规划的热情，要造就新一代大国工匠。

其实，这所有的"挖掘""发挥""激活""激扬""培养""造就"，都同样应该用于甚至要更大力度地投放到"职教中人"的身上。

这一点，有什么疑问吗？

没有。

既然是职业院校和职业教育发展的根本、中坚、核心，那么就值得也应该被给予种种的着力用心的培养、扶持、关心、呵护。

本固邦宁，何况一校，何况教育？

既然没有异议，那么好，怎么办？怎样让"职教中人"受到关心，得到培养，能被造就，可以激发？

我以为，概括一句话，就是——应该让他们有底气、有发展、有依归。

"有底气"，是老师们不为社会大众的误读歪曲所动，对于自己的职业有自豪感、认同感——我是职教老师，在职业院校工作，参与培养大专层次的职教学生，要把这些低考分孩子培养成为有一技之长、能立身于各行各业的诚实勤奋的劳动者。

这种底气，有赖于老师们的自觉自信，更有赖于院校支撑这一底气的底气——院校真正要把院校的发展紧紧地对接区域经济社会发展的大需求，要把专业建设真正同步产业发展的新要求，要把学生成长定位于职业发展，要把教师发展瞄准在他们个人的职业追求上。那么，院校所要努力的无疑就更加长期，更加系统，也更加艰巨。这，也其实就是所有职业院校这40年里持续奋斗的方向。而在当前职教发展的新阶段，院校所要研究的，教师自身的发展无疑应该成为最大的用力之处。"有底气"，于是更有根基。

"有发展"，是老师们在院校内部教学能力的稳步提升、职称职务的合理晋升，在院校之外的校企合作、产教融合中专业化的参与、专业技能的提高、双师型的真实淬炼，甚至于在行业内有越来越清晰而强大的话语权。最近刚刚公布的中国第一届职业技能大赛的各专业大赛裁判长，很大一部分就来自职业院校、技师院校、行业企业，跻身其中，无疑是光荣的，也是艰辛的，更是老师们愿意尝试努力的。

那么，院校所要努力的就是铺垫这样一些机会，让自己的老师们在校内的教学中找到自己的位置，在校外的合作中找准自己的目标，给这些老师尤其是愿意投入精力逐步成长为专业内骨干的老师们平等公开的竞争机会和成长机遇，既不是大水漫灌式的广种薄收，也不是精英选拔般的单点滴灌，这会让教师的自主发展、自我规划、自我调控走向健康而持续的方向。"有发展"，也就实打实了。

"有依归"，理解和做到了上述的"有底气""有发展"，"有依归"就很好理解也能顺利收获。对于一个理解自己发展诉求、提供个人发展机会、得到公平发展机遇、共享奋斗努力光荣的学校，老师们又怎会不满意、不满足、不开心、不认同？

即便是一路艰辛创业，筚路蓝缕，这些把自己的事业和一部分生命投入学校的老师们，对自己的学校，哪有不温情以待的？

即便是个人发展间有坎坷、不大顺利、面临阵痛，一个温情以待自己的院校、一群理解呵护的领导、一帮同龄同成长的伙伴，又怎能不让这些老师们恋恋不舍，勉力前行？

价值的认同，精神的依归，这是院校和师生的共同目标。它既是"职教老人"的半生收获，也是"职教新人"的蹒跚起步，其实也是"职教中人"的内心所愿。

如果，老中新三代接续传承，齐心共力，也就能共享发展，水到渠成。

《学知报》"职见"专栏，2020-08-24

职教老师要努力做业界大拿

日前，"第一届全国技能大赛"组委会秘书处公布了一个名单——"第一届全国技能大赛各项目裁判长名单"。

这个名单很有意思，深可玩味。

有意思，是指这个名单披露了86个比赛项目的裁判长信息，包含比赛项目和所在的供职单位。这也是第一届全国技能大赛如此公开透明地披露裁判长这一大赛重量级人员的详细名单，这里面透露着自信、认真、规矩意识。

而深可玩味的，是这86位裁判长的人员构成，让我们再一次直观深切地看到：国内这帮各行各业的顶尖技能高手，才是技能培养的重要评判人，也是技术技能人才培养的参与者，这些才是真正得到行业认同、国家认可的业界大拿。

继续玩味这个名单，就发现更有趣且更有意思也更深刻的一个真相——86名裁判长中，来自企业行业的有35人，来自清华在内本科院校的23人，来自职业院校的16人，来自技师院校的12人。

也就是说，我国第一届技能大赛，拥有技能水平裁判话语权的更多是企业行业高手，其次是本科院校教授群体，其次才是从事技术技能人才培养的职业院校教师，最后才是从事技工技能教育的技师院校教师。

这符合我们对于职业教育的定位和想象——职业教育、技术技能人才培养，是产教融合、校企合作的类型教育，产业需求、企业能力决定了他们对于职业教育的参与度是必然要至少占据半壁江山的。

这也符合我们对于职业教育人才现状的了解和期望——我们的职业院校、技工院校的确已经有了长足的发展和进步，但是就师资能力和学生能力尤其是类型教育的培养目标能力而言，企业还远远地领先于学校，或者直白地说：职业院校、技工院校距离行业最新最高的技术标准、技术能力还有不小的差距。

本科院校的裁判长也比职业院校的裁判长多出7人，几乎高出50%。这也应该让职业院校和职教研究者清醒一些：长期以来，我们对于职业院校"培养技术技能人才"、本科院校"培养学术人才"的划分过于想当然，而"本科院校缺乏动手能力"的人设被证明根本站不住脚，或者至少是部分职教人的自娱自乐。

35∶23∶16∶12，这一组数据，再一次印证了我们的印象和担心。

这是这个名单最有意思也最该深刻玩味的地方。

玩味之后，就有一件正经事必须操心了——职业院校、技工院校的师资，距离行业顶尖的技术技能水平到底有多远？究竟应该怎样把职教老师们真正培养成为行业高手、业界大拿？

当然，也并不是说，这个名单就完全真实地反映了职教师资队伍中的技术技能水准和人员构成，毕竟，这是一个只有86个比赛项目的裁判长名单，并没有涵盖所有的职教专业、行业产业。

而且，高水平技术技能师资建设也是各个院校一直在努力做的事情。那么，唯一要反思和进一步推动的就是：做了，做得怎么样？怎样做到更好，如何做到最好？

"双师型"教师，一直是职业院校师资队伍建设的重中之重。从院校教师中选择能力基础好、意志品质好、发展预期好的年轻教师进入企业、大赛经受锻炼；从大赛获奖学生中选择部分优质学生留校任教，逐步在原有技术技能水平上成长为骨干教师；从合作企业中聘请部分退休大师，或者聘请企业在职技术骨干兼职院校实训教师……这些往往是职业院校"双师型教师"的主要来源和培养路径。

目前看，这些办法有立竿见影的效果，也在一段时间内提升了院校的技术技能师资的数量和质量。

但是，这只是现状，可能还真的不够，不够满足行业企业的需求，不够满足院校发展的需求，不够满足在校学生技能获得并精进的需求。

那么，到底怎么办？

这件事是院校的大事，需要院校认真地进行战略规划、长期构架、即刻行动。而各个院校所处的地域、产业及其基础、目标又各不相同，所以，还真不是外人可以轻易置喙的事情。

我们只能明确并寄希望于这样的一个本质：师资是院校的根本，优秀师资是根植于全体师资中的一部分，技术技能的师资必然来自产业行业企业的实战一线，双师型既可以是一个人，也可以是一个团队，更可以是整整一个院校。

所以，院校也好，地方政府也好，人事财政部门也好，必须从这样一个本质出发，从政策设计、制度规划、财政支持、全员培养结合专门培养的角度，创造一个面向所有教师成长的广阔空间，打造一个针对性强的培优扶强机制，营造一个企业学校间"因需而设、因需流动"的无障碍交流环境，以优质待遇、发展机会、成长机会把真正的技术技能高手更多地汇聚到职业院校中来。

希望以后的类似名单中，有越来越多职业院校老师的身影。那么，我们才可以放心地说：职教老师努力作业界大拿，职业院校的育人才真正能达到行业高水平。

《学知报》"职见"专栏，2020-08-31

职业教育不要为新而新

职业教育的发展正处于日新月异的快车道。新的形势、新的社会经济发展，无疑对职业教育提出了更多更新的要求，需要职业院校及时给予回应，在专业设置调整、技术标准核定、实习实训内容、就业准备工作等方面做出新的适应、新的变化，以达成良好的互动，利于多方面的共赢共生共繁荣。

也就是说，与市场、产业互动紧密的职业教育，"适应新要求""做出新调整""求新""出新"本就是职业教育的重要特征，是职业院校灵活办学、主动办学的工作常态。

而一段时间以来，我们却也觉察到一些"新"字头开始越来越流行，甚至火爆，经常挂在大家嘴边，出现在网络中帖子里。言必称"新"，否则似乎就类同于"落伍""无知""不知时代大趋势、不能与时俱进搞事业"。而当这样的"新"越来越密集地出现，我们就应该多加注意，因为，也许一个新的问题正在逐渐出现，不容忽视。

比如，关于"新经济""新技术"的话题越来越流行。而在大家对于当前"新经济"到底是什么样的样貌、状态，新经济与旧经济的区别、联系、比重如何等问题还没有完全有所掌握，对于全局和自己所在区域的发展情况还没有较完整的摸底掌握、详细谋划的时候，"新技术""新产业"这两个新概念又接踵而至，同样是在大家对于何为新技术、何为新产业还处于囫囵吞枣、瞎子摸象、人云亦云的时候，"新专业""新职教"这两个新概念又已经破空而来了……

职教人真的有点应接不暇了。

那么，自然要问：何为"新专业"？何为"新职教"？

这个问题倒是好回答——"因应于新的社会经济的新需求，就业岗位的新

237

变化，作出新的调整的专业和职业教育，培养适应这一新变化新要求的新的技术技能人才，就是新专业、新职教。"

但是，职业教育一直以来不就是根据产业和社会需求变化作出调整和改变、最积极最实时的教育类型吗？这在专业层面、院校层面、教研层面，始终是职业教育的题中应有之义啊。

难道有一种从来不知改变却发展了百数十年的老职教？

新职教，又到底体现在哪里呢？

回答新的概念问题，好办。

但职业教育不是拿来要回答概念问题的，而是要回答社会问题、经济问题、民生问题的，那核心还是"怎么做"。

职业教育怎么做，始终都是根植于因应社会问题、经济问题、民生问题而主动或被动采取的调整和变化。所以，职业教育的发展也必然并必须回到社会、经济、民生诸多真实的新的问题之中去，而不是回到一些新的概念之中。

一句话，职业教育不能为新而新，而是需做则做。

比如，以最流行的"云物大智"为特征的新经济新产业新技术，已经频繁出现在职教领域，职业院校也在纷纷做出应对调整。毫无疑问，从战略层次上给予这一大趋势以足够多的足够早的重视，极为重要，不可怠慢，更怠慢不得，这也的确是职业教育和职业院校更是职教学生发展的重大机遇。

但是，要提醒的是：就如同吃饭要小口一样，新专业新职教也不要太一拥而上，风起云涌。"新"与"老"本就是一组相对且依存度较高的概念。与职教相关的新产业、新技术、新经济，也大多植根于老产业、老技术、老经济的土壤并迭代更新而来。而当前以及此后一个很长时期里，我们的经济社会生活所需要的仍然是长期存在的基本的产业，这些产业仍然在所有产业中占据基本的大多数。

对于这种"新"，职教有"老"底子，要应对也"老"有经验，关键在于应对时不要慌张匆忙，更不可人云亦云，而是尽量理清一个基本逻辑：在现有经济、产业形态中，已经和将要涉及的经济份额、产业份额到底有多大？院校所在区域的新需求到底有多少？现有专业的技术到底过时不过时？应该怎样升级调整？需要做到什么程度？技术、设备、人员的新与老，到底应该在怎样的范围内合理处理？

　　这样的考虑分析，统筹调整，才可能产生实事求是的产业图景、清晰可行的升级途径，才有高效有效的应对，才是从事教育者尤其是职业教育者该有的样貌。

　　毕竟，应对"新"，职教还是老手。

《学知报》"职见"专栏，2020-09-07

"借壳升格" 要慎行

近期，"突然"出现一个新现象，在几个省快速成型，并有在全国兴起仿效之风的可能，不由得不让人关注。

这个新现象，就是个别需要独立转设的前独立学院，与部分高职院校合并，成立新的单设本科院校。

此举有两个直接"成果"——其一，独立学院按照相关转设要求，脱离原挂名大学转设成为单独本科实体，继续存在，而无在规定时间内不能完成转设而被取消办学资格之虞；其二，长久以来被压在专科层次办学而心有不甘、实力亦有不甘的高职院校，借独立学院本身已有的本科名头，在合并之后顺利接手本科头衔，晋升为本科院校，从而一解久久不得升格之忧。

而对于主管部门而言，这一合并升格之路，既不违背有关部门和政策的既定要求，本地的本科院校又不会减少，高职院校久已有之而短时间无法突破的瓶颈问题顺利迎刃而解，管理压力、治理结构都出现和缓趋势、创新势头，于是，乐见其成。

对于在校师生和潜在的报考考生及家长而言，稳定地保有一所本科院校作为选择，稳妥地由专科学校升格为本科院校甚至个人也会有升本、升职、升薪的潜在可能，于是，也欢欣鼓舞。

如此看来，这是一个多方受益的好事，也就不难理解为什么短时间之内，已有数省得到试水成果，更有多省的很多院校突然发力寻找、试探、对接、洽谈合校的可能性。

其中，自然有得风气之先、捷足先登者，已经坐实了这种独立学院与高职院校合并从而实现转设、实现升本的"一举两得"（实际可以说是"一举数得"）的模式。而有一些后知后觉的院校尤其是高职院校没有下出先手，于是

240

又陷入忧心忡忡、患得患失的状态。

其实，正如上述所言，这种合并的确给予独立学院、高职院校很好的发展机会，可以解决各自发展中的一大核心问题，从而为下一步的务实发展铺平道路。尤其是对于一些专业实力很强的公办高职院校而言，合并一举解决了多年的困厄，为其下一步快速发展提供极好机遇。对于民办性质的独立学院而言，接续发展的可能自然更有吸引力。

所以，独立学院与高职院校的合并，的确是一个解决当前问题的好思路、好办法、好方向。

但是，但是，但是。

好思路、好办法、好方向，并不直接决定这事做起来就天然地自然而然地会是一件好事情。

自由选择、自主配对的互利互惠，有时候，如果出发点只是因为别无选择、被逼无奈，只是为了解决或者回避问题的权宜之计、便利之议，或者就是一个彻彻底底的"借壳升格"，那么，此事就有可能滑向一种隐忧——双方真的合适吗？双方真的能够在办学传统、发展方向、人员结构上实现互补互助互动互利吗？会不会只是又一次的"临时婚姻"，到头来又折腾得不可开交？

所以，借壳升格，还得慎重思考，慎重实行。

其实，合并也好，借壳也罢，的确是属于双方学校的"私事"。但是教育无私事，学校发展、师生发展更不是仅仅限于当前学校领导层、部门管理者的设计之中，学校、师生的长远发展，必须有审慎、严谨、实事求是的态度和踏实稳妥的步骤。

同时，职业教育的确需要本科，而职教本科的试点也已经开始，部分双高院校试行本科专业也已经提上了各省各校的日程。毫不夸张地说，近期职教大发展包括职教本科试点有序铺开，正在为我们艰苦追求的"现代职教体系"加固基础，构建框架，预制栋梁……

职教本科的工作已经稳步进行、展翅欲飞了，此时，"突然"出现的独立学院与高职院校合并形成升本、保本的涌流，会不会成为一次方向不明的"扰流"？会不会在开启捷径的同时，为职教的整体发展、职教本科的整体布局埋下隐患？

　　毫无疑问，所有的教育改革是要有利于学校发展、师生发展、社会发展，要有利于建设和发展"现代职教体系"。这个发展肯定是着眼于长期的、可持续的、健康的、不忘初心的，肯定不应该是权宜之计、凑合之举。

　　所以，"借壳升格"，还是要慎行。

　　　　　　　　　　　　《学知报》"职见"专栏，2020-09-14

职教集团要避免纸面化、会议化运行

日前，教育部公示了"第一批拟入围示范性职业教育集团培育单位名单"，全国范围内150个职教集团在列。

设置"示范性职教集团"，对于职教界来说，无疑是一大推动，也是重要提示：职教集团的确是职业教育界打破部门、院校、地域藩篱，落实产教融合、校企合作，吸纳社会资源，培育职教根基，活化专业行业衔接，提升院校育人的极重要极根本的职业教育发展模式，更是中央国务院早已明确的职教发展方向。

其实，职教集团对于职教界尤其是职业院校的益处，大家是了然于心的。这也是全国各地的院校都积极主动地或倡导成立，或参与设计，或牵线搭桥的原因，截至2018年，就迅速在国内形成了1400家左右的职教集团，其数量与国内高职院校的数量不相上下，近两年来，应该还有所增长。

仅此一点，就足以证明职业院校对于职教集团功能定位的高度认知和认可，更毋庸置疑职业院校对于职教集团的真心热情。

但是，同样毋庸置疑的是：认知认可和真心热情并不代表效果就一定让人满意；而遍及国内各行各业、细化到产业和地方企业的职教集团，也并不代表集团本身就运行高效，达成初心。

有时候却恰恰相反：我们可能见识过不少热热闹闹甚至轰轰烈烈的"职教集团成立大会"，也可能从不同渠道看到过气势不凡、画面美好的关于某某职教集团的报道。但是，耳闻目睹，却又有不少职教集团在成立大会之后，报道刊发之后，集团各方又往往渐渐地归于平静、平淡甚至于默然无声，而最终在悄无声息中被淡忘，被"取关"，甚至被退群。

久而久之，部分职教集团形成了"纸面化""会议化"运行的现象。因为实质性的政策措施不能突破到位，之前众望所归的集团化办学不能有效高效展开，一些职教集团最热闹的存在感居然也就是每年一次或者几次的"集团成员大会"和相关的书面报告、纸面报道。

职教集团这种"虚火"的现象，在各地的确或多或少、或明或暗地存在。

这说明两点：其一，职教集团的确有吸引力，吸引着院校、企业、行业，甚至地方主管部门和当地政府积极参与和促成构建各类职教集团；其二，职教集团这种跨界合作的实质化运行，很难。现实中的种种条条框框的限制，包括资产移动、合作形式、合作频次、跨度大小都没有先例可循，甚至可能与现行的政策相抵触，从而迅速地把职教集团从成立之初的热情满怀冷却降级到不知所措，不知所终。

这次，教育部公示"第一批示范性职教集团培育单位"，单从名称来看，就能看出一些信息——

"示范性"，意指这是现有职教集团中的佼佼者，可资广大院校和企业成员借鉴学习；

"培育单位"，表明这些示范性职教集团还不是一锤定音、一劳永逸地敲定了自己的"示范性"身份，行不行、能不能代表职教集团的可示范性，还有待培育，有待提高，也有待最后的判定和动态管理调整；

150个培育单位，应该恰好是全国现有职教集团总数的十分之一，这说明教育部对于职教集团正规化、功能化、示范性建设的认真和全局观，也说明我们绝大多数的职教集团还有着不少的硬功、实功需要锤炼。

此外，职教集团一般有两类牵头倡办主体，其一是职业院校，其二是实体企业。这次150个培育单位中，实体企业牵头倡办或参与的，从职教集团的字面名称看，仅仅有联想（北京）有限公司牵头的"联想职教集团"和上汽通用五菱汽车股份有限公司参与牵头的"广西汽车产业职教集团"这两家，企业参与度之低，难免不让人不担心职教集团的多元化色彩会不会限于另一场"自办自演自导"。

职教集团，毫无疑问能活化职业教育的办学局面和育人实效，更能增强校企产教之间的紧密连接的韧劲和强度。但是，同样毫无疑问，职教集团本身的构成和运行机制也一定要活化，要走出"纸面化""会议化"的陷阱。

怎么避免这种尴尬呢？

难不难？难在哪儿？怎么突破？怎么普及？其实都在大家多年的实践探索中。

且留些时间，看看示范性职教集团的实践吧。

这正是它们出场的意义所在。

《学知报》"职见"专栏，2020-09-21

"非遗"专业，职业院校新的增长点

职业院校的专业设置是关系院校发展的重头戏。

一般而言，各中职学校、高职院校的专业设置多是沿袭多年的办学传统和积累，把所办专业与当地产业、合作企业、周边发展、学生就业紧密打包在一起的。这也是职业教育最根本的特征和发展的立足点——专业，就是锤炼学生的职业能力养成，服务产业发展的人力资源需求，明确院校的办学方向并提升持续发展内涵的根本所在。

外界也把专业作为衡量职业院校办学实力、育人能力的重要指标。无论是考生和家长对学校的选择，还是企业选择合作院校，专业设置、专业能力、专业师资、专业设施、专业积累，都是重要的考察项。而单位招聘时，对于学生的专业成绩、专业能力、专业与岗位匹配度等的考察都是检验专业实力的硬指标。

所以，专业的重要性，在职教界是举足轻重的，对于院校发展更是至关重要。

就目前而言，职业院校的所有专业都是与产业、企业、市场需求紧密关联的，也是经由一定时间淘洗打磨出来的。

同时，近期又有一些声音呼吁关注"新经济""新产业"，发展"新专业"，这也是职业院校重视专业设置与发展的实际情况。虽然这里的"新专业"大多指向"大数据、物联网、智能制造"等新兴产业，本身也在进一步淘洗汰选的未定型的过程之中，但仍然是职业教育专业设置的题中应有之义——紧跟市场需求，紧跟产业发展。

其实，如果细细看一看，这两类或传统或时新的专业，都是与西方工业革命以来所出现的产业形态、大规模产业生产、近现代消费模式相对应的。

也就是说，我们目前众多的职业教育专业，无论是面向一产还是二产、三产，专业服务和训练方向都是与肇始于西方工业革命的产业发展直接相关、紧密相连的。

而有一类专业，比这类起源于工业化大生产的专业及对应产业的历史更久远、也更本土化，而且目前在各地广受当地、国际、市场追捧，也在一些职业院校得到师生的喜爱，并有来自相关企业的高度支持。

这类专业，就是非遗专业。

非遗专业，就是传承诸多非物质文化遗产技艺的专业。

我国是联合国教科文组织确认世界上拥有非物质文化遗产项目最多的国家，这与中国上下五千年的文明史紧紧相连，是中华文明乃至人类文明的宝贵财富和历史积累。

这些非物质文化遗产项目及其技艺，非常有中国元素，非常有历史，非常接地气。它们经历了漫长时间的打磨、选择、淬炼，更经由数代人甚至数十代人的摸索、完善、精益求精。

每一个非遗项目及每一件非遗产品，往往以其精妙的手工之美、匪夷所思的构造之精、巧夺天工的技艺，让我们目眩神迷、为之倾倒、为之叹服。

而这种叹服、着迷、喜爱、狂热，不只是来自我们中国人自己，这世界上一切爱美之人都会被它们深深打动。

中国陶瓷烧制、青铜器铸造、中国古典建筑构造、中国丝织品及刺绣、中国书法绘画、中国金银器打制、佛教造像及器物造型、中国传统戏剧唱腔及扮相、中国八大菜系及地方菜肴、岭南牙雕"鬼工球"、核雕橄榄雕刻、中国古砚台制作、宣纸捞制、徽墨制作、毛笔制作、传统漆器髹制、景泰蓝、兔儿爷、面人儿泥人儿……

且不说各地方的细分目录，单是国家级非物质文化遗产代表性项目名录就足以让人眼花缭乱、目不暇接了。

这是中国五千年文明和我们的祖祖辈辈给当地中国人留下的最为宝贵的精神和物质财富。就此而言，中国人的富有，是跨越时间和历史的，也是跨越海洋大陆和人类种族的。

你看看，但凡老外来到中国，看京剧听大鼓、吃美食逛古城、迷武术痴古装；但凡是中国文化代表团出现在世界各地，戏剧演出、舞龙舞狮、山歌民曲、相声口技，又都会让不懂汉语中文的老外们里三圈外三圈地围观追捧。

这无疑说出了中国非物质文化遗产项目无与伦比的魅力和国际性的吸引力，乃至于市场潜力。

那么，在各地部分院校已经兴起的举办非遗专业的基础上，我们是不是可以再进一步想：如何让中国各地职业院校深挖各地不同种类不同细目的非遗传承项目，设置非遗专业，开设非遗课程，培育青年一代非遗技艺人才？

而且，职业院校具备其他本科院校所没有的劳动优势、技能培育优势、非遗传承优势。虽然非遗专业大多很苦很累，有的工作环境在现代人的观念中还有些脏乱差，但这正是我们职业院校可以突破创新的所在。我们完全有能力像日本做刀剑、瑞士做钟表、德国做厨具、荷兰做木鞋那样，在传统的基础上开拓新的时代设计，完善创新出新的技法，美化优化当代的工坊作业条件。这正是我们这一代职教人可以为中国传统非遗项目添砖加瓦、发扬光大的时候，也是我们新一代职教人可以施展拳脚的机会和平台。

各地政府需要拿得出手的地方文化名片，世界各地欢迎地道而又与时俱进的中国产品，中国院校可以在缘起于西方工业文明基础上的产业领域之外开发独具中国文明特色的专业，学生个人也能同时获得创业和就业的专业能力。因此，从地方到院校，从地方企业到外联机构，一起合作发展非遗专业，无疑可以开创出中国职业教育独具风采的一片宏大领域。

的确，非遗专业，可以成为职业院校持续发展的新增长点。

《学知报》"知见"专栏，2020-09-28

不要让"1+X"证书沦为生财工具

日前，第四批290家教育培训评价组织的379个职业技能等级证书被公示。迄今为止，共有约369家机构的471个项目的职业技能等级证书已开始面向社会颁发。

越来越多的社会教育培训评价组织开始申报参与1+X职业技能等级证书的专业设计、组织培训、能力考评，成为近一段时间以来职教界内外最为关心、最为关注、也难免有所议论的重大事情。

最为关心很好理解，因为能拿到越高等级的职业技能证书，意味着毕业生能够有机会进入更具行业优势地位的企业，获得更为有利的职业岗位、更好的薪金待遇、更具前途的职业发展。所以，1+X证书自一开始推出，即引发院校和师生的关心。

最为关注也好理解，正是因为这个证书将直接关系到毕业生的就业和企业的选才，这一有着教育部背景的证书的含金量毋庸置疑，不仅仅院校积极参与相关专业项目的设计设定，相关的第三方教育培训评价组织的热情也被高度点燃，逐批次迅猛增加的申报企业和社会评价机构，已经充分说明了这一点。

有以上两点，"难免有所议论"也就顺理成章地成立了。

谁议论呢？议论什么呢？

到目前为止，业内的议论更多来自职业院校。因为目前的1+X职业技能等级证书，设计时即已经明确由"社会第三方机构"来组织实施，职业院校并不是相关专业技能等级的考评者，更不是证书的签章发放者，只有部分学校是相关证书的参与设计单位。

也就是说，绝大多数学校在新建立的这套1+X职业技能等级证书体系中，只是被培训方、被评价方，不具有话语权。

但是细细想一想，全国这么多所职业院校，无论是否是高职的双高校、示范校、骨干校，是否是中职的重点校、示范校，其都在各自的专业领域和当地积累耕耘多年。即便不是一流二流的职业院校，也比近几年才进入到教育培训领域的公司和机构组织更多地沉浸在职业教育的这片深海之中。而如今，院校只是被动的参与方和被培训、被评价方，相当于各校的教育教学和人才培养工作在各级专管部门之外，又多了一个具有重要话事权的"婆婆"，院校的内心和态度会是什么样？院校的关注点会在哪里？院校的议论会有哪些？这也就是各级各类主管部门和实施证书发放的第三方教育培训评价组织应该深切体会和认真分析考察的。

其实，最初一两批的证书实施机构开展培训之时，就有一些院校反映：已经多次接到部分培训评价机构发来的参与证书培训班的报名表，针对职业院校教师的相关培训，被细化为培训师、考评师培训，培训费加上材料费、教材、食宿费，多的近万，少的几千，如果加上交通费用，每个院校的一位受训教师也得有万元左右开销。考虑到培训考评面向所有的高职中职学校，即便每个开设相关专业的学校只来一位教师受训，这个总量也是惊人的。而实际的培训效果，又因为不同的院校、不同教师的水平而有明显的差别。所以，曾经有部分院校表露出对这类培训评价组织所组织的培训的议论：收费类别太细，费用较高，效果有待实战考验……

这样的议论应该只是反映了当时的个别情况，也相信所有进入证书体系的第三方教育培训评价组织会异常重视和珍惜与院校的这一次深入合作，也必然要在证书颁发过程中实现深度交流、深度合作、深度互动，初期的一些情况会迅速得到各方重视和扭转。

一个巨大的教育培训评价市场，如同大海，容得下、载得了企业、政府部门、院校、师生的多重利益关注的小小航船。

所以，相互理解，通力合作，别把刚刚新生的证书沦为个别企业的生财工具，是这个具有良好意愿、积极初心的证书制度得到广泛认可认同、赢得未来持久良好健康发展的根本保证。

共赢互利，必然是长期可持续发展的方向，也是所有参与该证书体系的企业、社会教育培训评价机构、院校、师生的最大公约数。

《学知报》"职见"专栏，2020-11-02

陈嘉庚举办职业教育的眼界与眼光

　　1918年，陈嘉庚先生创办集美学校，设师范部。1920年，他在师范部之外，再设立商科、水产科，正式开始了自己举办职业教育的事业。

　　中国近现代教育史，有一个非常有趣的现象，各地举办的新式学校，往往第一步都会有师范科、师范部，其后又往往开设各类实用的科部。这符合中国人典型的"崇师重教""学以致用"的传统。所以，师范、实用科目，往往成为近现代中国教育开创期共有的特征。

　　陈嘉庚先生对于商科、水产科等实用科目的重视，或者说他对于职业教育事业的发展，具有他独特又深远的用意，也因此显露出他的不同寻常的眼光。

　　这种眼界和眼光，从现在的视角看，可以归纳为三，即"教育眼光""国家眼光""国际眼光"。

　　"教育眼光"，即将自己开创的职业教育事业深深地也直接地与教育发展的本质特征和本质构成紧紧衔接。

　　陈嘉庚认为，集美学校"虽以实施商业教育为职责，但非置公民教育于不顾。狭义的职业教育，恒致养成偏颇浅陋之恶习，故本校于职业训练之外，复注意公民的训练"。从事职业教育，但是不以职业教育为唯一努力方向，却是从学生的成人、成才这个终极目标着眼，并相信这样的教育才能够培育良才。这就是陈嘉庚先生与众不同的眼光。所以，他才一再强调，学校教育"不但教其识字而已，其他如知识、思想、能力、品格、实验、体育、园艺、音乐以及其他课外活动，均须注重，与正课相辅并行"。

　　从1927年3月开始，高级商业学校在公民、国文、英文、算术、商业通论、代数、货币及银行、珠算、零售学、进货学、应用文、商业应用文、商用英语及文件、经济学原理、银行簿记、英文簿记、会计学原理、统计、法制、打字、保险、中国国外贸易及汇兑、广告、商算、工商金融之外，还开设世界史、世界地理、自然科学、图画、体育、音乐等35门功课。1933年春季，又要求学生须修满所定课程且德智体三育考核合格者，方得毕业。学校陈村牧校董更提出："过去读书人多鄙视劳动，这是绝大错误。近一二十年来，乃提倡体育，鼓励运动，最后又提倡劳动服务，推行生产教育，就是要纠正从前错误的观念。"1939年，学校明确指出："我们要在劳动生活中，认识到劳动与人类社会关系的意义，培养平等观念。"

这不正是如今所倡导的"全面发展的教育"和"劳动教育"吗？一百年前的陈嘉庚先生以及他所创办的学校就已经率先打出了这面旗帜，这该是何等的教育眼光！

"国家眼光"，即是陈嘉庚先生创办教育即着眼于探索培育民族国家成熟进步的力量。1919年9月12日，集美学校举行"秋季始业式"，陈嘉庚在始学式上发表训词。他对学生们提出三点希望，首要一点就是："对于国家，当尽国民之责任，凡分所应尽者，务必有以报国家。"

爱国报国，几乎就是陈嘉庚那个时代的所有办学者的最高追求。职业教育更以培育传授给底层劳动者以谋生技能、自立能力为己任，实际即是尽力为国家培育每一个个体成为有知识、有能力、有技艺、能谋生、能自足、能尽责的社会一分子。而当社会中这一个个的个体成熟成长为能够自立的人，整个的国家也就有了进步发展的希望和实力。这，正是陈嘉庚先生所企望于教育和职业教育的大希望。这也是他举办职业教育的"国家眼光"。

"国际眼光"，即陈嘉庚先生在自己的商业生涯、教育生涯、侨务生涯中，自然而然又主动地将国际大势容纳入他自己举办职业教育的实务判定中，做出积极的预案和事先的调整运筹。

世界史、世界地理早就进入到集美学校商科学生的必修科目之中；在1920年代初期，集美学校就开辟了具有大型足球场和四百米跑道的大操场，场内的草坪是陈嘉庚特地从新加坡寄来的草籽培植的；为了让学生进行游泳实习和开展游泳活动，1922年10月，集美学校耗巨资建造游泳池，篮球、排球和足球等运动也排入课表，连同早操，一律视为正课。这种教育设施和教学安排，

253

与当时国际潮流和主流直接接轨，毫无疑问是国际级的教学理念。

同时，陈嘉庚先生在集美学校开办商科，就是着眼于南洋华侨的急需和南洋商业发展和当地发展的大趋势："今日南洋灿烂之文明，胥为吾华人三百年来汗血之结晶。闽粤两省人民之衣食，直接间接，几近仰给于海外之侨商！顾以国势不竞，终无保护，既一再受殖民政府无理之虐待，复频遭土人排外之仇恨，建开辟之伟功，曾不能受锱铢之酬报？而自日本建立南进政策以来，强敌崛起，今后侨商，苟不急起直追，充实学识，则优胜劣败，难逃天演公例；此本校注意南洋商业，力谋发展者二也。"

这种居安思危、着眼南洋、关注东洋、环顾世界的眼光，让集美学校的发展始终紧紧抓住国际大趋势和世界的新潮流。所以，它所培养的职业人才，在毕业后就能够返回各自所在国和侨居地工作，以至于集美学校的校友遍布新加坡、马来西亚、菲律宾、印尼、缅甸、巴西、美国等国家，从事商业、实业、金融和文化教育事业，为侨居地的繁荣与发展做出了贡献，更把陈嘉庚先生举办职业教育的国际眼光转化为国际实力。

教育眼光、国家眼光、国际眼光，对于现在的中国职业教育的发展，毫不过时，甚而至于正当其时：发展了百余年的中国现代职业教育，如今也正积极地走在国际交往交流互助互利的前沿，正走在支持支撑国家发展、社会发展、经济发展、国民发展的前沿，更走在全面育人、全面发展的教育前沿。

百年之后，再回顾陈嘉庚先生的教育成就，体会他开启先声的职业教育情怀，品味他穿透表相直趋本质的眼光，我们仍能够为我们的教育事业、支教事业找到启示，获得动力，赢得机遇。

深深地体会它，深切地思考它，深度地契合它，这便是陈嘉庚先生为代表的那一代教育家，给予我们的最为宝贵的财富。

《学知报》"职见"专栏，2020-10-19

废除学历教育中"职业教育"概念?

近日，听闻一则新闻，有国内某专家倡言："'职业教育'这一概念是西方'舶来品'，引进后又未与我国实际很好结合，存在培养与需求脱节、'水土不服'的情况。我国职业教育改革发展可以说是一路坎坷，成效并不显著。因此，建议国家研究废除学历教育中'职业教育'概念，予以重新定位。"

关注职业教育的发展，了解职业教育的困境，要为职业教育的发展建言献策。此情可佩，此心可赞。

于是，为了解决职业教育受到社会歧视的问题，为了解决职业教育发展遭遇的诸多困难，那么，就把职业教育概念废除了吧！没有了"职业教育"这个概念，没有了"职业教育"这个类型的教育，那些让人添堵的麻烦，那些歧视，那些困难，也就烟消云散了。多好啊！

在一片哑然的惊诧中，专家没有听到泼水时被一同倒掉的婴儿的哭声和无奈吗？

为什么"职业教育"就一定是西方舶来品？我们说中国现代职业教育受到西方国家影响而确立而发展，但从来没有说过中国历史上就没有过"职业教育"。

什么叫作"引进后又未与我国实际很好结合，存在培养与需求脱节、'水土不服'的情况"？是否引进后就该很好结合，就一定会与需求密切吻合，宛若原生自发一般？

凭什么说我国职业教育改革发展"一路坎坷"，就是"成效并不显著"？因此，就必须建议国家"废除学历教育中'职业教育'概念"？逻辑在哪里？事实在哪里？中国职业教育几十年的发展和努力，我国先于世界各国建立起来的相对成熟但必须完善的现代职教体系对于中国教育、中国经济、中国社会的大力支持和巨大贡献，又体现在哪里？

在专家这一段苍白又毫无逻辑的文字中，中国职业教育、中国职业教育人的努力，就这样轻轻巧巧地被"洗白"，被无视了。

接着，专家继续建言："废除职业高中（中职）这一称谓，统一称高中教育"，"废除'高等职业院校'这一分类，将高等职业教育统一纳入普通高等教育范畴，按研究型、研究和应用兼顾型、应用型三个类型，重新划分和定位现有大学类型"。在专家看来，废除"职业教育"概念，要彻底。职业高中要废除，高等职业院校要废除，要拿一把好尺子、好画笔，把"研究型、研究和应用兼顾型、应用型三个类型"的高校分界线画清楚，描清晰，一旦画线泾渭分明了，自然就名正言顺、各安其位、各得其所、顺理成章了。多好的蓝图啊，清清爽爽、干干净净、眉清目秀、前程似锦。

教育是这样划分出来的吗？基础教育、高等教育、职业教育、各类学校只要做好分类定义、界限概念，便会一马平川、水银泻地般一往无前发展了吗？

而至于"对应用型大学学科及课程设置进行改革。应用型大学培养方向应定位为培养高素质技能型人才，为培养'大国工匠'打好专业基础"的说法，不禁再次让人哑然失笑——学科和课程改革？培养定位为高素质技能型人才？为大国工匠打好专业基础？专家以为四十年的中国职业教育和职业院校在做什么？

专家又提议：规范干部职工在职培训称谓为"职业培训教育"，以逐步消除人们对"职业教育"概念的负面看法。主动将干部职工的"在职培训"正规化为"职业培训教育"，以达到为"职业教育"正名的目的，用心很深。但是，"职业教育"的概念都已经被废除了，"职业培训教育"又为谁去正名呢？

职业教育的困难很明显地摆在那里：社会大众的误解、歧视，长期投入的不足，就业入职的分等对待，公务员门槛的高企，产教融合的不充分，校企合作的不协调，区域间发展的不平衡，企业要求与院校能力的不对等，职业教育界内界外的非教育因素的干扰，发展职业教育的长期决心底气魄力有待提升，都是限制和延迟了中国职业教育发展的重大因素。

正视这些因素，解决这些问题，破除这些壁垒，才是中国职业教育迎难而上、打破僵局的方向。而职教本科试点、双高院校遴选、技师学院改革、普职比的坚持，都在彰显中国职教人的努力。

　　而那把头埋进沙堆的鸵鸟心态，回避问题的畏难含混，才是时下职业教育最不需要其实也最无市场的姿态。

　　　　　　　　　　　　《学知报》"职见"专栏，2020-10-26

多头利好中，高职要有危机感

近几年来，职业教育尤其是高等职业教育的发展势头很好。各省生均拨款渐次达标，双高建设逐步落实，本科试点已经推动，民办高职升本也有先例，与独立学院合并升本也已听见足音……

应该说，最近几年的时间里，曾经困扰高职院校至深的几大问题：办学经费、质量认定、规格定位、升本诉求……都开始有了眉目，有的还非常明确地得到上上下下的大力支持。进一步深化改革，以推动提升全国1400余所高职院校发展的重大的全国性政策，也正在有条不紊地逐次铺展开来。

这是高职院校的多头利好，是职教界尤其是高职院校期盼已久的政策红利和政策松动。在这样的多头利好中，我们也已经看见高职院校的的确确展示出了一股斗志、一种气氛：要借势而上，把中国职业教育的高等教育阶段办好，要证明中国高等职业教育作为类型教育的特色和优势；要为高职院校正名：高职院校的办学有特色也有优势，育人有特点也有前途。这无疑是多年来压在高职院校人心中的一种情绪得以释放所带来的新气象。这种新气象，给院校带来欣欣向荣的发展新格局，给院校中人带来喜气洋洋的新气质，给院校面貌带来一日千里的新感觉。

这种新气象，是珍贵的。支撑这种新气象的内因外因是宝贵而需要持续地维护支撑的。

同时，在这样的新气象、新格局、新气质、新感觉中，有必要给诸多职业院校尤其是高职院校提一个醒：越是这样的多头利好中，高职院校越要清醒，要意识到这种新气象新格局新气质新感觉的背后，是一种新形势：从党中央国务院到各省各市各区域对于职业教育尤其是高职教育的殷殷期盼——高质量高效率地为国家社会经济发展培养提供越来越充分的人才。这是当前国际政治经济环境下的具体而实在的大背景。这是高职院校必须也必将越来越明显要承担的重大使命。

同时，还有一个新形势，或者说将会更为直接地影响高职院校发展的新趋势——用一个形象的比方就是：高职院校的发展其实面临一个"前有追兵、后有堵截"的尴尬态势。

"前有追兵"，是指全国各地的地方本科院校。这些本科院校早在2014年时就曾经面临"转向应用型"的压力。当时的设计是全国600余所地方本科院校改变之前同质化程度很高的"学科化办学""学术化办学"，转向培养应用型本科人才，院校转为应用型本科院校。曾经，这一压力让一部分地方本科高校积极改革试探转型之路，当然，一部分院校却没有作出实质性的改变。但是，社会人才需求、经济产业形势带来的对新型应用型人才的需求，已经越来越明显地对这些地方本科院校产生新要求新压力，或者说是压力正从外部转向内部，成为这些地方本科院校转型发展的内生动力。毕竟，我国急需大量高质量的面向产业、行业、企业的应用型本科人才，所以，转向应用型，培养高端技术技能人才，这将是所有地方本科院校越来越清醒也越来越主动的选项。如果说之前的转型还是更多停留在"上层呼吁——院校表态"层面，那么现在就更多的是"上层要求——院校主动——积极落实"层面了。可以想见，这必然地要挤压高职院校之前赖以成家成名的社会资源、产业资源、教育资源、人力资源。而本科院校的"本"字，就把这追兵摆放在"前"了。其学历优势和可能的动员力，无疑会在学历层次上对所有高职院校产生普遍压力。

"后有堵截"，是指国内各省各市各县普遍存在的技工学校、技师学院。从学历层次来讲，这些隶属于人社系统的学校，没有学历的背书，不是教育部主管的高中学校、大专学校。但是，一直以来，技工学校和技师学院因为其与具有同样隶属关系的企业的距离近、合作多、接口紧，技工院校仍然是我国技能技术人才培养的重镇，而以技工院校师生为主体的中国参赛队员在多次的大型国际技能赛事中赢得佳绩，技工院校在迅速地建立自己在相关领域的自信心和被信任度、被信赖感。而这种发展，将从技能技术层面对高职院校形成实在感很强的挤压。

所以，在真实的多头利好的形势下，在渐趋真实的"前有追兵、后有堵截"的趋势下，高职院校必须要有实实在在的危机感——利好是基于国家需要，是基于人才成长的诉求，而不是天然地就属于某一类某几个院校的；而只有在多头利好中，不被利好形势冲昏头脑，不被经费、升本牵扯耗散了办学的底气和精力，坚持高职院校办学初衷始终不渝，从产业、行业、企业、区域发展的真实需求，从学校发展的真实短板着手，做好教育改革、教学改进，做到育人育才的真实进步，高职院校才能够真正立于不败之地。

从来没有天生的教育家，也从没有一成不变的教育结构布局。有为才有位，这是发展的真理，也是喜气洋洋时的警示。希望我们的高职院校在新形势下，保持危机意识，保持改革进步的心态，保持冲锋不断的勇气，在持续的发展中，在质量的提升中，在办学和服务社会经济发展、国家需要的过程中，真正为高职院校正名，真正证明中国高等职业教育无可替代的价值。

《学知报》"职见"专栏，2020-11-09

把职教周主会场转起来、亮出来

一年一届的职教活动周拉开了帷幕。

虽然经历了疫情，全国职教人仍然心情激动地汇聚山东潍坊——今年职教活动周的主会场。

虽然因为疫情，来到现场的代表们并不多，但是今年这第六届全国职教周启动仪式的主会场仍然喜气洋洋，生机勃勃，活力四射，就如同这几年来的职教圈、职业院校、职教人一样，冲着希望、冲着理想、冲着事业一路激扬，一路奔忙。

这是一群有着梦想追求的人，这是一项有着使命感历史感的事业。

这群人今年来到山东潍坊，也开启了一个新的事业起点。

之前的5年，连续5届的全国职教周活动启动仪式主会场都设置在天津海河职教园区内。作为职教改革发展的重镇，天津为中国职业教育和历次职教周活动付出了积极主动而具有开拓性的贡献。

今年，主会场转设到另一个职教大省山东，放在了重视职业教育发展的潍坊市，不得不说，这是教育部、山东省的一次积极主动的改革尝试——把职教周主会场从固定于一地，转而设于另一地，而且是另一个省的一个地级市，而非设定到省会城市。

这要为教育部和山东省点赞！

之前5届职教周活动周主会场都设置在天津，是源于当时的历史条件和职教发展状态——天津是直辖市，靠近北京，地位重要；天津职业教育改革发展形成了明显的区域优势和院校阵型，对于全国各地职业教育改革发展都有着重要的借鉴价值和意义。同时，天津当地党委政府和教育主管部门以及院校，对于承办全国职教周主会场活动也态度积极，投入巨大。所以，之前5届的主会场都设在天津，并取得了明显成功。天津对于职教周活动和我国职教发展，无疑做出了积极贡献。

如今，主会场转设到山东省潍坊市，更透露出许多积极而又喜人的信息和信号。

从天津到山东，从直辖市到地级市，其中地点的变化，看得出中国职教界的变化。

首先，中国发展得越来越好。原来的承办方是直辖市、传统重要工业基地，现在的承办方是地级市、区域城市、非著名产业城市。中国一个省的一个普通地级市，已经具有承办全国职教周活动的物质能力

其次，中国职业教育发展得更好了，职教布局发展更普遍更合理更均衡了。地级市承办全国职教活动周主会场，这说明在山东，当然也代表了全国绝大多数省份，职业教育的发展已经从资源集中于省会城市转向均衡布局于省内中等城市。一个地级市也具备了立足区域，与区域外职教同仁交流发展经验，探索改革思路的底气和资本。这是改革开放以来的职业教育从初期的资源富集地集中式发展向近期资源区域性均衡布局发展的一个重要证明。

再次，中国职教人的心态越来越开放，自信心越来越足。以往借助天津的产业能力、社会资源、教育资源、职教实力，全国职教活动周的系列主会场活动、大赛、展示、会演，是非常高端也非常集中资源能力的活动。为了确保活动的顺利开展，稳妥安全一直是重要诉求。而这一次，从直辖市到地级市的主会场转设，说明上至教育部，下至山东省和潍坊市的相关责任部门，已经对各自的资源条件、能力禀赋了然于胸，着眼于全国职教周主会场系列活动的顺利充分开展，各个责任方、相关实施方都能够也愿意更自信能接受新尝试，给地级市一个新机会。这其实也是给更多区域、更多城市、更多职教人充分展示自己的机会。这后面，就是自信，中国职教的自信。

最后，把职教周主会场更进一步在全国各省份（区、市）之间流动起来，转起来，并且更直接地走进城市，走近百姓生活，充分展示职教人、职教师生的能力风采，把职教招牌擦亮，把职教品牌亮出来。这就更值得期待了。

怎么转起来，怎么亮出来呢？

转起来，其实已经在从天津到山东潍坊的主会场转接中得到了体现。之

前连续在天津市举办5届，的确有当时的条件和用意在，而如今，从天津走向山东，实现了从固定举办地到流动举办地的有益尝试。这之后，从山东而河北而四川而江西而湖北而东北而西北而东南，都是可行的选项。这样流动地选定活动周主会场的举办地，就可以把全国职教周活动这个招牌挂到全国各地去，直接到当地去展示中国职教界的成就，直接为职业教育造势，直接推动当地的职教事业的发展。而一旦每年流转一次，每年到一个不同的省份去举办职教活动周的主会场系列活动，就必然在当地的各级政府和政府部门中激发良好的印象，得到积极的呼应，也带动真实的政策和资源扶持。这种流动举办主会场活动的方式，肯定比固定于一地举办有着明显的宣传优势、推广优势、价值优势。

亮出来，则比不得"转起来"那么具有宏大气魄、战略高度，而是有更多细节的操作和落实。怎么亮起来呢？那就是要把职教周主会场活动尤其是最重要的开闭幕式、技能展示、现场交流互动等吸引公众关注的活动放在城市的核心地区、城市中心地域、城市人群最容易到达且人流最大的区域，比如，城市博物馆、城市体育馆、城市核心公园。换言之，就是要把职业教育的成绩、成就、能力、实力，放在城市人群最多最容易接触到的地方，让大家轻轻松松就能方便看到，也更加顺理成章地可以接近职教的成就和光荣，让人民心里眼里的职教形象都亮堂起来。

也就是说，我们期待以后的活动周主会场不要偏远偏僻，就在城市大气亮堂的高端场所举办，让更多的人看见、了解、理解，也就更能照亮职业教育，也让我们更多的人看见职教时，眼前一亮！

《学知报》"职见"专栏，2020-11-16

要抑制住职教排名"榜单冲动"

近年来，各种各样的针对高职院校、中职学校的各类型排行榜，层出不穷。

其中，既有国家教育行政部门委托院校联盟和研究机构从引导工作和事业发展角度出发所设计设立的名单，对院校发展有着相当积极的推动力和吸引力。

其中，也有伴随着我国职教事业发展和院校的蒸蒸日上而来的各种第三方、独立机构、媒体单位设计的各类"排行榜"。

如果说前者立足于政府引导力和事业推动的各种要求而设计设立的话，后者则大多是因应于一部分所谓独立机构、经营机构的自身市场嗅觉和对占据话语权所赢得的潜在市场价值的敏感。

当然，两者都会引发各地各级各类职业院校的"榜单冲动"——谁都想在面向社会大众敞开的各种榜单中、排行榜上看见自己学校的名字，毕竟，在社会大众面前多露露脸，对全国15000多所职业院校和1400多所高职院校来讲，也是有利于发展和存在感的事情。

但是——

这类榜单排名，尤其是后者的榜单，对于院校真的是正向的作用多，还是长远看负面的影响大？这确实是一个需要好好考虑和深思的问题。

其实，需要深思吗？这种榜单的权威性、公正度、全面性、可信度有多少？这背后所流露的潜话语、潜意图又如何？

其实，院校和机构是很明白的吧？

其实，院校普遍地对于这类机构的榜单是有定位的，也是清醒的。至于这类榜单的出台，其标准如何？榜单的科学性怎样？可否成立？持久度多少？

公众接受度又怎样？这种种对于榜单的权威性可信度极为重要的基本考核要件，是榜单成立的基础。

相信院校和大众对此也有要求。只不过一些所谓研究机构、榜单的设计和发布者，急于发布榜单内容，对于这些要件的解释和解读，往往付之阙如了。

而这恰恰是各种榜单的软肋和可惜之处。

这不，刚刚就出来一个榜单。一个名头很大的榜单。

据媒体报道：11月14日，2020亚洲教育论坛年会在成都开幕。作为2020亚洲教育论坛年会重要成果，"2020亚太职业院校影响力50强"在职业教育高质量发展论坛上发布。此次活动是为肯定和鼓励在亚太职业教育事业中有着突出贡献和国际影响的职业院校，促进亚洲乃至亚太地区的职业教育合作发展和人文交流而举行的表彰活动。他们在亚太国家和地区技术技能人才培养、职业教育发展和区域经济发展方面做出了突出贡献；在国际合作和人文交流方面形成了良好的国际影响。经评选工作委员会初评、复评，共有11所亚太其他国家和地区职业院校，39所中国职业院校入选"2020亚太职业院校影响力50强"。特别是中国职业院校在沿线国家职业教育发展和服务国际产能合作方面贡献了中国经验、中国榜样和中国标准，在亚太地区形成了良好国际影响，共襄殊荣。

这长长的带着"通稿腔"的新闻中，名为"2020亚太职业院校影响力50强"的榜单，可谓名头亮、国际范儿。

但是，深究一下，语焉不详的评委会由哪些职教专家、行业大家、企业大咖组成，榜单的各条评判标准、设置逻辑、考评时长，新闻中都没有透露。

再看看榜单，大家关注到的国内外院校入榜者，发现亚太的范围中没有我们印象中比较重视职业教育的新加坡，也没有我国的香港、澳门、台湾这些历来重视职业教育发展也起步较早的地区。那么"亚太"的代表性就不可以说完整。只此一点，就无法说服受众心悦诚服地接受这个榜单的覆盖有效性以及权威公正度。

所以，在职教圈里的内行人看来，这就是一个新的证明——职业教育的的确确越来越受社会关注，也自然越来越受各类研究机构和经营机构重视，在职业教育发展的过程中，会有越来越多的同路者、同行者，其中有推动力，有协助力，也有阻滞力，有正面的激励人的故事，也有不必当真的莞尔一笑也可的小笑话。

所以，不必太当真，面对这些榜单，如果它们始终生生不息，那就由它们去吧。我们的职业院校和院校领导、老师们、同学们，却有必要主动抑制住自己的"榜单冲动"，不必信、不必传、不必纠结。

只要去做，认认真真地做职教人发自初心下定决心要去做的那些教育的正事，终会有一份属于我们自己的榜单，我们内心最认可的排行，是会在那里悄然记录的。

《学知报》"职见"专栏，2020-11-23

职教榜单应鼓励推动后发展院校的持续进步

上期说到了职教要克服"榜单冲动",上文的要义,其实是希望职教界内外要真正关心职业院校的发展,院校更要知初心担使命,不为个别立意仓促、设置不科学、目的复杂的排行榜、排名榜所裹挟,以免在发展道路上被带偏,在发展过程中被扰乱思路和定力。

今天,想顺着这个思路再说说"榜单"话题。

细读上期小文,读者不难发现文章的用意并非对所有榜单的存在做出质疑和全面否定,因为榜单的存在,有其多种原因、形态和功能,无法一概而论。就如同全国职业院校的地域不同、行业不同、起步不同、发展不同,无法简单用一个排行榜一排了之。

那么,今天的思路自然而然就延伸到一个主题:"职教需要榜单吗?"

答案很简单——需要。

原因也很简单——需要。

职业教育一路的沟沟壑壑坎坎坷坷,行内行外尽知;职业教育当前的发展势头、前景预期、所急所需,行内行外也大多了然于心。

发展势头、前景预期,可以不细谈,各种榜单的存在已经能够说明问题。

所急所需,其实也不必多谈,哪个院校、哪个部门、哪个机构、哪个媒体、哪个专家、哪个榜单又不知道呢?

不过,我却还是愿意顺着自己的思路,说说所急所需中的一个小问题——后进职业院校的发展。

全中国15000余所中职学校、高职院校,日常中经常为人所知、经常接触的往往是其中的佼佼者,中职高职相加,大概在全国范围内耳熟能详的也就300多所吧,或者更多一些,不超过1000所吧。

那么问题来了。

其余的学校呢？他们的存在，他们的发展，他们的成就，他们的坚持，他们的困难，他们的苦恼，我们知道吗？了解吗？看到了吗？听说过吗？传播过吗？关心过吗？

我相信每所职业院校的每一个学生、每一个家长、每一位各自的校领导、每一位各自的老师、每一个所在地域的政府和各部门，都是知道的、了解的、关心的，也是支持的，每一个院校也是坚持着发展着的。

但是，他们的坚持发展很可能不为外界所知，或者较少为外界所知。因为，即使在自媒体发达的现如今，我们的信息来源也是有限的，或者说是方向性的，是被导引的。

所以，对于社会大众而言，即便是教育界职教界的专家，也很少把关注点"充分而均衡"地投射到这15000余所职业院校的绝大多数身上。

那么，怎么办？

除了必须来自各级政府和相关部门的政策支持、财政支持之外，其实，地位尴尬的"榜单"，可以有大可作为的。

很长时间以来，其实希望着一份这样的榜单——它面向全体的职业院校，而不总是针对高职中的名校、中职中的名牌；它关心如何鼓励所有学校尤其是后进学校，而不是总给强校、大校、名校搭台唱戏；它关注推动职业教育尤其是欠发达地区欠发达院校的进步，而不总是为实力相对强劲的院校锦上添花，庆功喝彩。

那，这应该是什么样的榜单呢？

希望它是"进步50强"榜单，希望它是"持续进步50强"榜单。

"进步50强"，既可以面向名校、强校的进步，也可能面向弱校、后进校的进步；理论上，可能后进校的进步更加明显更加亮眼。只要设计合理，不畏烦琐，尊重教育发展逻辑，尊重地区和行业差异，一份对全国范围内职业院校发展进步的指数表、发展图、进步曲线，应该并非完全的纸上谈兵。虽然肯定会比之前驾轻就熟的各种榜单来得复杂，来得缓慢，但是，如果能够让职业教育类型的所有学校尤其是后发展地区的后进学校，看到自己些微的前进有机会被关注到、觉察到、揭示出、传播出，那么这一股鼓励、欣赏的力量，对后进学校和学校的师生们、家长们，背后支持的政府部门和企业们，会是莫大的欣慰，也许可能激发进一步的发展和进步。

那么，"持续进步50强"，也就有了存在的理由和必要。

一点一滴的进步，是难得的；持久的进步，是宝贵的；持续的进步，则是充满希望的。

如果一所学校，无论是强校还是弱校，始终在持续地进步，那么这个学校，应该是有追求有坚持、主动而激发充满了内生动力的学校，也是难以遏制、不会被困难轻易打倒的学校，那就是一所有希望的院校。如果这样的学校是出于产业薄弱地域、基础薄弱环节的后进校，那么，就更为可喜，更该鼓励、支持、推动，给予积极的关注和标榜。

所以，一份这样的立足鼓励进步尤其是推动后进校向前进的榜单，虽然可能很有难度、很有麻烦，却实在是很有必要、很有价值的。

那么，再一次说，期待这样榜单。

期待这样的榜单带来对后进校的鼓励，对全体职业院校的关注，对职教类型发展的真正理解和持续支持。

《学知报》"职见"专栏，2020-11-30

这所高职何以堪称表率

今天，打破惯例，不是就职业教育的某一个话题展开评论和交流，而是将一所高职院校作为直接的评述对象。

这是一所不在北上广深、不在省会城市，甚至不在二线城市、不在省内区域大城市的高等职业院校。它的出身甚至算不得"根正苗红"，而是一所由电大、教育学院、工业学校、技术学院合并而成的高职。

为什么选中这所高职院校作为今天这个评论专栏的对象呢？

因为，近年来它频频主动作为，在职业教育领域折腾得风生水起，让人眼前一亮。

这所高职主动搭建起"上合组织国家职业教育交流平台"。

这所高职主动建构了学校资源管理资产运营公司，积极探索学校经营性资产更好更积极地融入教育教学实习实训。每个二级学院都有面向市场的经营企业，有效地促进学校教育资源与产教融合型企业运作相结合。

这所高职主动牵头成立了"全国职业院校爱国主义教育基地建设联盟"，又成立了本省大多数高职院校都参与的爱国主义教育联盟，在牵头引导省内院校加强爱国主义教育的同时，又将本省高职院校的爱国主义教育与全国的兄弟院校的交流达成了可能。

这所高职主动在校内扩展空间，设立了建筑面积达1万平方米的大学生双创孵化基地，由大学生唱主角，为大学生量身打造代理注册、货源对接、电商平台对接、快递物流、投融资等15项"一站式"创业服务，融入教育教学和电商孵化各个链条，构建了跨境电商、旅游电商、直播电商、品牌电商、电商托管等产业模式集群，成为学生锻炼自身能力的最佳场所。

这所高职主动告别"终身制"，破除"唯论文、唯帽子、唯职称、唯学历、唯奖项"的"五唯"桎梏。该校刚刚结束的第五聘期专业技术岗位竞聘在校内外引起震动：1名教授、4名副教授因为业绩处于同级竞聘岗位末尾被降级低聘，同时有14名青年教师则因业绩突出而被破格直聘为副教授。职称制度的改革给长期沉闷的校园带来的活力，也在全国院校中激起波澜。

这所高职，一方面主动到相关部门软磨硬泡，反复协商，一方面积极向市政府相关领导请示汇报，全力争取，生生将一艘总长41米、总吨位203吨的行将被报废拆除的退役渔政执法船开进了自己校内湖泊，除了作为船舶工程技术、船舶动力工程技术、轮机工程技术等专业开展现场教学、实境教学的大型实训平台，还将面向社会承担海船和内河船员培训任务，作为水上运输行业职业资格鉴定基地及职工岗位培训或再就业培训、农民工技能培训基地。这也使国有资产利用效能最大化。

这所高职，就是威海职业学院。

在威海这样一个非中心城市，一个人口不多的滨海小城，却有着这么一个堪为职教表率的努力者，其实无他，就是一个词——"主动"。这大概就是威海职业学院能够脱颖而出的根本。

这个"主动"，既包括向外的主动亮相，主动争取，又包括向内的主动挖潜，主动"挥泪斩马谡"。

用该校领导带些自嘲也尴尬的话说，就是"充分发扬'小事不要脸，大事不要命'"的精神，抓住一切机会，全力争取，以"一切资源都是教学资源""一切为了学生的发展"的办学理念负起学院的职教担当。

在该校的简介中，有一段话引起了我的关注："推进'放管服'改革，编制下放事项清单，逐项推进流程再造。"这段话常见于政府部门的"简政放权"介绍，在高校中却不多见。大学作为一个学术共同体，其管理运行理应尊重教育的规律。然而，在当下的高校制度设计下，往往采用行政管理的手段来处理学校各项事务。虽然高校的"去行政化"一直是业内外的共识，但是知易行难，部分高校"行政化"甚至"官僚化"的倾向，已经成为制约高校发展的一个重要因素。"行政化"的主要特征就是"被动""不担当""不作为"。与之形成鲜明对比的就是威海职业学院勇于"刀刃向内"，从"还教育本来面目"入手，从根本上为全校上下的"主动作为"清除制度障碍。这些事情没有谁让学校和校领导班子去做，但是他们自己主动想到了，想到了之后，规划到了，规划之后还做到了，做到了之后还持续不断地做深做系统，做好做链接。这就是主动性，这就是一种力量和朝气，更是希望。

想干事和想干成事的人和院校，其实就是要向威海职业学院这样的表率学习，学习他们不懈的努力和不计较的胸怀，只要有利于学校发展、有利于学生发展，就积极主动地改革，就积极主动地去捅破天花板，尽力打开所有的可能性。

做到这一点，你也能成为职教担当。

《学知报》"职见"专栏，2020-12-07

职业院校的劳动教育要突出价值和光荣

重视劳动教育，越来越成为当前教育行政部门乃至党中央、国务院的战略决策。"德智体美劳"的全面发展，又一次把劳动教育置于培养合格的社会主义建设者和接班人的重要位置上。各级各类学校重视和开展劳动教育正成为各校立德树人、教书育人的重要着力点。

其中，自然也包括全国一万余所职业院校。

所以，也就难免会在不同的场听到来自职业院校的领导们、老师们甚至学生们谈到"应该如何在职业院校普及、提高劳动教育""如何对职业院校的孩子进行劳动教育的启蒙""如何让职业院校的师生真正实现'劳动光荣、技能宝贵、创造伟大'"。

这样的声音，听来让人亲切，让人感慨。因为这是对于劳动教育有亲切感的一群人自发的情感表达和潜移默化中的自我定位。职业院校的师生们并不排斥劳动教育，甚至会天然地把自己与劳动教育关联在一起。当上上下下提倡劳动教育，重视劳动教育，发展劳动教育的时候，职业院校的师生们会有一种自然而然的亲近感、荣誉感，也就会自然而然地去想"我们应该把劳动教育做好，做得更好"。这是一种质朴的感情，对于劳动的认同的态度。

但是，在职业院校大讲劳动教育的价值，大力提倡普及和提高劳动教育时，总有些奇怪的感觉。

因为，职业院校本就是培养技术技能人才，重视动手能力、劳动能力、劳动技术的教育类型，劳动教育已然就是职业教育最重要的构成部分。如果说职业院校尚要恢复、完善、提升劳动教育，甚至是在外部政策形成了对劳动教育的重视之后，才借势而上地强调要做好劳动教育，那么至少说明我们的职业院校在育人过程中，忽略了劳动教育的价值和手段，在劳动观念、职业精神、工匠文化的提炼和自觉融入教学的过程中，还有不足。

因为，反观党中央国务院对于劳动教育的重视和提倡，明显不是只针对职业院校，而是面向全国大中小学所有阶段所有层次的学校提出的新的要求。

也就是说，劳动教育，是全国各层次各类型各阶段学校都必须思考和推行提升补足的一个教育内容，并不是职业院校一家的事儿。

那么，职业院校应该如何推动劳动教育呢？

两个重点：体现价值，享受光荣。

体现价值，就是应该在职业院校的教学中设计"劳有所得、优劳优酬"的观念。比如，职业院校在学生的作业和课题设计中，可以开发这样的内容：将学生的作业、课程考试设计进行标价竞拍，把他们的作品、他们的作业，小至一个花束、一个面点，大至一个设计思路、一个产品包装、一个场演出服务、一个开发应用，学校都会在有利的时间节点，展现在一定范围的用户、家长、企业，甚至学生自己的小圈子里，进行有设计的投标竞拍，让学生在竞拍中意识到自己的劳动有价值、有价格、受欢迎、受重视，这是最粗浅的做法，一步步探索，也许就能打开劳动和价值之间的关联。而好的劳动能力、好的劳动成果，直接对应于市场价值、用户价格，那么对于师生的直接鼓励，其效果是不言而喻的。而竞拍中的失利和收获，都会助推职业院校师生勇于面对此后的职业生涯的种种考验。

享受光荣这一点更为重要。如果说院校组织的竞拍互动活动还有些让学校感觉麻烦和担心"越线"的话，那么，如何让师生在劳动教育中享受光荣，增强荣誉感，则要更加"伟光正"一些。那么，光荣来自什么活动呢？

其一，让职业院校担纲策划、设计所在区域所有学校，包括幼儿园、中小学甚至大学的劳动教育课程。越是一个区域性的职业学校，越是了解本区域劳动教育的刚需；而职业院校无疑具有了解当地劳动教育需求和缺陷的优势，由职业院校来设计本地所有学校劳动课程，有的放矢，大可实行。其二，让职业院校的师生到本地区所有学校，包括幼儿园、中小学甚至大学担任劳动教育课的授课教师。如果同龄人站上了同龄人的讲台，甚至于中职生站上了高中生、大学生的劳动教育课的讲台，给自己的同龄人，给自己曾经的同学，甚至给自己曾经仰望的学霸、"学神"讲授餐点制作、花卉设计、网页开发、文物修复等技能课，那对于那些长时间处于学分考分鄙视链条末端的孩子们来说，应该是一次光荣的经历吧？对于那些在名校里求学的师生来说，也是一次正视劳动和技能威力的绝好机会吧？

所以说，劳动教育价值无限，关键是如何去开发去驾驭。希望我们的职业院校抓住这个机会，向校外、向社会释放劳动的魅力，展示劳动的价值，彰显劳动的光荣。这才是职业院校该重点去做的劳动教育，也是上上下下、方方面面希望劳动教育普及带来的新局面。

《学知报》"职见"专栏，2020-12-14

为首届职业技能大赛喝彩并期待越来越多的精彩

中华人民共和国第一届职业技能大赛已经落下了帷幕。来自全国1000余家单位的2557名选手参加了86个比赛项目的角逐，其中世赛选拔项目63个、国赛项目23个。应该说，这是一次充分调动了全国职业类院校力量的全国范围的大赛。大赛按照世界技能大赛的项目类型分作六个类别，其中可以看出我们这届国家级大赛对于世界级赛事的雄心和选拔的意图。

无论如何，这都是一场提振职业技术技能教育，提振职业教育类型院校士气的比赛。从近几日公布的获奖名单流传于职业教育的微信群、朋友圈的情况来看，这次大赛也的确起到了调动各省各校积极性的作用。毫无疑问，这是一场激烈的、充满了竞争力、充满着拼搏意志、展示着中国职业技术院校和技师学院等院校师生技术技能实力的规模空前的大赛。它达到了大赛设计的目的

但同时，又确实有三点希望，三点从提振职业技术教育方面着眼可以更加完善的建议。

其一，总体而言。此次职业技能大赛的传播，好像仍然没有大踏步地走出职业技术类院校的小圈子。作为首届职业技能大赛，从宣传的效果和传播的力度来讲，似乎仍然没有形成网红级别的现象，没有达成现象级别的全国赛事的传播效果。按道理讲，在目前种种快捷生动的传播手段、融媒体手段、短视频手段大行其道的传播市场上，这次大赛项目的看点和热点很不少，可视性应该是很强的。但是，目前的流量热点中，好像没有大赛的镜头，没有形成一种规模化、集束化的震撼性持续性的传播。这有可能影响了首届职业技能大赛对公众尤其是对普通公众的冲击力和吸引力。技能之美、技能之力量，应该借此大赛被全面展示。作为主办方来讲，也许可以多手段地展示比赛的现场、比赛

的花絮、比赛的选手成绩、比赛的过程。短视频、长视频、图文结合、多角度多手段展示技能大赛，可以充分展现技能大赛的迷人之处。如何做到？可以积累一些经验，供以后历届使用，着眼于做得更强

其二，这次大赛，技工院校参赛选手1208人，占比47%，职业院校参赛969人，占比38%，就院校而言，这个比例有些出人意料，但似乎又在意料之中。职业院校本身的数量远远多于技工院校，且都是技术技能的人才培养的类型教育，参赛人数却出现了倒置的比例。这或者是技工类院校更多地投入了大赛的准备，或者是职业院校的专业设置和专业能力培养仍然有待于通过大赛和对比来形成一种对于现状的真实认识和真实提高，做出进一步的调整和改进。同时，也可能是由于主办方是人社系统，所以造成了直接隶属于教育系统的职业院校的参与度不高，形成了这种院校数量对比和参赛数量对比的倒置落差。那么作为全国范围的技能大赛，还是可以有更多兼容并包、携手共进的可能和机会。

第三，从参赛选手所报项目可以看出。技工院校参报世赛选拔项目927项、国赛精选项目281项，职业院校参报世赛选拔项目748项、国赛精选项目221项，大学参报世赛选拔项目101项、国赛精选项目18项。这其中透露出各类院校对于大赛的重视，以及对于世赛选拔项目的高度重视。而相映成趣的是，与院校的参赛项目不同，企事业单位选手更多参报的是国赛而不是世赛。

这里面的原因外行人还说不大清楚。

但是，不得不善意地提醒所有的院校：在进行职业技能大赛准备的时候，可以瞄准最高、世界级的目标。但是不能忘记：大赛始终是教育的一个过程、一个阶段，而不是目标所在；教育最终是要培养面向企业、面向行业、面向国内经济社会发展的技术技能人才、实实在在的可用的人才，不能被大赛的光环夺去了教育的本色，更不能够让"锦标主义"的风气带偏了脚踏实地的长远育人的教育本质。

第一届全国职业技能大赛圆满结束，我们为选手和院校的充分准备、积极参与、良好成绩叫好，也为组织者、参赛院校的准备工作喝彩。当然，我们

更为持续的技术技能人才的培养、为技术技能教育人和教育事业喝彩。期待他们更加长远、更加稳健、更加辉煌的精彩！

《学知报》"职见"专栏，2020-12-21

职业教育要更好地走出去

教育交流是促进不同地区、不同国家之间教育发展的重要手段，也是促进"民心相通、民意相通"的重要文化途径，更是通过教育交流促进社会沟通和相互理解的重要方式。很长一段时间以来，职业教育都扮演着重要的教育使者的角色。在这个过程中。我们的职业院校、中国的职业教育界也提升着自己，开阔着自己的眼界，服务于更广阔的地域，更好地服务于现实中的企业需求和产业发展的新要求。

近期结束的"第八届海峡两岸（苏台）高等职业教育校长联席会议"上，有台湾地区技职教育学院校长表示，技职教育（也就是大陆所说的职业教育）是社会经济发展的重要支撑。在台湾，70%的中小业主是毕业于技职院校，接受过技职教育（职业教育）的培养培训的。因此可见，职业教育对于不同地区的社会经济的推动，其作用是一致的，在提升就业人口的实际能力，推动他们参与产业发展、社会发展中的作用是一致的。这就决定了职业教育能够走出去，能够走很远。

职业教育在走出去的过程当中，能够为所在地带来实际的人才资源变化、能力变化、经济变化、社会变化。而职业教育的交流和走出去，因为其能够起到立竿见影的技术提升、产业提升、经济提升的效果，会较容易得到所在地区和国家全社会的普遍欢迎。

这也就是近几年来，我国职教界走出去蔚然成风的原因。所推出的鲁班工坊、"一带一路"沿线国家职业技术教育合作、非洲地区中赞职业技术学院，都得到了所在地区和国家的认可和欢迎

正是因为"走出去"的职业教育着眼于提升所在地区的技术技能水平、培养当地产业企业人才，这种实实在在的作用给职业技术教育的走出去打下了

良好的民意基础，在沟通民心、民意相通方面能起到很积极的作用。比较典型的就是中方数个职业院校对赞比亚的援助，成立了中赞职业技术学院，一方面满足了中方企业在当地的人才需要，一方面又推动了当地的技术人才的养成和产业人才库的建设，为该国长期的产业技术能力提升和产业技术发展奠定了良好的基础。这无形当中为中国的国家形象和中国的职业教育形象打下了坚实的基础，营造了良好的氛围。成功走出去的职业教育既提高了当地就业人口的技术技能水平，又改善了他们的收入水平，更由此带来了当地的教育科技文化生活的向好发展。可见，职业技术教育在走出去过程中，的确起到了各种积极的良好的作用。

不过，在职业技术教育走出去的过程中，各职业院校也要注意一些问题。

第一，我们的职业院校不要为了走出去而走出去。不要以为走出去就代表着国际化，代表着高大上的一种方向。毕竟，不同的地区、不同的国家、不同的产业，都存在着地区差别、文化差异和产业差距。在这个过程当中，走出去，有的时候并不意味着我们就已经是一个强大的力量，要有一个清醒的认识，我们仍然有提升的空间。这个提升，首先在于要踏踏实实地了解当地，分析当地所需、人才所短，也更清醒地反省自己，了解自己的所长，找到符合实际的交流方式，稳扎稳打地推动、可落实、有内容、可长久的交流合作，而不是把走出去简化为"见老外、签协议、挂牌子、照片子"。

第二，在走出去的过程当中，院校要特别清醒地意识到，我们走出去帮助别人，同时也要借走出去开阔眼界提升自己。在非洲、东南亚、拉美，不只是中国在为当地提供职业教育的交流服务，其他的一些发达国家也在从事类似的工作，而且可能开展的时间比我们更久远。因此，在这个过程中，我们要正视自己各方面的不足，比如说语言能力的不足，技术内容与最新产业发展要求的匹配度还不高，我们与当地老百姓的接触深入度还有待提升。因此，在走出去的过程中，我们的职业院校一定不要沾沾自喜、自视过高，而是要踏踏实实地通过走出去帮助别人，更加清醒地认识自己，准确地提高自己，正确地培养自己的能力，以有利于下一步更深入向外走，向上发展。

第三，我们的职业院校在走出去过程中不要一窝蜂。把走出去作为院校国际化的政绩，抱有这样的目的，走出去可能会有种种的不适应。事实也证明，一些地区和国家对于职业技术教育的需求度的确很高，但是各个地区各个国家的产业基础、资源环境、人才条件各不相同，某个院校的单打独斗，未必就能够赢得职业教育的口碑和市场认可。关键一点，我们还是要立足于所在地区和国家的实际发展，集纳众多院校合力，达成一种对外合作，探索对外合作的有效方式，探索出一个高效模式来帮助当地，从而实现良好的职业教育的交流和沟通，也打造更好的中国职业教育的品牌。

《学知报》"职见"专栏，2020-12-28

期待遇见2021年的职业教育

2020年即将结束，随之而来的2021年给大家带来了更多寄予希望、寄托理想、给予联想的空间。

因为2020年太特殊太特别太不同寻常。

2020年的职业教育也让人感受到了太多的重大的变化，太多的不同于以往的进步。与2020年的疫情相伴，我们的职业教育经历了考验与锤炼，也证明了职业教育在面对疫情时能做出自己独特的贡献——我们还能记得职业院校师生组织志愿者队伍参与社区防疫；也能记住职业院校的师生用技术特长为防疫工作做出贡献；还记得职业院校的科研人员用自己的科研转化成果参与到高科技防疫抗疫的队伍之中；线上教学方式的应急推广，也借助现代网络技术手段锻炼了职业院校教师队伍的韧性，挖掘了他们的能力深度，使得线上教学成为可能，给广大职业院校储备了相关的经验和能力。

回顾这一年的职业教育，感触最深的有两点。第一，职教本科的持续性突破。继第一批15所职业技术大学成立之后，2020年初，第二批职业技术大学的如约而至，把万众瞩目的职教本科这一发展趋势坐实坐稳了。两批次21所职教本科院校的成立，标志着长久以来职业院校对于本科层次职业教育的追求，终于得到了最高教育行政部门的正式认可，成为振奋职教界的明确信号。虽然第一批全是民办高职院校，第二批也是以民办院校为主，但也有一所公办职业院校升格为本科职业技术大学。而接近2020年底，在几个省份已经开始了公立高职院校与本科独立学院合并、设立职业技术大学的一股强劲势头，又诞生了一批本科职业院校。

这一年当中的两批次职教本科院校的出现，为职业技术教育带来了历史性突破，也带来了历史性的机遇，而这机遇自然会延伸到2021年，并产生新的可期待的希望点。

第二个印象深刻的就是职业院校普遍接受了教育行政部门提出的"提质培优"这个概念。因为无论是发展本科职业教育，还是继续形成中国特色的现代职业教育体系，或者是巩固发展、提升做强现有的中职学校和高职院校，提高质量、培养优秀师资、涵养优秀院校，始终是包括职业教育在内的教育界向上发展的根本所在。没有优秀的人才、优秀的管理，就没有优秀的学校，也更没有一代一代生长起来的优秀的学生，自然也就难以吸引并培养出优秀的技术技能人才。

提质培优行动的提出，仿佛是一股清新的凉风扑打在热气腾腾、火热发展的职教院校的脸上。让我们在快速发展、向上向外拓展自己的实力的同时，也清醒地认识到：从本质上来讲，我们的现代职业教育体系建设、院校建设、师资建设、能力建设仍然有巨大的提升空间，这个空间不能够被我们当前的发展、乐观的就业率、日渐受到社会重视的大趋势所遮蔽。在发展的同时，我们必须冷静下来，时不时地看看职业教育本身、看看院校本身、看看我们的能力本身是否还能够支撑我们大踏步向上向前发展的需要。

提质培优，的确抓住了我们当下职业教育的一个核心要点。

在中国近乎一枝独秀地度过疫情并迅速恢复经济社会生活的过程中，我们的教育和职业教育也在热烈向前，高歌猛进。而在这个过程中，我们清醒的头脑绝对有助于我们把中国现代职教体系建设得更稳当、更坚固、更具可发展性。就如同这几天全国范围的大降温一样，凛冽的寒风既带来了一些不便，但同时也提醒我们穿戴齐整，做好准备，计划好出行，在做好防寒防冻工作的同时，也不要耽误了正事儿。这样，当凛冽的寒风扑打在我们的脸上身上、造成一些困难的同时，也让我们的头脑更清醒：我们要做好寒冬中的御寒工作，也要做好降温之后的正常工作。那么，在整体形势趋好的热烈气氛当中，我们清醒地意识到自己还要做最重要最根本的工作——提质培优，增值赋能，这样，只会有利于我们长期地、持续地推动职业教育向前发展。

经历考验却始终向上，热烈清醒地发展。

这仿佛是2020年职业教育的一个生动的写照，也是我们这个国家这个社会一个生动的写照。

克服困难，积极向上，清醒自省。

这会促进我们的事业从一年进入又一年，从一个时代走入又一个时代，从一个阶段走入又一个阶段，从一个台阶迈上更高更新更强的台阶。那么，在这个过程中，我们就始终希望中国职业教育磨炼自己的实力，激发自己的潜力，更加发挥出自己的能力。在持续的发展中，在不断向上向外的拓展中，展示中国职业教育健康良好的吸引力。

我们期待这样的职业教育。

更期待在2021，继续与它相遇。

《学知报》"职见"专栏，2021-01-04

激活用好职教排名、排行

新年第一期，回到一个老话题，关心一下职业院校的排名。

职教排名一般会有两种情况：一种是官方认可、组织、实施的一种带有职业教育项目建设意图的排名。这种排名，按照严格的标准体系经过若干年时间的建设，经过专家多轮考察和行政管理部门多次评估后的验收考察、评比确定。这种排名不一定有名次，但一定有名额。这种官方的排名，对目前的职业院校在事业发展上、能力提升上、队伍建设上都起到了极大的推动作用。

另外一类排名就是曾经讨论过、院校多有议论、排斥甚至诟病的社会化的排行榜。这种排行榜，又往往可以分两种情况：第一种，相对公平公正，能触动各方面职业院校。第二种，相对不那么令人信服。往往是在一些知名院校未必知情的情况下，拉这些院校做了底子，而在没有解释清楚排行榜的设计依据、学理逻辑、目标定位的时候，就给出了诸多的排行以及名次。这种排行在职业院校当中引起了一些或者兴奋或者沮丧或者排斥的反应。对于职业院校来讲，这类的排行榜如同鸡肋，甚至于比鸡肋还不如。

但今天我们要讨论的倒不是排名排行应该与否、官方排名社会排行到底应该怎么去排。其实，如果大家记得的话，我们曾经说过：排名和排行，是需要的。关键是怎么把排名和排行做得公正公平，做得符合实际所需。

需不需要排名排行，怎么做排名排行，不是今天我们想着力做想要写的。因为需不需要，应该怎么做，其实在多年的议论和院校的态度中，已经有所公论，不必再纠结其细节。

今天，想要关注的一点，其实我觉得更重要。那就是——我们拿这些排名和排行榜怎么用？这些排名和排行榜，应该怎么来发挥作用，怎么样突破它们仅仅作为一张名单、一个表格的宿命？

就逻辑而言，上名单、上榜者，这些院校是职教同行之中的佼佼者；因为，无论是官方还是非官方的排名和排行榜，都有它一定的依据和标准，达到标准的院校无疑是相应项目的优秀分子，应该成为名单外榜单外院校的学习对象、学习榜样。这，既是榜单的逻辑所在，其实也是排名排行的目的所指。

实际上，我一直主张：排名或排行，不能成为一种瞬间凝固的结果、静态展示的名单，而应该成为一种动态的存在、动态的标杆、动态的推力、动态的循环。也就是说，排名或者排行榜都应该起到的是助推院校间相互推动、相互借鉴、相互引发的作用。排名或排行榜所关注到的各项工作中的优势学校，应该从单纯的名次和名单当中走出来，把他们的经验、他们取得成功的原因展示给其他院校；同时，排名和排行榜的编制者，应该积极提供一种机制，让未入榜、未入排名的院校能有机会系统地进入到优秀的兄弟院校之中去，系统地学习评估调研交流，从而在院校间具体的管理体制、治理机制的对比上引发后进院校的上进心、同理心、进取心。

也就是说，排名和排行榜的成功登榜院校应该成为一个动态的榜样，成为触动、拉动、带动其他院校进步的标杆，而不只是一张功成名就的表格。

这件事情怎么做？其实在很多时候对此也有所交流。我始终认为：编制排名和排行榜的主持者，应该尽到一个后续的义务：既然已经投入了大量的人力物力财力来做各项的排名和排行，那么不妨在排名排行成型之后、编制成功、发布完毕之后，再略进一步，形成一些制度化的安排。

第一，进入排名排行榜的学校的相关经验，可以以文字、图片、视频或者各种融媒体的方式，广泛地提供给其他院校作为借鉴。

第二，也可以在入榜院校时间有暇的情况下，设计相对集中的参观考察、交流学习等现场会，让不同院校的办学者和办学者之间能够在相对优秀的办学现场，进行一种同行之间的平等交流、深切探讨。从而将排名和排行榜背后的教育经验转化出可学习、可交流、可借鉴、可活动、可触及的实践力量，转化为实际的教育交流活动，带动更多的院校走上成功、成长、成熟的道路。

第三，不妨再从排名和排行榜中的院校里抽调一些骨干，组成相对灵活轻便的专项小组，到有需要的区域、有需要的院校去进行针对性的考察、指导和交流。甚至可以从相关院校抽调部分力量交流到对方院校，尤其是派出强校骨干到薄弱校、薄弱区域的职教界进行一定的时间长度的对接帮扶、经验传授，实打实地、手把手地把先进的经验传授给后发展地区，把先进的人才带入后发展院校，从而实现职业院校间相对均衡的充分的发展。

而这毫无疑问是各类排名和各种排行榜那几组表格和文字本身所无法实现的。一旦这样将排名和排行榜激活，让它进入到更深层次的教学教育的实践当中，去形成全国范围的、一定区域的教育交流行动，那么，排名也好，排行榜也罢，它们将真正地为职业教育界作出实打实的贡献和推动。

而这，其实正符合各类排名和排行榜的逻辑起点和设计目标。

《学知报》"职见"专栏，2021-01-11

2021年，职业教育从哪里出发？

两周前，我们在新旧两年交替之际回顾了2020年的中国职业教育的发展：那种蓬勃生动、知难而上、冷静清醒的发展。然后，大家带着希望、理想和期待，说了一句：希望遇见2021的职业教育。

这正当其时的一句话，寄托着我们对于教育、对于职业教育的无限期待和感情。

那么这一期，顺着这个思路，说一说：2021年，我们希望遇见怎样的职业教育？或者说，2021年职业教育从哪里出发？

这两个问题其实是一个问题的两个侧面。一个是职业教育的自身作为，一个是受众和观察者所经受的职业教育的具体的样貌。概括而言：2021年的职业教育应该从三个方向出发；或者说，我们希望在三个方向上看见职业教育的发展、巩固、前进。

第一，2021年的职业教育应该着眼于全领域的职业院校——中职学校、高职院校、人社部门所管理的技工学校和技工学院的质量提升。近几年来，尤其是当前中国经济社会发展正经历最新的国际经济和政治秩序的变化，中央所提出的双循环对于中国经济发展模式的调整以及中国经济本身的健康构成，对于技术技能人才提出的实实在在的要求；实体经济中新产业的蓬勃发展，也提出了新的对人才的要求。培养技术技能人才的中职学校、高职院校和技工院校都应该充分认识并自信这是职业技术教育、技术技能教育的一次绝好的机会和极佳的肯定。

与此相配套的是，我们的职业院校、技工院校、在人才培养上一定要着眼于质量提升。要将专业链与产业链相结合，将院校教育与实践训练相结合，将人才培养与就业市场相结合，培养与经济社会高质量发展相适应的质量合格人才。这要求不同院校，针对不同区域不同产业的人才需求和后续的经济增长所必然带来的人才标准的提升，做好对应的专业建设、课程建设、师资建设和实训建设，包括硬件条件和软件条件的全面优化。

只有在系统优化的质量体系之下，职业院校技工院校才能够做到自身的强大，适应当地发展和经济社会进步的要求，并符合整个国家经济社会发展战略的人才要求。也就是说，提质培优的工作必须在职业院校内部认认真真细细致致地全面铺开。这不仅是之前传统强校的任务，更是薄弱区域薄弱校的重大使命，也是各地政府和教育行政部门的关键责任。这将影响其后若干年中国人才市场、产业市场、企业能力、国内均衡、国际站位。

第二，2021年的职业教育要从重视"双高建设"出发，让我们看到一个扎扎实实、稳步前进、积极提升的职业教育。近几年来，"双高建设"一直是职业院校尤其是高职院校关注和努力工作的重点，一直是各地各级院校心心念念的重大任务。各省各区域各地各院校在这个项目上投入了巨大的资源、热情和能力，也进行了诸多的软硬件建设和系统优化。

这是职业教育界前进的鼓声和旗帜。要继续飘扬旗帜、敲响鼓声，激扬士气、鼓动精神，就必须要对双高建设给予不受干扰的、一如既往的坚定支持和鼓励。

在疫情冲击之下，职业院校的发展在去年遭受了一定的延宕，在今年疫情的影响之下，院校的正常教学实训秩序也会受到波及，这对于职业院校的发展来说，会有一定影响。

同时，去年年底以来，部分地方出现的公立高职院校与独立学院合并升本的消息频传，多多少少对于已经进入双高建设的其他高职院校来讲，产生了一定的心理冲击和压力，也许还会成为一种情绪上的波动和反复。

而高职院校好不容易通过骨干校、优质校、双高校建设积累起来的豪情和激情，不应该被这种扰流打乱发展节奏。这需要各级政府和教育行政主管部门，对各区域各地的院校给予坚定的积极的支持，发出强大的信号。就如近期浙江、江苏、山东、湖南等省的举措，借国家双高建设之机，启动各自省内的双高建设，以此引导高职院校和中职学校凝神聚气、一以贯之地推动职业教育的突破发展。

在这个过程当中，地方政府、相关行政主管部门要用实打实的优惠政策、财政支持、制度安排为高职院校和中职学校的发展提供源源不断的持续推动力，提供信心、坚定决心、避开扰流、坚持主流。而各院校更应该相信自己的长期发展长远规划、现实努力和真实实力，继续做职业教育类型发展、现代职教体系建设的先锋队、探索者、带头人。

第三，在2021年，职业教育应该重视之前两年已经开始的本科职业教育试点工作。也希望本科职业教育试点拿出真实的成果，推动现实中的本科职业教育的发展。

本科职业教育怎么走？这些院校的改革探索非常重要，那么在新的社会经济条件下，他们将遇到什么样的困难，已经遇到了什么样的困难，正在做什么样的突破，希望得到什么样的帮助，应该成为最高教育行政部门和各地教育行政主管部门以及各级政府关注、支持、扶助的重点。

那么，收集这些院校现在的真实情况，汇聚他们现在的真实想法，解决他们现在的真实问题，总结他们现在的真实经验，将极大地鼓舞试点院校的信心、决心和士气。对于后续的一批高水平的职业院校和技工院校而言，这种试点的开拓意义和成功价值是无法估量的，对于中国现代职教体系的建设也是至关重要的。

所以，及时对目前为数还不多的本科职业院校进行专题调研，收集他们的各种困难，进行系列化的制度设计、就事论事的个案问诊、一事一议的剖析，都是对于本科职业教育改革试点的意义重大、迫切、急需的帮助。而一旦这项工作得以实实在在地开展，那么，对于专科层次的高职院校和中专层次的中职学校来讲，以及专业硕士甚至于专业博士，就完善了至关重要的一环。这值得院校和教育行政部门、各地政府及时出手，配合改革，引导试点。

由此，我们迎来2021年的时候，也看到职业教育坚定的出发。

《学知报》"职见"专栏，2021-01-18

理想的职业教育，什么样？

因为疫情的原因，在全国范围之内，职业院校的孩子们应该已经或者开始进入寒假了。而一个时时蠢动、在这个时候更加压抑不住的话题，再一次冒了出来，甚至于更加强烈，这就是："理想的职业教育应该是什么样？"

为什么这个话题时时在心中蠢动呢？毫无疑问，是因为职业教育的前途和发展是关乎社会各界的重要话题。而院校在平时的教学、管理中忙碌得无暇多想，假期开始的时候，时间相对从容，值得我们从日常烦琐忙碌的事务中跳出来，静下来想一想职业教育的面貌，想一想职业教育理想的模样。

理想的职业教育或者职业教育的理想状态和理想的样貌，是包括教育人尤其是职教人在内的社会大众认可职业教育、投入职业教育、发展职业教育的根本动力所在。

虽然平时也许无暇顾及，但实际上，它无时无刻不存在于社会人、教育人、职教人的潜意识和判断里，存在于大家的思想背景和行动背景之中。因此，这毫无疑问是极为重要的。

我以为，所谓"理想的职业教育"，包括了理想的发展环境、理想的发展能力、理想的发展路径、理想的发展前景。大约这四个方面的集成，就构成了"理想的职业教育"的方方面面。

首先，理想的发展环境。环境是职业教育事业发展的基本条件，它包括社会大众对于职业教育的认识和认同。也就是说，这反映了职业教育在人们心目中的分量，决定了职业教育的根本地位。那么，是什么支撑着这种认识认同呢？首先是各级政府和教育行政主管部门真正把职业教育作为一个与普通教育同样重要的教育类型来看待，置放于中国教育结构的公平地位上、与普通教育并驾齐驱的地位上进行政策设计、制度架构、投入分配以及法律保障。这是职业教育搭建理想的发展环境的根本基础。没有这种基础的支撑，不可能展示给社会大众并使之意识到职业教育的充分重要性和远大前程。

在这种支撑之下，应该是充分而均衡的投入政策所指导的财政投入、教育资源投入，以此来奠定职业教育发展的内在动力和自身能力，以此引导职教界展开满足产业企业需求的人才培养，以此吸引社会大众对职业教育的认同认可。自然，在这个过程当中，也需要职业教育的设计者们为职业教育设计充分展示其能力和教育成果的平台，从而把职业教育的魅力充分展示出来。有了这样良性的充分发展和充分展示的环境，职业教育的发展环境，才能够称之为是理想的。

第二，理想的发展能力。在理想的发展环境的支撑之下，职教界必须注重于自身能力的建设，把院校本身建设得有能力有吸引力。这就要求职业院校首先立足于区域的发展、本地经济社会的发展、本地产业企业当前和将要面临的未来发展所提出的人才需求，来打造和搭建院校自己的专业。其中，又包括专业的课程内容、专业学习的方式、专业学习的考评机制、专业学习的实际效果，立足于学生最后养成的实际技能以及职业迁移能力的发展目标。

只有职业院校的专业设置、学习方式、考评方式、能力养成能够满足区域经济社会当地行业企业的需要，满足学生的自我成长、自我发展的需要，才能够让职业院校的存在、专业的发展经受市场考验，才能够让学生能成长成才，能就业、就好业，能服务、服务好。能为当地区域和行业企业的发展、个人的发展做最好的支撑，这样的院校，才具有了理想的发展能力。

第三，理想的发展途径。有了理想的发展环境的支持，有了理想的专业能力的构建，自然就涉及职业院校如何向前发展的问题。我们一直强调，职业教育要贴合到区域社会的需要当中去，跟进到行业企业所面临的技术进步和产业发展之中去，融合到师生个人职业成长的需求当中去。理想的外部条件也会自然推动职教界把发展的第一步拓进到这诸多的具体需求之中。

也就是说，职业院校的专业必须了解当地、了解行业产业、了解技术现状和发展。"仰望星空，脚踏实地"，职业教育就必须实实在在地融入当地的发展需求，了解当地的企业现状和前景，为职业院校自己的发展找到最佳路径。这，其实也是最初的路径，也是最重要的路径，也是最理想的路径。

第四，理想的发展前景。有了理想的环境、理想的能力、理想的途径，就自然更靠近也愿意更细致地设想和描画理想的前景。这个前景既是发展之初的目标，也是发展过程中的规划，更是发展所结出的成果。

这个前景是职业教育之于学生、老师、职教人、教育人、社会人的最大的吸引力所在。

通俗地讲就是：职业教育最终能给社会和个人带来实现理想的可能，那么职业教育自己的理想如何实现？这个理想，既是类型上的，也是层次上的；不只是层次要高，而是层次要完备，各层次之间要相连相通，各层次的结构还要合理匀称，总体以及局部的体量还要适当。

这就是我们通常所说的"建设中国特色的现代职教体系"。一定要让中国职业教育走上健康的、体系化的、现代化的建设之路，要有规模相当、适应社会要求、产业发展的中职教育；要有与学生个人发展、产业企业提升相适应的高等职业教育；也要有通畅的与普通教育相对应、能转换交流的渠道；更要有职业教育本身孜孜以求的本科层次教育、专业硕士教育甚至于专业博士教育的框架结构。

只有这样，一个"不同类型、同等重要"的职业教育，才能真正地长久地确立它对于这个社会这个国家的重要性，才能长久地确立自己对于社会大众的吸引力，才能真正形成一个教育发展、社会发展、人的发展的良性循环。

反复言之，要让职业教育焕发出最理想的召唤力、吸引力、发展状态，就必须为职业教育创设一个平等公平、舒心舒畅、充满希望的发展态势，让职业院校在发展的过程中能够真实地被鞭策有动力、被鼓舞有信心、被引导有干劲，才能真正地让职教人不断产生理想，萌生动力，并持续地为这个理想努力，去坚持它，去实现它。

《学知报》"职见"专栏，2021-01-25

理想的中职，应该什么样？

上一期，我们以一篇《理想的职业教育什么样》为大家祝贺新年，带着点儿理想主义的色彩走进了农历的牛年，是祝愿大家在牛年当中，朝着理想奋力前进，有一个好的开局。那么，进入牛年后的第一期，我们继续这个理想主义的话题，细化下来接着谈：理想的中职教育，应该什么样？

按照当前的划分，中职教育是初中毕业生进入的三年制职业教育阶段，中职与普通高中的学龄一致。相对应而言，或者可以称之为"职业教育的高中阶段"。通常而言，中职接纳初中毕业后进入职业学校的学生，在校三年，大多15岁进入学校、18岁毕业。就此而言，它是与普通高中并立的一种类型教育。中职，就是为我国的高中阶段教育实现了普通高中和职业高中的分类设计，也确定了高中年龄段学生不同的教育取向、成长取向和成才取向。

进入普通高中的学生，以在高中三年的学科教育巩固求学和升学的方向，主要以升入大学等高等院校为教育目的。而进入职教高中的学生，以自己三年的职业教育训练，着力于实践性的能力培养，成长为面向各地产业企业所需的潜在的新技术人才，或选择升入大学层级的高等职业院校。于是，习惯上，人们自然而然地就会认定普通高中更多面向升学和学术型，而中职学校则面向应用型人才培养和技术训练。而因着工资待遇、职业发展、级别晋升等直观直接的社会待遇的差异，久而久之，中职学校被大众等而下之。

但是，这种傲慢与偏见，只会给教育和社会发展产生副作用，带来负能量，把社会认知拖入不切实际的假想中。

那么，理想的中职教育，理想的中职教育的发展，应该是什么样的呢？

如果，从完整理解"普职比大体相当"这个执行多年的政策来看，从普通教育和职业教育作为类型不同、重要性相同的教育类型而言，理想的中职教育就应该是与普通高中平等的、同样重要的一种教育类型、一种学校类型。

也就是说，这个类型的教育和学校，这个类型教育和学校中的老师和学生，就不应该被社会等而下之。因为这种等级差别，代表的只是社会的不成熟和必将为之付出代价的傲慢。而从政策设计、政策支持、财政支持、政府扶持、社会价值判断、师生归属认同、市场接纳接受、社会评价赞誉等方面，中职都应该与普通高中是同一个层次、同等重要，并且能够在中职学校与普通高中之间形成学生的互动交流。

而这才为"普职比大体相当""不同类型、同等重要"奠定基础。职业教育和中职学校，才能找到它健康发展的平台和出发点。

因此，理想的中职学校、中职教育应该是这个样子的：

第一，政策和教育法规要明确中职教育与普通高中教育是同样重要的。这种同样重要，首先要表现在中央政府和各地政府在支持力度上同等重要——接受同等公平的教育教学资源，并对应于职业教育面向产业的特殊性，中职学校应该获得与之相适应的资源投入和政策、环境支持。

第二，中职教育应该成为同一年龄段孩子的不同成长的选择。这种选择是自觉自愿立足于自身特点的一种选择。这是由学生不同的爱好、能力、特点而做出的一种选择取舍，而不是被强行用考试分数作强行的区别和划分，甚至于是作为一种差异化的分类。

第三，社会对于中职学校的评价应该着眼于"教育服务不同孩子的不同发展所需"。而中职与社会完整和多元化的人才需求相匹配，中职服务于整个社会的健康发展。中职和普通高中，就好比稳健发展的社会的双足，而不是天生跛足甚至人为致障的那一只。如果是后一种情况，那不是中职病了，最终是整个社会惨了。

第四，在这样的前提背景之下，中职教师队伍的自我定位、学生家长的自我选择、学生的自我认同，都应该形成一种健康积极的自信。而且，更因为中职教育所提供的知识学习和能力学习共生发展，中职应该让人们焕发出不一样的活力和光芒，从而让这一类学校有更加脚踏实地的自信和扎根生活的发展能力。

第五，理想的中职教育要让中职学校与普通高中的互认、流动成为可能。

中职学校和普通高中的学生，都应根据自身的能力和知识习得，在学习期间有再次选择回归普通高中或进入中职学校的路径，也有在毕业时报考不同类型高等院校的路径和权利。而这种路径和权利只取决于学生自身的能力养成和学习积累，并非由中职学校与普通高中的不同类型的办学定位就作决然的划分和永久的隔断。

第六，理想的中职教育应尽量将教育系统的中职学校和人社系统的技工学校的培养对象和培养功能合而为一。在知识的传授、技能的培养方面，这两类学校本身所面对的对象和教学的内容以及进入的潜在就业市场需求、将来的职业生涯发展和提升，都大致相同，这两种学校也应该承担同样的任务和使命。如果这两种学校还相互设置"鄙视链"，则更反证了社会偏见的顽固，也是职业教育给自己套上枷锁。

第七，理想的中职教育应该是职业教育的一个启蒙、巩固、向上的发展环节；中职，也是整个教育分类发展、分类培养，整体提升社会大众知识水平和能力水平的教育的一个组成部分。中职教育是教育的一个时间环节、中间环节。它不是终点，更不是差异点。它还是教育和社会向上更好发展的中间点、出发点。

因此，发展到理想状态的中职教育，可以也应该敞开面对所有适龄学生，为所有适龄学生提供适合的教育，培养他们适合的能力。他们可以自愿走进来，也能自信地走出去。他们在进进出出之中，促成的是社会和教育的全面发展、理性发展、理想发展。

所以，理想的中职教育，就是一个教育类型，一种教育场所。学生对于这类教育的选择，是开放的；他们的现实发展得到充分保障，他们的未来发展也得到了充分奠基。在这个开放的环境中，不仅受教育者是开放的、成长的，我们整个社会也在这个过程当中开放、成长、发展、成熟。只有这样一种教育的充分发展，才会让我们的社会充满自信，更加健康，也更加理想。

《学知报》"职见"专栏，2021-03-01

理想的高职什么样？

上一期，我们带着理想主义的色彩，谈论"理想的中职什么样"。这一期，我们顺着这理想主义的思路往下或者往上谈，另一个话题：理想的高职什么样？

理想的高职应该是什么样的？

高职是高等职业教育的简称，既可以指高等职业教育阶段，也可以指高等职业院校。而在我们这个理想化的语境当中，高职应该既指向高职院校，又指向高职院校所代表的高等职业教育的发展状态。

高等职业教育，在当前的中国，是以三年制专科为主体的大学阶段，是职业教育，也是大学教育中的职业教育类型。由于历史发展原因和教育发展规律所限定，目前我国1400余所高等职业院校的绝大多数，仍然是三年制的专科院校，在中国的大学层次结构当中处于"初级阶段"。这一直以来也是部分发展势头强劲的职业院校的心头隐痛。而对于中国的高等教育结构而言，三年制的专科和四年制的本科以及其上的研究生教育，是构成中国高等教育的基本框架。在这个框架当中，专科高等职业教育无疑既是起步阶段，又是基础力量。

在近20年的发展中，中国高等职业教育从无到有，从弱到强，从服务中国地方经济到成为世界职业教育发展的重要模式之一，并成为拉动一定范围内的国际经济发展和教育发展的新力量。中国高等职业教育表现出一股蓬勃向上的生机和活力。

源于优质校、骨干校以及"双高校"建设的推动，一批优秀的高职院校向本科教育阶段摸顶、突破。近两年来，各省各地的具体实践也正在为中国高等职业教育走向职业教育本科阶段寻找着不同的路径，其中也透露出各地职业教育向上发展的热情、需求、能力、希望。

应该说，最近一段时间的中国高等职业教育的发展是让人怦然心动的。而在这个时候再谈论"高等职业教育的理想状态""理想的高等职业教育什么样"，也许不算是无中生有、水中花镜中月。那么，在这样的气氛环境下，我们是不是应该认真想一想：理想的高职应该什么样？

第一，理想的高等职业教育，其实应该是一个完善的完整的高等职业教育的框架和形态。与普通高等教育相类似，不同类型但同等重要的高等职业教育，就应该包括高等职业教育的专科阶段、高等职业教育的本科阶段、高等职业教育的研究生阶段，这里的研究生阶段既包括职教硕士研究生，也应该包括职教博士研究生。

这样一种完备的高等职业教育的自系统的构成和生态框架的完善，是理想的高等职业教育题中应有之义，也是高等职业教育最终应该朝向的一个发展方向和存在状态。

如果高等职业教育没有从专科到本科到研究生的培养序列和发展上升的层次，那么，高等职业教育总是缺少一种自我完善的途径、自我提升的方向、自我前进的动力、自我定位的信心。

试想一下，如果普通高等教育只徘徊于专科和本科阶段，没有硕士研究生、博士研究生、博士后培养等层次，普通高等教育的发展是否会健康完整、充满自信？

所以，同样道理，对于另一种类型的高等职业教育而言，没有专科本科研究生阶段甚至博士研究生的培养层次，高等职业教育很难称得上是完整的、高等的教育类型。

这是不是在高等职业教育刚刚由专科走向本科的路径时，我们想得又太多太超前了呢？

并非如此。

因为，既然是讨论"理想状态的高等职业教育""理想的高等职业教育什么样"，那我们就应该从起点上、从生态框架中给它最完善最完整也最理想的描述和定位。

第二，理想的高等职业教育，除了有完整的教育生态框架之外，它应该有完善的内部生态、外部生态。这外部生态是大家一直要求也希望的各级政府的财政支持和政策支持、社会价值认同、毕业生就业待遇的平等公正非歧视。而相交于此，更重要的是高等职业教育的内部生态。

这内部生态，自然包括高等职业院校的管理层、教师、学生、教育教学、实习实训、就业创业等层面。理想的高等职业院校的内部生态应该有一群对高等职业教育充满理想、充满理解、充满信心的院校领导层、经营者，他们能够调动方方面面的内外资源，发展学校的专业事业、提升其立德树人的培养能力；教师们能够将自己的教学能力与产业企业行业的实践能力融合发展，以对学生负责、对院校负责、对自我负责的态度，自觉提升自己立足于实践生产的能力提升、知识积累；而学生则应该接受到来自院校内外的认可、信任、支持、引导和服务，并在这些综合作用下，体会到身为大学生的身份认同，体验到身为高技能人才的发展可能，体认到作为产业企业未来骨干力量的发展优势，从而自觉努力追求自我锻造、自我提升。

同时，院校的内部生态构造中还应该有一个重要的却往往不受重视的环节，那就是理想的高等职业院校应该有能力有实力并被允许举办自己的校办企业甚至校办企业集团，用实际的企业化的生产管理，为师生提供实际生产中的技能学习、能力培养提升的机会，也为他们营造与行业企业无缝对接的锻炼的平台，缩短他们就业后的适应期，催生他们的适应能力。

第三，理想的高等职业教育，应该在这种完整完善的生态系统和内外系统中达到一种相对从容的发展。在招生考试方面逐渐形成符合高等职业教育选材的考试方式和适应的考生来源——既有知识的考察，更有职业教育所要求的技能技术基础的考验，还能够从中职学校、技工学校、普通高中吸收到适应高等职业教育的良好生源。

应该说，我们现在的高等职业教育正走在通往理想状态的道路上，而且迈的步伐很大，走的状态很积极。而我们希望，走向理想状态的高等职业教育一定要以平和心平常心，不忘来时路，知道自己的责任所在，并以负责任的态度发展高等职业教育，而不会因为层次的差异和局限而松懈，不以其他院校的状态变化而沮丧，能够始终立足于服务高技能人才培养，服务于高素质师资队伍建设，服务于提质增效的当地和中国经济社会发展所需要的职业教育。

只有有了这样一种理想的、努力地发展高等职业教育的心态，我们所说的理想的高等职业教育，才会稳步到来。

《学知报》"职见"专栏，2021-03-08

职业教育距离理想，还有多远

最近几期，我们一直在谈"理想的职业教育什么样""理想的中职什么样""理想的高职什么样"。而这一期，我们还将再一次继续"理想"这个话题。但是，却是要从另外一个方向去谈。谈什么呢？那就是——职业教育距离理想，还有多远？差距还有多大？

也许在最近几期的阅读当中，我们的读者会有一丝丝的厌烦："怎么总是谈理想主义？理想的职业教育、理想的中职教育、理想的高等职业教育，这些话题是不是太轻飘飘、太不切实际？一句话，是不是会过于理想化，甚至成了幻想和空想？"

我们也担心这一点。我们担心我们谈理想太多，而耽于理想主义，我们担心我们耽于理想太多，而成了不行动的空想主义。

其实，谈论理想，很大程度上是因为：理想的存在说明了现实中的职业教育存在差距，而理想代表着职业教育目的目标的召唤，要职业院校去实现，而绝不能迷幻自己、沉醉自己，最后懈怠了自己。

所以，我们很有必要回过头来面对这样一个问题：当前的职业教育，距离理想的职业教育、理想的中职教育、理想的高等职业教育，有没有差距？差距在哪里？要努力的方向在哪里？我们还必须去做些什么事情，才能不违初心，达成理想？

首先，谈论理想的职业教育没有任何错，因为理想是职业教育发展的动力、发展的目的、发展的方向、发展的目标，也是所有的发展的激情所在。对于一度处于教育边缘的各职业院校来讲，理想以及他们与理想相伴的奋斗，曾经是陪伴他们一路走过来的忠实朋友。

在经历过优质校、骨干校、双高校建设的高职院校和经历过县级职教中

301

心、国家示范中职建设的中职学校看来，对这种理想的职业教育的追求，对自己学校的理想主义的追求，对个人的理想主义的追求，是支撑我国职业教育界一路走过来的重要的情感因素和动力机制。

当然，毫无疑问，中国经济社会发展对于人才的需求，以及中央及各级政府从方方面面对职业教育的规划、设计、扶持，都是推动引领我国职业教育向上向好发展的根本力量。

我们这里所说到的情感力量和动力机制，更在于理想对于职业教育人的自我激励，并不是对政策根基和时代动力的否定、抛弃和忽略。

解决了这一个前提问题，那么我们就来看看：我们的职业教育还有哪些差距和不如意？距离理想，还有多远？为什么这么远？

首先，职业教育的政策设定者和法律法规的制定者要寻找这差距。法律的支撑、政策的支持是事业发展的最根本的两条保证。它们将规范我们的管理，实现治理的现代化，带动我们遵循教育规律而发展。所以说，长期的持续的健康的理想的职业教育的发展必然需要这样长期健康的政策和法律的支持。那么，我们相应的政策制定、法律法规制定，距离理想状态有多远？我们大家应该细细想一想，积极做一做，向前推一推。

第二，我们职业院校的领导者、院校的负责人也要寻找这差距。从与职业教育最接近的产业和企业的角度来看，职业院校的管理者和领导者，在一定意义上就是企业的经营者。作为经营者，他们要懂得并有能力将院校的优势与社会的资源相互融合结合起来，形成院校发展的活力源泉。这些经营者是一个团队。一个紧密合作、共同谋划发展的团队，能够把理想变为现实的奋斗。我们在全国的院校当中能找到不少这样的团队，找到不少这样的实例。而这样的团队的确让其他的院校羡慕不已。那么，各个院校的经营者们应该怎样才能达到这样的一种理想的状态？这个差距在哪里？怎么去补齐？怎么鼓励自己？这也是值得各个院校想一想做一做的大事。

第三，我们的院校老师们也要想一想：我能不能达到职业教育理想化发展的要求？我们的院校有没有沿用以学历职称来构造自己的教师队伍的习惯？师资队伍实际的能力和素养，有没有被资历和学历所挤压？我们是在追求教授、博士的数量，还是在追求教师的能力和动力的热情释放？这两者之间有没有差距、有没有差异？

我们自己培养的双师型的教师能不能够达到"上得了讲堂讲知识教能力，下得了厂房做生产搞技改"？我们跟不跟得上这个时代对于中国经济产业提质增效发展的要求？人才培养的效果、人才培养的期待，我们的师资队伍能不能承担得了？如果不行，怎么弥补？这也是要认真想一想的。

第四，职业院校的专业设置上也要寻找差距。专业，是职业院校立足发展的根本。专业设置的灵活性，专业与产业契合的紧密度，专业能力培养的适合度，都是职业院校教育教学的重要考量标准，也是人才培养的试金石。我们的专业在发展的过程当中所需要的各种技术手段、设备手段、思维手段、管理手段，能不能够让我们的专业实时发挥出它与产业同行、与企业同步的活力？这是专业的生命力所在，专业的及时适时发展，是院校不被产业企业拉开越来越大的距离的核心。

第五，我们的职业院校所培养的毕业生，能不能够在他的职业生涯当中站得住站得久、有发展能向上。他们进入学校的时候，对自己的理想和离开学校时候面对的现实之间有没有差距？家长对于他们的期待与实际的结果之间有无差距？如果有，这种差距怎么弥补？

其实，这也就是说，职业院校给予学生的培养训练，既要让他能够胜任工作，同时也能让他实现个人职业生涯的跨越式发展，并在这个过程当中能够得到院校持续的支持和关注。那么，有多少的院校，有能力去关注自己的毕业生？有能力去提供毕业生希望得到的后续的培养和培训？换言之，职业院校在正常的教学之外，对于包括毕业生在内的社会大众所需要的含金量高的培训，有没有？能不能做得到？

第六，职业教育的发展和人才培养，与当地的支持和认同之间，有无差距？在发展职业教育成为各地政府的一个重要共识和举措的时候，当各地政府把财政投入于包括职业教育在内的教育以改善民生问题的时候，职业教育和院校有力地高效地及时地回馈当地，帮助当地实现社会经济发展的理想，这可能是最重要的一个验证标准。

我们的院校，从当前、从长期看，做得怎么样？能否协助当地政府实现民生发展的目标、社会治理的理想？这是我们院校，职业院校人都要去认真思考的大问题。

　　只有这几个方面都达到或接近达到了理想的状态，消除了理想与现实之间明显的差距，我们才能够说：中国的职业教育距离理想状态、距离自己的发展理想并不遥远。

　　因为，我们还始终在努力，在奋斗，在前进。

《学知报》"职见"专栏，2021-03-15

职业教育要实实在在扎根地方

职业教育作为一种类型教育，与普通教育的最大不同，除了实践性、应用性之外，还有一个更主要的特征就是地域性。职业教育服务于地方经济发展，服务于地方企业行业的人才需要，紧紧抓住地方是职业教育多年发展的历史经验，也是职业教育和职业院校发展的未来方向。这一点，是各地各层次职业教育办学者的共识和基本遵循。

在职业教育的正规化建设——优质校建设、骨干校建设、双高建设——过程中，这一特点得到了反复证明：越是扎根地方、服务行业企业、与行业企业关系紧密，与地方经济发展人才互动良好的院校，往往发展得越好；而那些过于学科化办学，一味向普通院校靠拢，甚至于走上升学道路而不着眼于就业的职业院校，慢慢地都沦为职业教育的异类、普通教育的附庸，越来越失去其职业教育的广阔天地，也越来越偏离职业教育的发展方向，处于尴尬的境地。

那么，职业院校怎么紧紧地扎根于地方，服务于地方的经济社会发展和行业产业企业的人才需求呢？

第一，所有的职业院校都应该主动加强与地方的联系。从学校领导到院系老师到学生代表，都要积极走访政府部门，到当地的行业主管部门，到当地的大大小小的企业，到当地就业市场去做积极的调研，密切地对接，经常性地深入走访，了解当地实时的需求和人才市场的变化，包括行业技术市场的变化，产业市场的变化，企业需求的变化。这样，才能够把职业教育所扎根的基础了解好、了解实、了解透，而不能够仅仅躺在职业院校"职业"这两个字上，认为自己本就是职业院校，就是培养应用型人才的，所以，培养出来的就是应用型人才，就能就好业，就能走好职业生涯路。这种想法，无疑是过时的，也是自欺欺人的，更是不着边际的。

第二，职业院校一定要更多地与当地的普通院校进行交流。交流的方式，一方面，职业院校可以承包普通院校的劳动教育课程的设计和人员培训。用这种方式走进普通院校，打好客场仗，使普通院校更了解职业院校，尊敬职业教育，在普通教育的师生人群和家长人群中逐渐形成良好口碑，改变既往的刻板印象。另一个方面，打好主场仗，把普通院校的师生请到职业院校来参观、交流，以真实的技术能力服人。通过相互的了解和交流，才能够吸引和改变越来越多的人对于职业教育的错误印象和定位，激发学生的兴趣选择和自主选择，同时也提升职业院校师生在教育界内部的自我定位和自我尊重，为他们的职业发展、就业发展提供充分的自信和环境支持。

第三，职业院校应该积极争取各方支持，尝试举办自己的实习实训场所，甚至自营经济实体：酒店、餐饮店、汽车维修店、家政服务店、超市，甚至于小型工厂。由院校的相关专业主办相关企业，并组成院校自己的校办企业集团，以实质性的经营活动融入当地的产业经济社会的需求之中，摸索到更加实在的当地的产业发展的脉搏，为职业院校的专业发展提供真实的感受基础、需求基础、专业发展基础。

这为职业院校师生实际的动手能力、实际的应变能力、实际的融入市场自我提升和发展的能力，提供了最大的充实的空间、自主的空间，而不过多地依靠校外企业提供实习实训场所，尽量用自办企业的方式锻炼师生，让他们感受到真实的生产和真实的经济活动的压力、活力以及如何激发自身和院校专业的潜力。只有这样的能力的增长，才能够让院校真正地融入地方，抓住地方，与地方协同发展。

第四，职业院校的学科发展、专业发展也要与院校针对地方的科研发展结合起来。职业院校的科研一定不要好高骛远，而一定要扎根在地方。职业院校可以研究地方的文化、地方的传统、地方文化产业的脉络、地方非遗产业的现状，研究地方经济产业的趋势。这样的研究，一方面为地方政府尤其是县级及县以下的政府提供了发展所需的智囊服务，也为职业院校本身人才培养的专业定位、人才定位等相关工作理清思路，明确整体的结构和轮廓，从而服务于院校专业和人才培养的长期发展。紧紧地扎根当地，研究当地，才能够更好地服务于当地，服务院校自身发展。

　　第五，职业院校要更多地把学校所在地的地方政府、行业主管部门、产业企业单位，甚至于当地的小业主和普通市民、学生家长、毕业校友更多地请到学校来，来看看学校的专业设计、人才培养模式、人才培养现状，请他们为学校的发展把脉，提供建议和意见。教育的发展一定不能够关起门来办学，职业教育的发展更不能把自己打扮成另一座象牙塔。社会人士尤其是当地人士的更多参与、更多意见表达，是对院校的有力协助。就目前来看，我们的院校在这一方面的工作和努力仍然处于随机状态、被动状态、无意识状态，缺少认真系统的策划实施和实施后的反思改进，更谈不上对应性的提升。

　　如果把触手伸得更长，把根扎得更深，扎入地方的现实真实的问题中，扎入长远发展的需求之中，一起和当地去思考解决当地发展的问题，寻找破解这类问题的有效办法，那么，职业教育就会成为当地志同道合的同行者，成为当地关心关注的宝贝，得到更多更实际的支持，而以地域性、行业性、应用性为特色的职业院校才能够枝繁叶茂，才能够经历风雨，才能够硕果不断。

《学知报》"职见"专栏，2021-03-22

给本科职业教育提个醒

本科职业教育曾经是高职院校一直心心念念、努力争取却难以突破的一个重要环节。这对于我国高等职业教育的进一步发展、提质增优，都至关重要，既能鼓动人心，激发士气，也是职业教育作为类型教育实现自我提升的需要。

近两年来，本科职业教育终于有了实质性的突破。好消息不断传来，教育部层面已经多批次批复，同意20余家职业院校试点本科职业教育。本科职业教育已经不再是水中月镜中花，而是实实在在、触手可及的目标，已有部分条件具备的高职院校有幸步入了本科职业教育试点，还有部分有实力的高职院校也争取到达这个新高地。

探索本科职业教育、探索改革提升职教发展的新路径，目前正在一个意气风发的阶段，也在一个激发斗志的阶段，更在一个需要冷静清醒的反省阶段——本科职业院校应该如何增强质量意识，确立发展目标，推动后续长期高质量发展？

因此，在欣闻本科职业教育的一些好消息的同时，也要注意到本科职业教育发展这一关键时刻的一些小苗头。

为此，我不免担心。所以，更加希望在这个时候提出一些建议，做出一些提醒，提醒相关方面更加清醒地看待我们的本科职业教育的健康发展。

首先，本科职业教育来之不易。已经进入本科职业教育试点的院校，一定要在欣喜振奋之余有充分的思想准备、清醒的自我定位。不能够只满足于本科职业教育带来的生源质量和办学层次的提升，更不能够将本科职业教育试点就等同于院校的本科学校地位的确定，从而生发出另一些来得自然却又需要警惕的小幻想、小目标。要抱定服务于职业教育发展、服务于区域经济社会发展、服务于区域应用型人才培养的大目标大格局。

其二，本科职业教育的工作重点由院校承担，工作抓手在专业、在学生培养。专业质量，并不是学校得个批复、改个名称就能顺顺利利提高、学校就能自自然然地迈入本科职业教育阶段的。我们的院校必须清醒地看到我们的专业发展、人才培养在之前的专科层次和当前的本科层次的具体差别。这种差别既来自学历层次高低不同，更来自就业市场的产业企业对于应用型本科层次人才的具体需求不同。

只有用人单位用得好能信赖的人才，才是合格的本科职业教育所培养的应用型人才。而只有培养出这种合格的应用型人才的专业，才是合格的本科层次的职业教育专业。而只有搭建出这种合格的本科专业的院校，才能称得上是合格的本科职业院校。这个逻辑很简单，也很清晰。但要真正做到，成功满足市场需求的人才标准和专业标准，院校要做出的努力还很多：需要去了解市场，了解区域，了解产业，了解行业企业岗位的需求及未来趋势，了解学生自我职业生涯及能力潜力，了解院校相应专业的培养能力，清醒地找到差距，给予补齐，形成持续能力。

第三，正因为本科职业教育的重点在院校、在专业、在学生，这就意味着本科职业教育并不完全是院校自身的事情，而必须是教育行政主管部门、地方政府、产业行业企业、普通教育类型兄弟院校共同努力、共同合作的一项事业。

校内事，校外始。只有将校外各方面的力量统合起来，才能够系统化推动职业教育本科阶段的良好建设。

地方政府和教育行政部门应该针对性地为本科职业教育试点单位的自我提升和建设给予财政支撑、顶层支持。作为兄弟院校，普通类型本科院校也应该摒弃对职业教育的偏见、歧视和偏颇定位。要看到本科职业教育发展的前景希望，以及对于普通本科院校的辅助和拉升。普通院校可以给予职业院校以专业方面的帮助建议，包括学生管理、院校管理等经验的传授，对于试点院校来说，这是珍贵的也是重要的。

如果在试点本科职业院校与普通本科院校之间形成一种互帮互助、直接切磋、共同交流的局面，就有利于区域内高等教育的整体健康良好发展。这对于所有院校的人才观、教育观，以及相应的管理工作都会有相当大的推动和提升。

第四，试点本科职业教育的院校，一定要放下急切的心态，不要急于建功、急于见效，而要踏踏实实地做好学校整体治理体系的规划建设。因为之前中专的底子、专科的经历，学校整体的师资队伍、管理队伍、学校规模、发展路径，与本科院校相比，在方方面面都有着各种差距。这种差距并不是说试点院校能力不行、能力不够，而是明确了院校对管理人员、教学人员、学生管理和培养等方面的诸多环节需要提升提高，优化完善。

而这无疑是需要时间的，不是在短短的一两年、三五年就能够达到的。所以，试点本科职业教育的院校一定不要有大跨步迈进的不切实际的想法；在专业建设上也不要贪多，不要急于扩张本科专业数量；也不要在本科生源招生的人数上过于激进

从学理逻辑和层次上看，职业教育的确需要有本科层次教育、研究生层次教育，但这并不意味着我们具体的院校就已经达到了这样一种功力，具备了这样的能力，能够顺理成章地在短短几年之内快步走过这些环节，迅速形成完备的现代职教体系。这还需要所有的本科试点院校、专科层次阶段的高职院校做出长期的努力，这绝非改名升本就能够天然地赋予院校这样的能力。

第五，本科职业教育的到来，是数代职教人努力发展、呼吁争取的结果，是在条件成熟之际，在国家社会发展需要的综合作用下的自然产物。这不仅仅是个别已升入本科层次的职业院校自己的事，更是整个职业教育界的事。涉及的中职和高职，所有的职业院校，应该从这样的战略布局和战略发展的角度出发，我们的本科试点院校要做好自己的全面建设；在专科阶段的高职院校也要明确自己的定位，做出自己的规划和努力，朝着专业发展、学生发展、院校发展的方向前进；中职学校也要进一步思考自身的专业建设、人才培养如何才能够在现代职教体系的建设中，在本科职业教育的发展过程中，有所作为，能够接续顺畅。

只有清醒、谦虚、冷静、稳重，又具有理想、能认清现实去努力的教育和教育人，才有发展壮大充实自己的一天。我们寄希望于我们的本科试点职业院校能做到这一点，也寄希望于我们建设中的现代职教体系能引导更多的院校

清醒地认识到这一点，认真地做到这一点，踏踏实实地推动本科职业教育稳重前行，推动我国现代职教体系的健康成型。

《学知报》"职见"专栏，2021-03-29

期待职教本科的丰硕果实

上一期，我们谈了一个话题"给职教本科提个醒"。从标题上看，好像正能量不足、鼓劲的含义色彩不够浓厚；对于作为新生事物出现的职业教育本科院校、对于职教本科而言，似乎不够给力。那么，这一期，我们换个更明确的方向，给职教本科打气、鼓劲。

刚刚起步的职教本科已经证明了自己不是无源之水、无本之木，而是长期磨炼而来、遵循教育规律、满足社会需求和院校发展的正常结果。职教本科院校能够通过自身一贯的努力，持续向前向上发展，结出职教本科真真实实的丰硕果实。

毫无疑问，职教本科不是政策的一时心血来潮，而是近40年中国职业教育尤其是高等职业教育发展的必然结果。当中国职业教育从20世纪80年代开始构建极具中国特色的高等职业教育体系以来，高职院校长期处于专科层次，经历过其优质校、骨干校的选拔建设，推动了国内200余所高职院校的优势发展和高等职业院校阵营的茁壮成长。

近年来的双高建设，又一次从高职院校当中遴选出了一批成长势头强劲、专业优势明显、服务区域经济发展能力强、教育培养院校师生队伍办法多、毕业生参与行业企业经济建设并实现自我发展成绩明显的高职院校。这一类院校的茁壮成长、持续发展为中国高等职业教育锻造了数以百计的区域先锋、行业院校、创新能手、实干专家，实现着自我的担当，推动着学校的发展，牵引着师生的希望，带动着作为另一教育类型存在的职业院校向上更高更好发展的意愿。

正是在这样的背景下，本科职业教育不断被提上职教界内部议程，甚至于成为教育界和社会关注的重大热点：当一个新鲜事物的茁壮成长，已经不能用之前预定的标尺和空间容纳的时候，打开遮挡的天花板，释放他们向上向好的发展能力，这毫无疑问是正确的，无可厚非的。而就在这件事情上，职业教育界、争创职教本科的高职院校，经历着长期的煎熬和磨炼。

因此，所有人都应该从历史角度、理性视角来看待新生的职教本科。伴随高职教育发展，本科是终于到来的一项选择、必经的路径。经历多年与市场人才需求的对接，不断提升校内专业设置、建设专业培养能力后，一大批高职院校，尤其是在各个行业具有传统优势、在区域发展具有传统地位、并在新的发展时期一直主动开拓向前改革的院校早已经具有在个别专业乃至专业集群实施本科教育的能力。换言之，职教本科，是高职应得的，也是与他们的培养能力、志趣追求相符合的。

一段时间以来，社会对于新成立的职教本科院校有各种各样的议论。其中，比较突出的是新成立的职教本科大学多以民办院校为主，最近又增加了部分本科独立学院与公办高职院校合作成立的本科职业技术大学。舆论认为，过多的民办院校和独立学院的加入，造成本科分数线过低、生源质量不高，拉低了职教本科院校的成色，影响了职教本科院校的社会声誉；可能造成办学质量不高、培养能力不强、社会认知度不高，为新起步的职教本科带来了不可测因素……

而实际上，这仍然是职业教育处于专科层次而所遭受的社会歧视的衍生版。

被局限于专科层次，即便再知名的职业院校，培养的学生的应用能力再强，仍旧是专科生，仍旧遭受身份歧视，比如政府公务员招考、知名企业招录，高起点的学历层次往往抬高了职业院校毕业生的就业门槛，造成就业层次较低、质量不高，这些现象一直存在。这种对于职业教育的社会偏见现象也一直存在。而到了本科阶段，对职教本科院校认知和定位的社会偏见仍继续延伸，这并不奇怪，也并不具有符合实际的合理性。

其实，能够经受教育部多番审慎考核，最终获得批复成立的职教本科院校，尤其能进入本科建设序列的民办院校，都绝非平庸之辈，而是经受了公立院校无法想象的自我建设、多方淘洗才能走到今天，也都经历了长年的办学实践，愿意也能够在职业教育领域长期作为，形成了自己参与职业教育专科层次、本科层次持续发展的基础能力，并在市场经济的企校合作中得到了不断验证。所以，民办院校得以比较集中地进入首批次本科职业院校的行列，这恰恰说明的是他们在同类院校中的能力，而不能因为其出身于民办院校，就被打上身份烙印，被理所应当地质疑，甚至于被公立职业院校非议诟病。如果这样，岂不是与之前社会对于职业院校的偏见并无二致？

就本科职业院校建设而言，这其实是一个长期的选择过程。大家耳熟能详的第一所职教本科院校，是大家往往淡忘的天津中德职业技术学院升本而来的天津中德应用技术大学。升本后的天津中德，已经用自己的发展证明了自己专业的能力和培养的能力。而首批15所本科职业技术大学的招生情况，也的确从数量和相对于专科而更好的质量上，给了这些院校发展、强大的信心。

这种情况，也同样会出现在后续与独立院校合并成立的职业技术大学身上。也许有一定的起伏波动，但职教本科持续向上向前的大趋势，不会改变，这是各院校在自己的发展历程中积攒的实力和底蕴。

至于说首次本科招生分数线不高，大多在各省本科线附近，大量的压线考生进入了本科职业院校，这很正常，也符合教育选择的规律。这也很必要，符合院校发展的需要。

毕竟，一口吃不成大胖子。本科职业院校的长期发展中，要面对的就是这个考分层次的学生，也已经证明自己能把这个层次的考生，经过学习实训，锻炼成为相对合格的技术技能人才，能进入社会，参与经济社会的各项专业活动。那么，升本之后，职教本科院校仍然会较多接触这一层次的学生，这既符合院校的培养传统、教学能力、师资基础，也能够为这类院校提供一个逐步向前向上的锻炼过程。不能希望一所新成立的职业本科院校，就能招收到当地考分达到一本、二本分数线的考生；这样的考生进入职教本科院校，也未必是对院校的提升，或者是符合他们的培养能力的理智之选。

因此，我们现在职业技术本科院校所面临的问题、面对着的社会疑问，都是正常的，也是可控的，也是自然的，是可以面对的，当然更是我们院校能通过自己的发展回答好、回应好的。

我相信本科职业院校一定能行。通过自己的管理提升、专业调整、师资队伍建设、校企合作和产教融合程度的深化、学生学习实训管理细化、招生就业服务针对性提高，他们能够以自己30多年高职教育发展所积攒的心气和信心，继续推动职业教育本科发展向前，并为社会培育出实实在在的、来之不易的、苦尽甘来的职教本科硕果。

《学知报》"职见"专栏，2021-04-05

职业教育堪当两岸融合发展的桥梁

近日，教育部、福建省支持厦门职业教育高质量发展助力两岸融合的重大举措，在厦门、在福建乃至在全国都引发了大家的关注。职业教育为地方和区域发展提供人才、技术、产业、社会的发展支撑，于此更为彰显。

因此，这不只是厦门的一件大事、喜事，不只是福建的一件要事，也再次凸显了整个职业教育大有可为的空间能力和优势能力。

而其中尤为难得的是，部省共建将职业教育作为助力海峡两岸融合的重要内容，这是对两岸教育合作、产业合作、经济融合、教育融合的清醒认识和顺势而为。

教育对两岸社会发展都具有基础性、先导性和全局性的地位与作用，职业教育对于推进两岸产业升级、经济转型和社会进步更有不可替代的特殊作用。

其实，一段时间以来，台湾地区的职业教育，也就是台湾地区所称的"技职教育"，和大陆职业教育界的交流是非常积极活跃和充分的。

台湾地区的技职教育是伴随着台湾地区经济社会发展而来，服务于台湾地区的大中小微企业和台湾地区产业发展的需要，形成了具备当地特色的人才培养的体系。当技职教育的培养体系和教育模式，伴随着台商进入大陆，尤其是进入海峡对岸的厦门地区和福建省并进而与大陆更多地区产生交集之后，双方得到了良好的交流机会和经验推广的机会。

而伴随着大陆各地经济发展、社会发展和人才培养能力的提升，大陆富有特色的高等职业教育、中等职业教育、技工技师教育强势成长，反过来又对台湾地区的技职教育形成了一定的回馈、交流，带来了更多的合作机会。

因此，从以教助融的角度而言，教育的交流、技术技能人才培养方法和培养模式的交流，促进了两岸教育的对话与合作，在助推海峡两岸融合发展方面，富有成效；而大陆实施部省共建支持厦门职业教育高质量发展，将搭建更宽广、更便捷、更充分的教育交流教育平台，无疑将为两岸更好的交流和合作、融合发展开辟新路，对海峡两岸的产业合作和台商的直接利益，都将带来良好的推动。

伴随着大陆经济社会发展的强劲动力为两岸融合发展带来的更坚实基础和更大发展机遇，大陆现代职业教育体系的日新月异也每每引起台湾技职院校的好奇甚至羡慕。

台湾技职教育早于大陆高职院校进入到本科阶段，在台湾地区被称为"××科技大学"。大陆近两年高等职业教育进入本科阶段，有部分的院校率先尝试本科职业教育，更名为"××职业技术大学"。这就开始为两岸技术技能教育在本科层次的交流对话提供了更加广阔的空间和更有延展度的话题维度。这也无疑对于双方的高等职业教育的发展交流，能够形成良好的互动和推动。

部省共建优化厦门地区职业教育的同时，随之而来的两岸充分的教育交流，自然会为海峡两岸带来良好的人才培养的新机会、新合作，并进而为海峡两岸的产业交流、企业合作、文化交流以至于情感沟通、两岸融合发展，带来良好的促进和推动。

如果善用职业教育交流的沟通平台，这无疑会在人才培养、教育交流、产业合作、企业往来、情感认同，以至于在海峡两岸的融合发展方面起到积极的桥梁作用。

而且，从历史和现实来看，大陆尤其是海峡西岸职业教育和台湾地区技职教育的交流，既有地缘方面得天独厚的优势，更有行业内生需求动力的驱使和社会经济发展的呼唤，而且已经形成了积极有效的交流沟通的方式和师生往来互访、相互提升、互相学习、互相推动的传统。

因此，在这样一种传统的基础上，我们对此次省部共建支持厦门职业教育的提升行动，以及职业教育对海峡两岸融合发展将起到的积极推动的作用，有极大的信心、良好的祝愿和热情的期待。

《学知报》"职见"专栏，2021-04-12

职教大发展，各级党委政府责任重大

在刚刚结束的全国职业教育大会上，中共中央总书记、国家主席、中央军委主席习近平对职业教育工作作出了重要指示。这是总书记对我国职业教育的发展再一次明确做出了宗旨性、整体性的描述和根本定位，提出了战略性、宏观性同时也细致而具体的要求。

总书记的重要指示中，概括了职业教育的未来是"前途广阔，大有可为"。这既是给职业教育界打气、鼓劲，更是为职业教育在国家现代化建设中的前途以及重要性给出了定盘星一样的明确。

总书记的重要指示，给职业教育改革发展提出了系列新的具体要求，每一个具体要求都点到了职业教育发展的要害处、根本处。这是总书记长期关注、长期重视职业教育的结果。这体现着总书记对于教育的尊重，对于职业教育发展规律的尊重，对于职业教育与经济社会发展战略性的关系的深刻认识。

在总书记的重要指示中，他提到了改革管理体制、保障机制，所指向的是各级负有管理职能的政府部门。这也明确要求相关机构和部门管理方肩负起相应责任。随后，总书记更直接指出：各级党委和政府要加大制度创新、政策供给、投入力度，更进一步明确了之前提到的管理体制和保障机制的改革。

把责任压实到各级党委和政府的制度创新、政策供给、投入力度这三大政府治理行为。毫无疑问，就是明确地提出了对于相关各级党委政府的新要求、严要求、高要求。

制度要适时创新，政策要实时供给，投入要及时加大。这不仅让众多的职业院校看到了中央对于职业教育发展的根本性支撑要素的清晰了解，由此产生了对院校提神鼓劲的强烈效果。同时，这也对各级党委和政府此后的改革和发展、对职业教育的重视和扶持，打下了工作基调和根本遵循。这必然成为中央对于各地党委政府工作的当然要求，更是一种工作的鼓励、工作的监督、工作的落实。

应该说，总书记多次对职业教育的指示、视察、讲话、要求，都一再明确了职业教育对于中国社会经济发展的重要性以及其在中国发展战略中的战略性重要地位。

而战略性、重要性怎么体现？战略发展怎么落实？一方面，这当然亟需一线的职业院校去落实、去推动、去认真地做；但更重要的，无疑是在背后的管理和保障机制，这就是我们各级党委、政府的认识和意识到不到位、责任落不落实的问题，也是必须调动系统措施、全社会资源去做好的最重要的一部分工作。

毫无疑问，在我们的教育发展过程中，已经越来越明确职业教育作为类型教育与普通教育的同等重要性。同等重要性，既意味着它对于教育体系本身的重要，也意味着这直接对于社会经济和国民个人的整体发展是同样重要的。

那么，这就有一个非常重要的考察的维度，或者说检验的标准，那就是——整个社会，从党中央国务院到产业界、教育界、全社会，乃至家庭个人，都越来越关注职业教育真实深入和创新性地发展与突破的时候，各级党委政府应该越来越明确自己所肩负的这沉甸甸的发展重担、战略使命。

那么，在随后的实践中，中国社会的上上下下都将关注各级党委政府在制度创新、政策供给、投入力度方面能否做出实实在在的符合职业教育发展需要的实际成绩，能否真实解决职业教育、职业院校急需解决的问题，真正建成中国特色的现代教育发展框架以及蕴含其中的现代职业教育体系。

而如何加大这三方面的实际改革突破，对于各级党委政府来说，无疑是一个考验。程度的大，将带来数量上的大，带来质量上极大的改变，也自然会带来更深程度的职业教育的全局发展，并推动其背后的产业、企业、社会、经济、个人、国家的整体发展。

加大制度创新、政策供给、投入力度，这实际上就是对各级党委政府提出了全面的系统的治理体系和治理能力现代化的新要求。制度能否创新？政策供给能否到位？投入力度能否持续加大？这都要求各级党委政府要做好以下几件事。

第一，各级党委政府必须放下身段，深入了解当地经济社会发展所急需解决的重大问题、面临的重大挑战，以及在解决这些问题、面对这些挑战时，职业教育的着力点在哪里，怎么切入经济社会的同步发展？我们的党委政府必须做深入的调研摸底，细致而非笼统、深入而非表面、系统而非一事一议地去了解和掌握现实中职教发展的真实情况、真实难题。

而在摸底调研的过程中，也要对职业教育所面临的具体困境具体困难，做出符合时间维度和深层原因的翔实分析，并下决心认认真真地大踏步地给予改正，并探索真实系统化、深刻不敷衍的解决方案。

第二，在充分调研的基础上，各级党委政府就必须勇敢承担起自己的责任。这个责任，既来自制度创新、政策供给、投入力度的责任，归根结底，更是来自共产党人"不忘初心、牢记使命"的责任，来自各级党委政府坚持"为人民服务"这一根本宗旨的责任。因此，具体的落实和推动，将为我们各级党委政府提出严格的要求和考验：站在对党和国家、人民发展负责的立场，主动作为、积极探索、改革前进，在改革中提升锻炼，磨炼自己的治理能力、管理能力、保障能力、服务能力，从而做到加大制度创新、政策供给、投入力度。

第三，各级党委政府在给职业教育发展加大支撑力度的同时，还要能够着眼于区域内整体教育框架、现代职业教育体系、不同教育类型、不同院校的均衡而充分的发展，做出根本上、本质性的有助于教育健康全面发展，有利于现代职业教育体系建设的整体布局、改革构思、创新步骤。

全社会都关注各级党委政府即将拟定的如何推动区域内职业教育发展，如何推动教育系统整体均衡发展，最后形成健全的现代职业教育体系和中国特色社会主义教育的大格局。如何能够做到久久为功、真实落实，而不是蜻蜓点水、浅尝辄止，更不是做表面功夫两张皮。这考验着各级党委政府，也淬炼着各级干部、公务员、人民公仆。

而经历淬炼，真正立足于此，我们的教育发展，我们的职业教育的发展必将前途广阔，大有可为。

这个过程中，各级党委政府同样前景广阔、大有可为。

《学知报》"职见"专栏，2021-04-19

职教师资标准要切合实际

师资队伍建设，从来是院校发展的重中之重。职业院校师资队伍建设更是职业教育最新发展态势下的重点、要点和难点。

各院校如何选取新入职教师，如何吸引良好的师资，如何培养骨干师资，如何将各个年龄段的骨干教师培养成型，如何打造优秀的教师梯队，如何留住并推动各年龄段优秀骨干教师的专业进步、职业发展，并引导他们与企业行业形成密切的合作，了解行业企业的最新的一线需求，进而提升自己的教学能力，转化为自己的教育资源，并根据不同学生的不同需求，展开有效高效的教育教学活动，这都无疑是各个院校尤其是职业院校特别关注关心的重点。

因为，职业教育作为不同类型的教育，职业院校与普通院校在师资选择和培养上有更多的特殊要求：既要理论知识扎实，又要求实践能力突出。这是职业院校对于师资建设的两大诉求，也是与普通院校不同的特点。而这也注定了职业院校在师资队伍建设中，将面临双重乃至更多的困难。

如何能够吸引并选择好知识储备丰厚、动手能力实践能力强的双师型教师，是所有职业院校教师队伍建设的核心命题。这极大地考验着职业院校的领导们。

而当前的一个突出的问题，则是越来越多地听闻职业院校尤其是高职院校将新进教师的条件甚至第一条件，锚定在学历层次上——"非研究生不进"，甚至出现了只聘用优秀博士研究生的现象。这种择才标准和要求，与普通本科院校的要求没有什么不同。

虽然这是所有高等院校的办学自主权力，但越来越多地听闻到这样的入职学历要求，难免让人愕然。

因为，就前述职业教育类型特点所决定的职教师资特点而言，硕士研究生、博士研究生，当然可以进入职业院校的选才视野，但作为重视实践技能能力的职教类型来说，研究生，博士生并不能够保证其自身能够成为知识扎实、实践能力突出的双师型教师。第二，在同样的竞争条件下，愿意并能够进入职业院校的硕士博士，相较而言，其质量和生长性与进入普通本科的学术性研究型大学的研究生，很可能是有不同的。那么，在这样的基础条件下，再要求其成长为双师型教师并保持对职业院校的热爱和忠诚度、带好培养好学生，服务好行业企业，则将耗费职业院校管理者更多的精力，却未必能够完全达成在师资建设队伍上的初心和愿望。

尤其是一些公立高职院校，因为其事业单位身份和自带编制的特点，在就业市场颇具吸引力，占据着一定的优势，越来越多地听说这些院校选材的思路也每每着眼于博士、名校硕士。对于职业院校发展更为重要的实践能力、行业融入度、职业教育的忠诚度，这方面的考量并非没有，或者淡薄，但未免让旁观者难解和着急。

此前，职业教育的蓬勃发展，带来了院校的挺立和成绩，而这些成绩的取得，恐怕并不是以硕士、博士为主体取得的。甚至，有不少的院校的领导者，其本身就出自中专层次、大专层次的职业院校；而经过长期的发展，努力拼搏，最终成为职教界骨干、院校的领导者，甚至领域内的领军者。

这对于职业院校本身的发展来说，已经对我们的选材用材有所启迪。那么在职业教育蓬勃发展的现在，我们则更要冷静反思院校目前的选才用人的方向和标准。

因此，职业院校以及相关的主管部门，应该对职业院校自己的选材用人有清醒的自我定位和实事求是的坚持。

第一，坚持唯才是举，破除唯学历本位的"五唯"陋习。我们的院校要从自己的发展历史中找到自信，从自己的选才育才的经历中坚信一点：师资队伍建设，要有高起点、好起点，但是并非就赢在起点。而且，只有合用的、适用的、能发展的，才是真的好、真的高。

第二，主管部门要相信院校对于师资队伍建设的责任心和经验，要尊重支持院校的自主性。"鞋合不合脚，脚自己最知道"，在师资队伍建设过程中的一些标准设定，主管部门应该信任院校，尊重院校乃至院系专业的自主判断。

换言之，以负面清单的管理方式参与其中，比主管部门过多前置性的高标准、严要求、细条框，要更能释放院校和教师个人的积极性、主动性、责任感和生长力，并取得良好的实际效果。

第三，以此类推，院校尤其一些公立学校，应该建立起更能够释放教师自身能力，激发其主动能力的弹性管理制度和流动性的管理措施，从而使教师所在的院系专业，对于具体的教师队伍建设和培养担负起最直接的管理治理的责任，激发他们选才用才的主动性灵活性，从而为院校发展培养好的、可靠的、能用的、适用的、责任心强、忠诚度高的师资力量。

第四，职业院校必须尽快走出当前的学历迷失和简单化的管理手段。从真正的教师长期发展，院校长期发展，学生长期培养的角度调动教师的积极性、主动性，恢复并优化院系一级管理团队和教师发展共同体的同行评议、同事扶助，从而共同形成教师培养的内部环境，从而在内外方方面面形成职业院校师资建设的良好态势。

只有这样，我们职业院校的发展才能得到同样踏踏实实的教师队伍的推动，才能实现院校可期待的发展，才能达成职业教育的当前目标和长远目标。

《学知报》"职见"专栏，2021-04-26

职教大发展，要更多关注普通院校的提升

近几年来，职业教育进入到明显的高速发展、快步前进的历史性黄金阶段。尤其是这两年来，职教本科建设的大幕拉起、双高校的遴选，在高职院校乃至于整个职教界打开了发展天花板，亮出了提质增效新标准，指明了前进的道路和方向，的的确确是提振了职教圈士气、心气、底气的大事儿、好事儿。

除此之外，职教界的各类职业能力大赛、技能竞赛，乃至于世界技能大赛中我国选手频繁获得骄人成绩的事实，不断地让我们看到职业教育界欣欣向荣的良好景象，也为职教界的大发展营造了良好的社会氛围，吸引了积极的社会关注。

同时，大大小小的各类职业院校排行榜的释放（虽然我们一再批评这类榜单过于单调，缺少排行依据和数据调研的支撑），在不尽如人意之余也参与营造了一种职业教育热气腾腾的景象。

职业教育近几年来的这种发展的积极势头、巨大进步、良好氛围，都让我们看到职业教育界与经济社会发展的互动越来越密切，越来越正向，越来越重要，大家对职业教育的认可认同和感受感知也越来越与职业教育作为类型教育的地位和分量逐渐相匹配。

而在这个过程中，我们也能感觉到职业教育内部的心气和外部的社会整体氛围都得到了提振，得到了良好改善。职业院校也都开始传达出积极向上力争一流、力争上游的好局面、好形象、好信息。

但是在这个过程中，有一点仍然必须强调，也应该让职教界内外的人士，包括教育界的人士和教育界外的人士，尤其是各级党委政府要特别重视的一点，那就是——职教的大发展，必须关注职业教育界的那些普通院校的提升。

所谓"职教界的普通院校"就是在1万余所职教院校中处于中下游的、排

名靠后垫底的院校。这些院校，在数量上占职业院校的绝大多数。1400余所高职院校中参与双高建设的只有将近200所，之前经历优质校、骨干校建设的也是200所，那么剩余的1200余所院校中的绝大多数，就是高职院校中的普通院校；而一万余所中职学校，分布于全国各地，大多以县为依托，其中的国家级示范校牵引着中职学校的发展。但是，一万余所中职学校中，更多数的仍然是非示范的普通中职学校，他们的师资、生源、在校生数、毕业生数以及服务社会经济发展和相关企业的数量，自然也占了中职学校的绝大多数。

那么毫无疑问，我们的职业教育要实现大发展，既要头部院校、名校、优势校作为代表、作为旗帜、作为牵引，拉动整个职业教育中高职院校和中职学校向前向上发展，争取一流，争取提质增效的发展。更毫无疑问的是，中国职业教育整体面貌的改善，在于一万余所职业院校的整体提升，更取决于占了绝大多数的普通院校的提升。

正如著名的"短板理论"所说：决定一桶水存量高低的，并不是最高的那几块，甚至于最高的那一圈木板，而是最短最低的那一块木板；最低最短的这块木板的存在，就决定了整个木桶所能存放的水量，决定了这个木桶作为木桶的价值和重要性。

换言之，职业教育的形象如何？职业教育的口碑怎样？职业教育的发展前景如何？职业教育的形势状态怎么样？社会对于职业院校、对于职教的判断定位如何？也一样来自那块最短最低的木板——那就是职教界的普通院校。

社会对职业教育的判断和定位，既来自优秀的高职院校、中职学校这些头部院校的示范作用、办学质量、育人成果，来自他们身边的这些普通的中档以下的普通院校的办学实际效果、社会观感、公共形象、公众印象。

毫无疑问，当我们把职业教育置于与普通教育相对应并作为同样重要的另一个教育类型的时候，当我们为高等职业教育打开了本科教育的天花板的时候，当我们为"双高"计划的牵引能力、牵引作用、牵引效果大声喝彩并寄予极高期待的时候，我们实际上都是在关注职业教育的整体发展态势。

而职业教育整体发展态势，只有在为数众多、占职业院校绝大多数的普通院校发展起来之后，才能够得到彻底地真正地真实地改变、改善、改观。

那么，这就需要我们在积极开创当前职业教育改革发展的体制机制、保障机制新局面，加大制度创新、政策供给、投入力度的时候，一定不要忘记职业教育的这些普通院校，他们才是职业教育真正发展起来、壮大起来、香起来的最后考量和最终标志。

因此，我们在做好双高建设，用双高院校来牵引和带动普通院校的向上向前发展的时候，我们在做好本科职业教育的规划设计的时候，我们更不能够轻视遗忘甚至于随意地延误更大多数的普通职业院校的发展，更不能够延误对他们的制度创新、政策供给、投入力度，而是要更加坚决地给予政策红利、坚定扶持。

只有普通院校发展得越好，只有质量高效益好的普通院校数量越多，职业教育的基础才牢靠，我们基于职教圈头部的优质院校骨干院校、双高院校、本科院校才能立得住脚，说得起硬话，赢得来社会真正的认可和认同。

那么怎么来实现职业教育普通院校的提升？怎样让他们为职业教育的大发展奠定基础？

别无他途，就是总书记给全国职教大会做出的重要指示，就是各级党委政府真正落实自己的职责，担当自己的责任，加大制度创新、政策供给、投入力度，对普通教育职业教育给予同样的战略重视；而在职业教育的发展中，给头部院校和普通院校同样的重视，甚至于要更加长远地、更具战略眼光地支持扶持普通职业院校，推动他们向优质职业院校看齐靠拢，形成一个向上向前、共同前进、突击突破的职教团体，形成职业教育充满锐气的阵列，共同搭建具有中国特色的现代职教体系。

《学知报》"职见"专栏，2021-05-10

高职院校发展，将倒逼普通本科教育改革

近两年来，中国职业教育的发展出现了很多激动职教界也搅动教育界的大事好事。一个是高职双高校建设项目的选定和推动；一个是20余所本科职业院校的确立。这样，作为职业教育高层次教育部分的高职院校，释放出让人产生很多联想、充满希望的信息。

大家一直所担心的：职业教育作为类型教育，如何突破天花板，如何建立自己的完整教育框架，如何构建现代中国职教体系，如何形成技能加学历层次的共同提升，这些问题，于此得到了很大的突破。也有人说，这是突破了职业教育作为独立的类型教育的发展天花板。

长久以来，我们习惯于讲"职业教育是与普通教育同样重要的一种教育""高职院校占了我国高等教育的半壁江山"。这种耳熟能详的说法，在新世纪以来，大家已经颇为熟悉，朗朗上口，也是高职院校相互鼓励打气，寻找再发展动力的重要精神基础，向社会敞开展示的自我面貌。

但是，如何从一个朗朗上口的说法落实为实实在在的现实？近20年来，或者说，自高等职业教育开创以来，高职院校一直都在摸索探索，改革突破。用"筚路蓝缕，以启山林"来形容，虽有过分，但也道尽了其中的荆棘遍布、困难重重。

高职院校的发展，的确经历了一条与普通本科院校很不相同的自我改革、自我发展、自我探索、自我挣扎的成长之路。

在普通本科院校级别明确、拨款明确、生均经费基本保障、社会关注和选择自然落地、就业创业无特别门槛障碍的同时，属于专科层次的高职院校，却大多在一些基本规定的门槛处徘徊、愁闷。这虽然与院校属性、定位、层次不同直接有关，但就高等学校发展所需要的精气神、硬件、软件条件来说，高

职院校的确处于一种相对落后和艰辛的状态，也需要更多的高职院校人主动积极借助更多的社会力量，与产业形成种种融合交流，从而牵引、吸纳更多的资源，寻找更多的可能，以闯出自己的一片天地，得到相对稳定的发展。

所以，在优质校、骨干校建设之后接续而来的双高计划，对高职院校的鼓励是持续甚至于是一气呵成的，大家期盼已久。而同样期盼已久的职教本科的破冰、明确、推广、普及，将再一次极大地振奋高职院校久久蛰伏的发展雄心、释放长期被各种条件尤其是自身条件限制的发展可能。

而目前，20余家职业本科院校的明确，虽然因为政策对象的不同而各有不同，职业院校相互之间的产业行业距离、地域区别也限定了相互之间的借鉴学习，但至少，大面积地大量地学用搬用，是不大切合实际的。

高职院校的发展，更多地依赖于高职院校的院校领导和教师以及学生，更多地来自他们对于自我定位的明确所激发的发展动力、事业新追求，对学校对自己的更高的期许、付出决心和努力的意愿和实际坚持。

因此，在职业教育迎来充满美好前景的发展机遇之际，职业教育、高职院校所迸发的生机与活力、希望与梦想、努力与建设，让大家都感受到了这种职业院校发展的巨大可能性，感受到这种职教大发展的活力和能力。

那么，占据中国高等教育半壁江山的1400余所高职院校如果趁势而上，不断扎实推进专业建设，在产教融合、校企合作方面做出持续的更多的努力，各地党委政府按照党中央国务院的要求，持续稳定地加大对职业教育和高职院校的政策支持、投入支持、机制支持，那么职业教育必将在这一次发展热潮中抓住机会，因势而为，形成职业教育整个类型教育的能力提升、力量整合、阵营壮大。

那么，与之相比较，另外一千余所普通本科院校，无疑将承受巨大的压力。

因为，同为高等教育，普通教育类型与职业教育类型的类型差异、类型比较的确存在，但在结束高等教育学习后，普通本科院校毕业生和高职院校毕业生进入社会进行职业双向选择时，就业市场已经开始逐渐从学历选择转向学历与能力并重的选择。也就是说，普通本科院校的优势在缩小，高职院校与普通本科院校的差距在缩小，而职教本科院校的确立和普及，将更大地提升高职院校的竞争优势，并反向挤压普通本科院校及其毕业生的选择空间。

那么自然而然，普通本科院校将承受来自本地甚至跨地域高职院校的竞争压力。那么，普通本科院校就必须做出选择：是继续相对传统、熟悉的办学路向，还是在发展中，转向与行业企业、社会需求更紧密地接触融合，转而改变调整自己的办学方向、办学定位，从学科建设、专业建设、软硬件建设、思想建设上给予新的改革，走出安然的舒适区，迎接新的挑战？这种挑战，既来自社会，也来自高职院校，更来自学生、家长、行业企业为主要代表的选择。

曾经，在河南驻马店云集过数百所普通本科院校，宣示要发展"应用型本科"。当时，应该是院校自身已经看到了普通本科院校办学的局限性，愿意在整体的教育氛围当中做出调整。但时至今日，普通本科院校的应用性转型，从数量到质量到规模，仍然都还见效甚微。近十年的时间过去，曾经的普通本科应用型高校建设，还难以达到当时的设想高度。而教育部新文科、新工科、新商科、卓越工程师培养这些项目的推出，实际上都是在引导、匡正、拉动普通本科院校的办学从单纯传统的学科办学向更新的社会需求方向上作出调整。目前所出现的这些新文科、新工科、新商科等等学科术语和努力，也都在提醒并鞭策着普通本科院校及时改革改变。

那么，在职业教育迎来又一次发展热潮的时候，普通本科院校一定要感受到这种来自高职院校的压力。面对这种压力，一定要主动作出积极回应，认真调研，认真调整，努力改革，努力创新，走出自己富有学校特色、区域特色和社会认可的新的人才培养路径。一定要接受来自高职院校的竞争，最终接受来自社会的选择。

《学知报》"职见"专栏，2021-05-17

发挥行业企业举办职业教育的更大作用

职业教育作为类型教育，其特征一直为全社会所了解、认识并接受。每当谈到职业教育，不管是职教界内的学者、院校的领导和师生，还是普通的社会大众，都会把职业教育与具体的工作岗位、具体的行业类别、具体的企业单位联系在一起。这不仅是职业教育深入人心的一种特点，也是职业教育让中国社会能理解能接受的一大特点，更是我们的行业企业长期参与职业教育的结果。在职业教育过程中，积累了来自行业企业的各种资源、模式，取得了明显的成绩，给外界留下了良好深刻的印象。

在中国职业教育发展的过程当中，尤其是在新中国成立之后很长一段时间里，职业教育、职业院校的举办者，职业院校的出资人和管理人，有很大一部分来自行业，来自企业，甚至其就是某一个企业或企业集团的组成部分。

在新中国职业教育史上，为了发展某地的经济，或者发展某个行业，先为当地或者行业举办职业学校，举办一个中专学校以及随后的大专院校，培养这个区域、企业或者行业系统急需的生产一线的技术人员，然后，随着行业企业逐步发展壮大，学校培养的技术人才源源不断地支撑起这个企业的发展，也支持着行业的发展。这种现象、这种情况，在新中国的职业教育史上屡见不鲜，在全国各地各个行业都有成功先例。这个阶段的职业院校和举办者之间，不仅血脉相连，而且共同为行业发展、企业壮大，做出了积极而巨大的贡献。

比如大庆油田的发展与大庆职业学院的关系就是如此：油田生产需要大量技术人才，大庆油田作为企业，为了自身的发展，直接就举办了一所职业学校，为自己企业各个细分生产线、各个细分专业培养不同的人才，形成了对油田全面生产的完备支撑，学校自身目前也发展良好，并作为大庆油田企业的一个下属单位，与油田下属公司同等级别、同等待遇、同等重要。学院很积极地为油田的生产和发展持续做出贡献，一方面培养具备学历的学生，一方面为油田的职工培训提供着强大的助力，甚至还参与其他公司的实际化产品生产。

河北工业职业技术大学、浙江金融职业学院、四川交通职业技术学院、陕西工业职业技术学院、山东商业职业技术学院、北京商业学校……这些在职教界内大名鼎鼎、有号召力吸引力、在当地和行业内部深受重视的学校，其前身都来自企业、来自行业。他们的创立、发展、进步，以及专业扩展、教学设计、学校规模扩大等等，都与行业企业的支持，以及他们为行业企业所做的服务工作直接相关。

也就是说，我们有一大批底子厚、发展好、前景妙的职业院校，其创立、发展、改革、前进的背后，都有一个甚至于一系列的企业、一个行业在为它们做着支撑——支撑着它们的专业设置、内容设计、人才培养、实习就业、职业发展。行业企业与这一类学校的天然紧密的联系，成为这类学校壮大发展的根基，也是它们向上向前、持续发展的底气。

这些大有作为的具有行业影响力的职业院校，往往与行业企业关系紧密。尤其是与行业内的大企业、区域内的企业系统有紧密联系甚至于就是这一系统当中一员的院校，是最有办学实力也最具持续吸引力、影响力的院校。其实，这在某种意义上，就是相对成熟的、中国特色的校企合作和产教融合，也是与德国二元制大体相当，具体模式、途径不一，但多元力量参与职业教育的构成与发展，是大体一致的。

而当前，在我们的职业院校的阵营当中，无论高职还是中职，有着深厚行业企业背景的院校，目前仍然是在人才培养、发展后劲、就业创业、校企合作、产教融合等方面具有优势的名校。

这既符合职业教育社会多元举办的这种规律，也符合当前党中央国务院要求社会多方力量参与职业教育，共同发展建设现代职教体系的指示精神。应该说，党中央国务院以及教育行政部门稳稳地准准地抓住了职业教育发展的基本规律、基本特征、基本要求，所以，才向社会各界发出共同努力举办职业教育的要求倡议和号召。那么，在这个过程当中，有成功经验和成功历史的职业院校和相关的行业企业，应该勇敢地站出来，用自己长时期的历史经验积累，为当前的产教融合和校企合作，走出具有历史回响、又有未来探索的新步伐。

这个过程，当然仍旧需要多方力量的参与。并不是说行业企业要加大建设现代职教体系的力度，加大投入职业教育发展的力量，也不是要把原本来自企业、行业的学校重新划归行业企业举办，而是立足于新形势新局面，拿出新决心新力量，支持大型企业集团，由行业以及行业系统来全面地参与职业教育的振兴发展，为他们的参与提供便利。

到目前来看，行业企业的发展离不开职业院校，职业院校的发展也离不开行业企业。双方曾经系出同门，有历史的渊源和血脉的亲情。这为我们现在新形势下的新的合作形式，奠定了一种基础，那就是：我们的院校对行业企业有了解有感情，知来路知方向，同时，又能在新时代，立足于了解行业的新要求、企业的新需求，相对独立地灵活地满足更大区域和跨行业、企业、职业流动的学生和社会的要求，以此来设置自己的专业，开展教学活动，推行教学实践，规划院校发展蓝图，为学校的发展赢得多方面的优势。这种优势，既要来自政府、教育行政部门，又要来自行业企业的支撑，同时还来自院校立足于市场、立足于教育规律的灵活机动而又主动积极的作为。

在这个过程当中，行业企业，尤其是大型的企业集团和行业系统，仍然要站在为国分忧、为社会出力、为经济持续发展储备人才的高度，为行业自身的发展，为企业自身的成长，更积极地参与到原本就有的合作当中去。而仍然在举办职业院校的大型企业集团，更要下定决心，立足于企业长远发展的人才需求，对所属的院校给予更加积极持续的支持，这种支持既要有诸如生均办学经费的支持，又要争取外界的政策支撑，更要利用行业企业自身的优势，为院校的专业布局、人才布局做出更加主动的安排和切实的规划。

从政府的角度看，我们对于积极参与职业教育的行业企业，尤其是各大中小微企业真金白银的持续投入，要从法律上、税收上给予真金白银的回报，要让企业在职业教育投入的过程当中，不仅得到长远的人才回报，而且得到当下的利益回报和可见的发展机会的回报。因为企业的投入、院校的发展，就是在推动社会经济的发展。而社会经济的治理部门，理应做出事先的安排，让企业投入得放心、尽心、安心。

而这必将会发挥出行业企业举办职业教育的更大作用，也自然能够让职业院校在新形势下，得到更为理想的发展动力，迎来更多的发展机遇，当然也就会更好地推动我国经济社会走向良性循环。

《学知报》"职见"专栏，2021-05-24

职教本科以职教为本

最近，职业教育本科成为越来越红火热门的一个话题。

这可以理解。

因为职教本科是近几十年来中国职业教育发展的一个长期瓶颈问题，也是职业教育内外始终关注的一个热点问题，更是高职院校突破多年发展天花板的重大问题。

职教本科的突破，不仅为高职院校带来了奋进的新希望，也为职业教育界的所有院校——中职学校和高职院校——带来了希望，更因为这是直接与中国现代职教体系建设直接相关的一个命题。

而与此同时，一个担心也出现了——在期待实现职教本科突破的同时，职教界一直也有热心人和冷静的人提出警告、表示担忧——如果职业院校当中的优秀分子纷纷升为本科，那么留在专科层次的高职院校就会因此失去一些领头羊，专科层次的高职院校会更加缺乏成长性，丧失吸引力，甚至于会丢失掉职业教育高职阶段的公众信心和发展势头。

因此，有一句话让大家耳熟能详，那就是"升本不忘本"。

这个本是提醒高职院校在深入本科阶段后，不要忘记自己的来路，不要忘本。这个本，也是职业教育多年发展的初心所在，更是高职院校升本之后不能够丢弃的自身的本源，也是力量的源泉、发展的源泉。

"升本不忘本"，是对来自职业教育的高职院校升入本科院校后的一种期许、一种提醒。但这本身也存在一种逻辑的歧义，甚至陷阱——其言下之意，似乎是说：升本进入本科阶段的高职院校，在从专科层次升入本科层次时，就已经、应该、可能、或许从职业教育进入了另外一个阵营，就已经不在职业教育这个体系当中，就已经有了与自己的过往切割的资本和立足点。

而"升本不忘本"这句话，不过是提醒他们：你们的来源是职业教育，千万不要忘记了。

但实际上，这反倒好像是给了升本的高职院校一个忘记的理由、一个惯例、一个经常出现的见怪不怪的现象——好像升了本，就通常会忘记专科层次，忘记职教这个本；忘记似乎是必然的、经常的、有理由的、从众的。

这是不对的。

或者说，这种逻辑歧义和表达陷阱是应该避免的，实际上，这种歧义在现实中是被杜绝了的。

因为，升本的职业院校，这些职教本科院校本身就仍然在职教体系当中。

升了本科，根本不能够也不应该更不允许这些院校脱离职业教育体系。所以说，升本的院校还在职业教育体系当中，他们要面对的不是忘不忘本的问题，而是怎样更好立足根本、怎样做得更好的问题。

在制度设计中，职教这个"本"，是根本不可能让这些院校"忘"掉的。升本院校，只能做好，做得更好。升本院校没有忘的可能，没有忘的空隙。

因为职教本科就是职业教育的本科阶段，就是职教体系当中的一个环节，就是中国现代职教体系的构成部分。

它衔接了我们的中职学校，衔接了我们的专科层次的高职院校，更衔接着以后应该出现、可能很快会出现的职教的专业研究生阶段，甚至是职业教育的专业博士阶段。

因此，升本的职业院校或职教本科，必然是以职业教育为根本、基本、出发点。

这一根本，不可改变，毋庸置疑。

职教本科院校，没有任何逃离职业教育、忘记职业教育的空间。这种逃离也不是已经升本的高职院校在构想、在琢磨、甚至于在钻营的方向。

脱离职业教育体系，任何职业院校，包括升本的职业院校都会面临异常艰难的窘境，甚至于是自断手足的绝路。因为职教本科院校的发展历史、行业背景、合作企业、校园文化、教师能力、学生去向，都深深地扎根在职业教育中，都深深地扎根在服务经济社会的职教专业中，这些早已经在历史发展中定型。

要另起炉灶，忘记职业教育，改头换面成为普通教育类型的本科院校，追求所谓"高大上"的学科建设、学术研究，那不是职教本科院校力所能及的。

所以说，升本的职教本科院校，就是职业教育历经艰难、突破发展之后新的旗帜。这些旗帜要带领整个职教界，带领中职学校，带领专科职业院校往前发展，还要从自身突破，发展出培养专业研究生的能力和专业系统。

因此，职教本科必须以职业教育为本才能有所作为，才能不仅知来路，而且是知发展、能发展。

离开职业教育，忘记职教根本，这个可能性根本不存在，这个可能性没有可能性。

只有站稳职业教育这个根本，职教本科才是有活力的、有生命力的、有发展力的。

《学知报》"职见"专栏，2021-05-31

职教科研应该研究什么？

职业教育要不要做科研？职业院校的科研该做什么？

这两个问题似乎很受关注，但相关的讨论却并不多。

受关注，是因为大家把职业院校定位于培养技术技能型、实用型的人才，这与学术研究型院校的设置目的、教学任务和社会定位有着根本不同。

所以，很多时候，职业院校的科研工作处于一个相对尴尬的境地——职业院校还需要搞科研吗？职业院校不是培养学术研究的师资和学生的院校。与此同时，受此尴尬处境影响，就有了另一个问题——职业院校应该研究什么？

毫无疑问，职业教育应该做科研，职业院校也应该大力鼓励科研。

首先，科研并非学术研究型院校的专利。科研不应该被裹上神秘化的面纱，放入高高在上的象牙塔。科研本身就来源于现实生活的需要——需要增添新知，需要了解新领域，需要建造新世界。而这些需要，其实都是立足于解决现实中的问题。

因此，无论是学术型、学术研究型的院校，还是培养技术技能型人才的职业院校、应用型院校；不管是普通教育类型，还是职业教育类型，教育要日日新，教学要日日新，科研的日日新就肯定少不了。

只有适度适当的科研工作，才能够提升院校的学术能力和实践能力，才能够持续优化院校的人才培养工作——这种人才培养既是师资队伍的学术能力和技能能力的培养，也是学生研究能力和技术技能养成能力的培养。因此。无论是普通院校、学术性研究性院校还是职业院校，所有院校都应该做科研。

那么，做不做的问题解决了，"怎么做"就是一个更具体也更艰巨的问题。

那么，职业院校的科研应该怎么做？应该涵盖哪些方面？

对这个问题的思考和解答，也是仁者见仁，智者见智。职教界内外讨论的时间很长，也出现过共识交集，也产生过立场差异。

而我以为，职业院校毫无疑问必须做科研，而职业院校的科研首先应该是研究当地。

什么叫研究当地呢？

这就包括：研究院校所在区域的当地历史、当地文化，并研究这种当地历史和文化的发展史和现实，还要研究当地人口发展的历史。只有建立起对区域甚至于区域内的城市城镇乡村的整体研究的基础，才能够牢牢地把握职业院校所在的区域的基本特征和基本需求，并从专业设置、院校发展上形成认识的基础、研究的基础，也才有发展的基础。

第二，职业院校的科研，自然更包括地方区域的行业企业的特点和产业发展的特征。深入研究当地的这些信息，对于立足当地、服务当地的，也受当地政府财政和政策支持的职业院校是必须的。这既是回报当地的必须，更是院校自身发展的前提所在。

第三，职业院校的科研工作，必须面向实用性的技术问题、具体的技术瓶颈、具体的生产环节当中的种种问题。只有把职业院校的科研与生产和社会实践当中的具体问题紧密相连，破解经济社会发展当中各个界别、各个领域、各个环节的大小问题，职业教育、职业院校的专业针对性才能够得以凸显、得以突出，专业的优势才能得以长期提升，专业的培养能力才能得到巩固、提高和持续走强。

第四，职业教育和职业院校的研究还应该着眼于职业教育自身，尤其是职业院校本身。诸如师资构成、师资养成、学生来源、学生培养等方面，院校历史、专业优势、发展方向和着力点等问题，是职业院校科研的重要内容。这种对于自身的研究，是一针清醒剂，将让所有的职业院校在发展过程当中，更清晰地知道自己的优长、自己的不足，从而在知己知彼的基础上能够找到自己发展的着力点，找到自己发展的强项，更找到自己发展的突破口。

当然，还包括研究自己的专业方向，包括来自地方、来自区域、来自行业企业所期待的院校人才培养能力、培养标准、培养目标的适应度。

这是职业院校科研尤其要关注的几个重点，只有深切地了解了地方，了解了自己所处的区域，了解了自己真实的能力构成，才能够让职业院校清楚地认识自己的处境、自己的未来和自己发展的可能，也才能够实实在在地使自己的科研趋于理性，也才能够使自己的科研走上正确的发展道路，形成良好的对于院校发展的推动，而院校发展也能带动科研深入扎根现实，形成服务现实的良性局面。

《学知报》"职见"专栏，2021-06-07

职教本科，我们期待什么？

最近，职教本科院校以增长的数量、速度和多渠道多元的成型方式成为职教界和教育界的热点，也不断引发社会各界对于职业教育和职教本科改革发展的极大关注。

目前已经正式挂牌、对外公示的职教本科院校，呈现出一种职教界内部特有的公立院校与民办院校齐头并进、共谋职业教育本科发展、共同探索职教本科新路的改革态势和发展样貌。

不能不说，这是激荡职业教育的新现象，也是激动着多少职教人多年梦想的新事物，更是引导着职教类型发展、中国现代职教体系建设的新趋势新浪潮。

随着职教本科院校的扩容、队伍的成型、试点院校的多元化，中国职教界和中国教育界对于本科阶段职业教育的设计和构想正在逐步成为现实。而对于职教本科建设的蓝图勾画、特征定位、专业设置、师生构成、教学实训衔接、就业创业入口和出口设定，都逐渐地趋于现实，趋于清晰，趋于细化，趋于严格，更趋于严肃。

是的。

随着队伍的扩容，随着多元框架的成型，之前对于职教能否设置本科、如何设置本科专业的疑虑和焦虑，可以说已是过去式。摆在我们面前的现实就是：从中央到地方，从教育行政部门到各级党委政府，对于职业教育本科的发展，对于职业教育的发展，给予坚定支持、大胆改革已经成为现实。

在我们为中央、各级地方政府和教育行政部门勇于探索、大胆实干、担负使命、锐意改革的创新勇气大声叫好、击节赞叹的同时，我们也对这几批本科职业院校的诞生表示祝贺。更重要的是，我们对于这些肩负着中国职业教育尤其是高等职业教育发展历史使命的探索先锋、改革先锋，自然有更新的期待和更多的希望。

对职教本科，我们期待什么呢？

第一，我们希望这些职教本科院校为中国职业教育的本科阶段、为本科职业院校的建设开出一条改革新路——专业的提升历练，师资的培养过程，生源质量和数量的双提升，坚守职教人才培养初心，与产业更紧密合作，就业创业更趋前发力，持续服务毕业生职业发展……对于这些，职教本科院校和全社会都充满着新的期待和更高的标准要求。

无疑，这些都需要这几批职教本科院校立足于他们的专业优势、发展趋势、行业优势，结合各自升本后的战略定位，做出长期的坚定努力。也就是说，所有的院校都必须清醒看到自己的优点和缺点，肩负起自己作为职教本科院校的改革使命、探索使命，毫不停步，毫不松懈，为中国本科阶段职业教育的发展，为中国职教本科院校，为中国现代职教体系的建成，做出积极全面的探索，以回应国内上上下下、职教里里外外所给予他们的期待和使命。

第二，在所有的这些升本院校当中，有不少民办职业院校升为职业技术大学。这些民办职教本科院校是颇受教育界和职教界关注的群体。关注他们，毫无疑问有其正当理由。因为相较于大多数公办职业院校，民办职业院校创立时间稍晚，其教育资源、教育底蕴、文化氛围、软硬件条件方面必然还有一个从薄弱到充实的过程。他们进入职教本科试点阶段，从一开始的确引发了大量公立职业院校尤其是优秀优质的职业院校的极大关注，甚至还有一些负面的风评。

而实际上，能投身于教育、投资于职业教育的民营资本，大多数仍然带有较强烈的教育情怀、教育理想。他们在改革开放的年代中选择了职业教育这个领域，本属不易，也在坚持在努力，在从不熟悉走向熟悉，从稚嫩走向成长。而当他们获批进入职教本科试点，这无疑是有战略考虑和原因的，也无疑是激动他们也是鼓励他们更是考验他们的一项任务。

因此，在这个阶段，升本的这些民办职业院校承受的压力很大，需要认真补足补齐的资源和软硬件也很多。他们如果能够正视自己与公立院校的差距，保持当初投资职业教育的勇气，借着升本的大好时机，认认真真地做出改革改进、提炼提升，补足短板，夯实发展根基，就能够为更多民间资本进入教育、进入职业教育，开出一条符合党中央国务院所倡导的社会力量多元办学精神、富有吸引力的改革发展之路。这无疑具有强烈的吸引力，也能鼓动起民营资本投入职业教育的动力。自然，也需要这些民办院校所在区域的地方政府和教育行政部门从严格的办学标准、长远的办学效益、充分的教育资源汇聚、长远的教育均衡发展的角度，来对这些院校进行引导、支持、辅助、帮助，从而使之逐步成长为中国职业教育的有生力量。

第三，在升入本科职业院校的高职院校中，还有一大批是公办的专科层次职业院校与本科层次的独立学院合并，进而改名而来的职业技术大学。这一类的院校在目前公办高职院校升为职教本科过程中，已有先例。而对于这些职教本科院校来讲，我们自然也希望它们能走出一条踏踏实实创新发展的道路。

也就是说，公立的专科层次的职业院校，如何统合其他力量举办的本科院校进而设立职教本科院校？这在一定的时间内，可能会是一个重大的问题。那么，公立院校如何统合独立学院，把专科层次的公立职业院校与普通本科教育的资源融合好、锤炼好，兼顾双方的优长，整合双方的力量，合理处置并调动双方师生乃至家长的认同，走出一条公办职业院校本科化发展的道路，这对于很多的院校而言，既是难题，也具有启发示范的意义。

同时，因为独立学院出身普通本科教育的背景，它们如何与职业教育尤其是职教本科教育融合发展，实现两者的快速统合、密切合作、迅速转型，这是一个需要大家长期探索的新问题。要把独立学院从本有的应用型学科建设转型融合到职业技术教育本科阶段服务于高素质技术技能人才培养所需要的师资、教学、实训、创业与就业的能力建设上来；同时不丢失高职院校长期扎根职业教育的办学优势，继续强化职业教育的特色特点。这也是大家对于这一类职教本科院校的重大期待。

第四，在这一阶段升入职教本科的院校中，也有由公立专科层次院校直接升本的一类院校。而对于这类院校，职教界的关注和期待，自然是更加让人理解。

而这类的院校将探索一条由公办专科层次职业院校直接单独升入职教本科的改革创新之路。这需要学校从体制机制、人员构成、师资培养、学生培育、专业调整提升、产教融合、校企合作的紧密对接，专业与现实行业需求的层次提升等方面，做出更多的改革和探索，为全国一千余所高职院校做出自我能力提升的样板，即便不是为大家做出本科职业院校建设的示范，也要为他们做出提质培优、增长能力、契合需要、响应现实、服务区域、回应社会需求和师生需求的努力。

因此，这一类的院校更像是在千军万马突破发展的行列中，一支扛着大旗的先锋劲旅。他们如何发展，如何向上，如何坚持职教本色，如何实现本科提升，如何形成职教实力，如何担当起职教本科的领军大旗……这可能是很多兄弟院校、很多兄弟省份的期许所在，也是他们的压力所在，也是他们的动力所在。

回顾我们职教本科建设的突破发展的这两年，我们的确感到中国职业教育的勃勃生机和不畏艰难、勇敢前行的改革勇气。在我们为上上下下的努力，为教育行政部门的改革，为院校的坚持，为地方政府的支持而大力喝彩的时候，我们的期待实际上是共同的，我们的努力也是共同的——就是希望锻造出一批院校，始终扎根在职教领域，不改职教初心，服务于职教发展，服务于经济社会，服务于技术技能人才培养，服务于高层次应用型人才培育，服务于从中职到专科层次、高职到本科层次、高职到专业研究生培养这样一个完整的且具中国特色的现代职教体系，进而赢得全社会对于职教本科和职业教育的新认可、新认同、新定位、新支持，形成中国特色现代职教体系的良性发展。

我们期待着这个良性发展，期待着这个体系，期待在这一批批的职教本科院校的带动下，各级各类职业院校共同努力，共同推进，共同发展我们的中国职业教育，构建并优化中国特色的现代职教体系，为中国经济社会的新发展新需求，做出新的实实在在的新成绩。

《学知报》"职见"专栏，2021-06-14

同等重要，还需同等重视

近日，《中华人民共和国职业教育法（修订草案）》初次提请全国人大常委会第29次会议审议。修订草案强调，职业教育与普通教育具有同等重要地位，推动培养数以亿计的高素质技术技能人才。这就从法律上明确了：职业教育类型与普通教育类型的同等重要，处于同样地位。

就在这一消息被各类媒体报道的同时，另一条消息也异常醒目地引发职教界的同样关注，甚至更成为一个热点。

那就是，几乎在职教法修订草案提请人大常委会审议的同时，有几个省的教育行政部门发布通知，或"暂停"或"全面暂停"或"全面终止"此前刚刚公示或者已经结束公示的各相关独立学院与高职院校合并转设为职业技术大学的工作。

这几个省的通知都很短，简简单单就一两句话，如出一辙，就一个意思：叫停本省独立学院与职业技术学院合并转设一事。文字简短，便显得语气坚定、态度坚决，但也留下了让人愕然的模糊空间。

很多人看见这一组公告难免吃惊，因为就在6月5日，教育部网站上刚刚公示了某省一批五所独立学院、另一省一所独立学院与高职院校合并转设为××职业技术大学的公示信息。而两天之后，却出现了相关省教育行政部门暂停甚至取消独立学院与高职院校合并转设的通知。一时让人迷惑：这一纸终止的通知，是否涵盖之前刚刚公示的相关独立学院与高职院校的合并？是说老人老办法，公示过的和公示中的院校仍然合并转设，此后各省不再推行独立学院与省内高职院校的合并转设，还是一刀切地将已启动和将启动的合并转设通通叫停？

在业内业外轻声细语急忙打听的过程中，最后确认了相关各省教育行政部门出台的文件涵盖了公示中甚至已通过公示期的合并转设院校。

所以，在职教法修订草案提交人大常委会审议的消息，与相关省叫停独立学院与职业院校合并转设的消息同时出现在公众面前的时候，大家难免出现了很多的茫然和不解。

一方面，职业教育作为类型教育与普通教育同等重要、处于同样地位，这已经不是什么新的概念。经过全国教育大会、全国职业教育工作会的推动，包括此次职教法修法所释放的信息，都一再从党中央、国务院、全国人大的层面在反复向全国各界传达这样的信息，即：职业教育大有可为，大力发展职业教育，作为类型的职业教育与普通教育同等重要，地位相当。

最近，部分媒体陆续的报道，破解了大家的疑惑，原来在个别省份个别独立学院的师生尤其是在读学生不充分理解也未充分获得信息，对自身的独立学院普通本科学生的身份产生担心，对合并转设后的考研、就业等后续政策并不了解，从而以各种形式抵制独立学院与高职院校的合并转设，并由此引发了独立学院与高职院校合并风潮的退步，也引发了相关省份教育行政部门叫停合并转设的通知的出台。

这样的消息，不免让人感慨系之。

其实，目前参与独立学院合并转设的高职院校，是全国1400余所高职院校中毫无疑问的一流院校，绝大多数是前不久跻身教育部所认定的"双高校"的优秀高职学校。他们在各自的行业领域、各省都是职业教育的佼佼者，是技术技能人才培养的大户，在院校界和行业产业也大名鼎鼎，在企业界也广受欢迎和尊重。

很多参与合并转设的高职院校，办学历史悠久，有的甚至超过百年，常年支持支撑着全国的行业产业、各省各地域的技术技能人才培养，荣誉多多，成绩喜人。应该说绝大多数院校的软硬件条件并不比此次参与合并转设的独立学院差，甚至于在实际能力、就业成绩、长远发展、业界资源等方面还远胜过这些独立学院。

而双方的合并转设虽然不一定是完全情投意合的"自由恋爱"，但也是在某种程度上有利于独立学院继续发展，有利于高职院校实现本科升格、向上接续发展的双赢的好事。

如果能够在独立学院的办学中更加接地气，更加靠近区域、靠近行业，走向应用、走向实用，则独立学院有望走出办学的尴尬境地；高职院校长期希望举办职教本科的愿望和资格也能得到落实，这对于继续发展职业教育，搭建从中职到高职专科到职教本科到专业硕士的中国特色的现代职教体系，也未尝不是一个好的途径、好的补充方式。

双方的合并转设，本无所谓谁兼并谁，也无所谓谁高攀谁，实际上是在共同的需要、两难的局面当中寻找可以达成共识的合作。而独立学院部分青年学生并不了解整体情况，担心后续发展而出现的抵制，也暴露了我们孜孜以求地要在全社会营造职业教育与普通教育同等重要、地位相当的努力，仍然任重道远。

"同等重要"，是法律的明确，是认识的明确，是理性的选择，但的确并不是也不能仅仅是一个口号、一个文件用语，也不可能一说出来就做到了，就做实了就做好了，而是需要我们反反复复认认真真地去做细节、走流程、做沟通、做明细，让大家理解，让大家接受，让大家认可。这不是一句话两句话、一个文件一些文字就能解决的。它需要时间，需要努力，需要坚持，需要我们各方面，尤其需要独立学院和高职院校本身以及他们的主管部门和所在地域的党委政府共同的坚定坚持和重视。

同等重要，还需同等重视。

这大概有四方面的意思。

第一，同等重要，还需同等重视，也就要求我们从方方面面都要同等重视职业教育的发展。要重视补齐职业教育与普通教育之间的差距——投入的差距、政策的差距、软硬件的差距、价值观的差距。

第二，党中央国务院、国家教育行政部门三番五次地一再重申职业教育的重要地位，对于中国经济社会发展不可或缺的战略重要性。这种来自顶层设计的重视，是统一的，也是一贯的，更是空前的。

那么，同等重要，还需同等重视，还要求各地各级党委政府、各地各级教育行政部门也要像党中央、国务院、教育行政部门一样，对同等重要的职业教育同等重视：重视职业教育的困境，重视职业教育的困难，突破职业教育的困境，解决职业教育的困难，帮助扶持支持职业教育健康合理地发展。这是国家的要求，也是各地各行各业经济社会发展的必须。

第三，同等重要，还需同等重视，也意味着各方面人士、各方面力量资源来共同作出努力，做出铺垫。重要性，是以大家的共同认可为基础的。重视，来自大家认可的同等重要，也就需要我们大家做出集体的实际行动，从方方面面来营造真正有利于职业教育长期健康发展的环境、政策、制度，以及细微到细枝末节的具体工作环节上的设计沟通。要坦率坦诚，不让人产生疑虑，不让人产生幻想。

第四，同等重要，还需同等重视，还要求尊重基本的教育规律。教育行政主管部门也好，地方政府也好，对于教育和职业教育都要有帮助和服务的考量，减少越俎代庖的行政指挥式的命令。重视不一定是要冲在前面，同是在后方做稳定的资源支撑，做理解、做调度、做协调、做服务，而不一定总需要冲到第一线去做决定、做指挥。如果以更耐心、更理解、更信任的姿态，做教育和职业教育的有力的理解者、坚定的守候者、坚强的支持者，给职教界职业院校更多理解，则应该能够激发院校更好更自信更自觉地抉择、发展和进步。

《学知报》"职见"专栏，2021-06-21

由"企业新型学徒制"一纸通知想到的

近日，看到人力资源社会保障部等五部委联合印发的《关于全面推行中国特色企业新型学徒制　加强技能人才培养的指导意见》。仿佛长途跋涉的旅行者在坎坷的路途中，在拐弯处突然看见一片明亮的风景，也像是干渴难耐的跋涉者，捧起一掬清凉的甘泉入口，顿觉解渴。

为什么会有这样奇特的感觉？

可能是因为在近期纷纷扰扰的关于职业教育、关于职教本科、关于合并转设的各类新闻和思考焦灼中，突然，一个无关乎话题、无关乎流量、无关乎热点，而是直接与技术技能人才培养息息相关的正经事儿、职业教育题中应有之义的正事儿，出现在了我们的视野之中。对于一段时间里为种种消息、种种困扰、种种揣测而有些筋疲力尽的人们而言，这可把大家发散的思路、发散的关注、发散的精力，又重新一下子拉回到职业教育和技术技能人才培养培训的正题儿上来。

终于，我们在种种内心折腾、反复折磨后听见了一个强有力的声音——技术技能人才的培养，还在做着，仍然要做，坚持去做，回到原本去做！这不由得不让人眼前一亮。

也许就正应了那两句诗："莫为浮云遮望眼""风物长宜放眼量"。当社会的纷纷扰扰、业内业外各种各样的消息纷至沓来的时候，我们的思路和关注往往会被干扰，会被打乱，会有一些波动。但在这种纷扰和波动之后，仍然要回到我们真真切切的职业教育本身，还是要回到技术技能人才的培养上来。

而这"企业新型学徒制"的一纸通知，就恰如这炎热焦躁的夏季里一股劲爽的清风，让人在焦躁干渴中得到清凉，回到清醒的状态。

而细看这一人社部领衔发布的关于全面推行中国特色企业新型学徒制的

文件，其中提出的几项基本的原则，即"坚持需求导向，坚持终身培训，坚持校企政联动，坚持以用为本"，非常明确地把职教界的关注点重新引回到我们当前切切实实要去做、该去坚持的事业上来。

这是一个很好的召集令。

而这一则通知，立足于"瞄准企业人力资源价值提升的需求，面向企业技能岗位员工开展企业新型学徒制培训，满足人岗匹配和技能人才队伍梯次发展所需"。我们再一次意识到：职业教育与企业的合作空间是这么广阔，也是这么的差距明显。

"坚持以用为本。充分利用企业新型学徒制培养成果，积极为企业新型学徒提升技能、干事创业提供机会和条件，鼓励企业新型学徒参与技术革新、技术攻关，在技能岗位发挥关键作用。"这样的原则定位，让这一纸通知不仅仅服务和鼓励企业的人才培养，而且把院校的关注点再次引导到"以用为本"这四个字上来，重新拉回到企业的真实需求上来。

这一纸通知的具体内容不用细说，它为企业新型学徒制的建设作出有序的时间安排和各方面的条件保障。其中最关键的、最吸引人的地方在于明确了激励机制——参与新型学徒制培养的学徒，"每人每年的补贴标准原则上5000元以上"。通知全文在突出保障机制、激励机制的同时，更把着眼点放在了两个重要的主体上：一个主体就是企业，另一个主体则是院校。

这里的企业，突出为"重点行业重点领域和规模以上的企业"，也是这一纸通知中新型学徒制培养的着力点。通知明确了新型学徒培养的主要职责由所在企业承担，目的在于培养符合企业岗位需求的中级工、高级工及技师、高级技师，并且明确提出要充分发挥企业培训主体作用和院校教育培训优势。

这毫无疑义地指向一点：我们培养的技术技能人才，必须着眼于企业所需；同时，企业自身的培训能力也要大力地挖掘和释放。

这就提醒了我们的院校：要满足企业所需，满足企业技术岗位的技能成长发展所需。也许我们的院校仍然存在着差距。

这种差距可能还很明显。

这种差距，其实也是整个职业教育发展过程当中，一直存在争议，也被大家寄予期望的地方。而院校如果不能够尽力地贴近企业的需求，贴近岗位技术技能的实际标准，那么，我们的教育内容和发展方向，就有可能出现与职业教育举办初心相偏离的重大隐患。

那么，各类院校自然就要更加积极主动地向企业的人才培训标准看齐，向企业的人才培训能力建设看齐，向更加充分的校企合作人才培养培训方向看齐。

也就是说，院校必须真正地为企业培养实用、能用、合用的人才。这才能够缩短企业与院校之间的供需差距，也才能缩短企业发展对技能人才需求的时间周期，也才能缩短企业进行自身培训的时间周期，减轻企业发展的压力，为企业提供更好的人才空间、发展空间、未来空间。

这一纸通知也让人看到了新型学徒制培养培训的另一极：院校。虽然人们可能会把人社部通知当中所提到的"院校"习惯性地理解为人社系统的院校，直接定位为人社系统主管的各级各类技工学校、技师学院。而我们希望的是，同样都是立足于技术技能人才培养的教育系统的中职学校和高职院校，也同样地在这一纸通知所说的"院校"之列。

一般人可能习惯于进行分门别类的定位。

一段时间以来，在人们的描述中，人社系统院校与教育系统院校，仿佛是井水不犯河水的两类院校。但在中国教育和中国职业教育的大盘子当中，他们都是同一类型的职业教育院校。如果有好的经验，大家要互通有无，共同享用；如果有痛心的教训，大家要共同交流，一起避免。这是为我们整个的职业教育的事业负责，是为整个的中国教育负责，是为人才培养这个大事业负责，更是为中国社会发展、国家进步、人民幸福负责。

而我们从这一纸通知中，看到的是所有的职业类型院校的机会，看到的是所有职业类型院校的共同差距，看到的是所有的职业类型院校的奋斗目标。

正如这一纸通知所言："坚持校企政联动，在充分发挥企业培训主体作用和院校教育培训优势的基础上，各地人力资源社会保障部门要加强组织管理和协调服务，有序高效开展企业新型学徒制培养工作""广泛动员企业院校培训机构和职工，积极参与学徒制培训，扩大企业新型学徒制影响力和覆盖面，强化典型示范，突出导向作用，大力宣传推行企业新型学徒制的典型经验和良好成效，努力营造全社会关心尊重技能人才，重视支持企业职工培训工作的良好社会氛围。"

如果能够达成这样的氛围，达到这样的效果，那我们在这个炎热焦躁的夏季，才能够真正地浸润在这清爽的劲风和甘泉中，才能看到我们可以共同努力的事业，它强大的吸引力、它美丽的图景、它光明的未来。而在这个未来图景当中，我们所有的院校，所有的职教人，都可以抛除杂念，潜下心来，为这一番事业做出共同的努力，迎来共同的未来。

《学知报》"职见"专栏，2021-06-28

期待职业教育整体的提升发展

上一期，本专栏刊发了一篇文章，即《由"企业新型学徒制"一纸通知想到的》。刊发之后，有个别的读者和朋友联系我并转达关切：怎么对人力资源和社会保障部的这一次规定如此感兴趣？是不是过于关注人社部的相关改革了？会不会冷落了职业教育更大一批院校的感受？会不会遮盖了教育行政主管部门的长期努力？

这样的关切，不免让人愕然，而随即，也让人释然。

愕然是因为包括我在内的大多数社会公众，在普通教育与职业教育这两大类型之间，都会将中职学校、高职院校以及技师学院、技工学校归为培养技术技能人才的职业教育的类型范畴。同时，当人们在关注技工学校、技师学院的主管部门所进行的教育改革的同时，仍然是在关注整体的职业教育发展。这自然不会、不应该也绝不可能遮蔽了教育行政部门长期以来为发展中国职业教育所做出的艰巨努力，更无法遮盖中国职业院校所取得的辉煌成就。

随即释然，是因为关心关切者，都是在切切实实地关心着职业教育整体的发展。而同时，我们的社会中、个人中也的确曾经存在并至今残余一些对职业教育进行分类分片，因为不同的隶属关系而人为制造亲疏远近的界限的个别情况。但是，关心关切的人们，始终是希望职业教育整体得到提升发展，不同院校始终能够立足本源，立足本职，服务于产业行业，服务于技术技能人才培养这个初心。

由此，也想到另外一个话题，就是我们应该更加明确一点：职业教育是一个整体，作为类型教育的职业教育是一个整体，作为这个整体中的不同隶属关系的院校，也是服务于职业教育发展的一个整体。

于是，得出一个更新的想法，那就是——我们所期待于职业教育发展的，不是哪一个部门的职业教育发展了，不是职业教育的哪一个部分发展了，不是职业教育的哪一类院校发展了，不是职业教育的哪一些师生发展了。

换言之，作为类型的职业教育要发展，就应该是整体的发展，整体的提升，而不是单单一些高职院校发展了，不是单单东部沿海经济发达省份的职业教育发展了，不是单单某些强势行业的职业院校发展了，不是单单一些传统名校老校发展了。

职业教育的发展，从中央、国务院、教育行政主管部门和人力资源保障部门的战略决策、政策立意、职责责任来说，大家都希望一个作为类型的职业教育实现整体的提升和发展。

那么，职业教育作为一个整体来发展，是什么意思呢？我以为，它涉到以下几个方面。

第一，职业教育整体提升发展，要争取实现产业行业的大致均衡。不同的产业有不同的产业现状、产业面貌和人才储备的需求。因此在产业行业之间，个别强势的、发展相对较好的行业，其院校的发展也比较强势。比如，与二产、三产和新兴的一些产业相关的院校和专业比较受追捧，发展也较好。而农业牧业等相对艰苦的产业，其相对应的职业教育的发展会受到社会认知度和价值观取舍的限制。

但是作为一个国家经济构成的整体而言，一产、二产、三产的重要性，都不容置疑，都应该得到均衡的发展。因此，与之相关的职业教育和职业院校的发展，就应该是依据国民经济的体量和需要，得到与其重要性和占比大致相同的支持，达到相对匹配的发展。

这样，才能够使职业教育作为整体得到提升发展。

第二，职业教育整体提升发展，要争取实现不同区域的大致均衡。不同区域之间，的确存在着经济社会发展的不同阶段、不同速度、不同情况。但是作为国家整体来说，我们应该力争在沿海地区、发达地区和内陆地区、西部地区之间形成一种可以接受的，能够调控的，并最终能形成整体合力的职业教育发展的态势。

也就是说，我们每一个区域的职业教育都应该与当地经济社会发展的现状和可见未来的需求相匹配。而相应区域的职业教育，也应该与这种发展的需求相匹配。

第三，职业教育整体提升发展，要争取实现不同院校的大致均衡。作为整体的职业教育，无论是教育部管辖的职业院校，还是人社系统的技工院校，无论学历教育的职业教育，还是技能培训的职业教育，大家都是在同样的培养技术技能人才的大目标下进行着。

不同的归属管理，只是反映中国经济社会发展当中的历史过程、现实情况、管理传统所形成的一种面貌。这种面貌的不同，并不妨碍各部门各院校本质上对职业教育的归属，更不妨碍不同部门不同院校对于职业教育的坚持、努力。

换言之，技工技师院校和中职高职院校，都在为技术技能人才的培养竭尽全力。面对着社会不理解，都经历了坎坷、迎来了发展。这两类归属的院校，都坚持着自己对于国家、社会和人民的责任，在努力的改革探索求新求变中，争取并且实现了自身的涅槃发展、质量提升、形象再造。

在这一点上，两个不同的主管部门，他们下属的不同院校，都值得我们全社会为之致敬，为之赞叹。他们都同样应该得到全社会的尊敬、支持，因为，他们都在为中国职业教育发展，为中国的产业行业技术技能人才培养，做着持续的坚定的努力。

我们看到了技工学校、技师院校的很多成绩，我们同样看到了中职学校、高职院校的办学实效和口碑形成，他们都在各自领域努力，都在国际层面上为中国职业教育、中国教育赢得声望。

更关键的一点是，这两类归口的院校都在为我们普通中国人的生活改善，为中国的产业行业的面貌提升，为中国的经济社会的实力发展，做出长期勇敢的努力、担当和付出。

第四，职业教育整体提升发展，要争取实现不同教育类型的大致均衡。职业教育作为整体的提升发展，还必须表现出作为类型的职业教育与作为类型的普通教育，实现了均衡，真正做到了同等重要。只有不同类型的教育受到同样的重视和支持，只有作为整体的职业教育与普通教育在政策上、在支持力度上、在发展上获得重视，真正实现了同等重要，那么，我们的教育发展，我们的职业教育发展，尤其是作为整体的职业教育的发展，才真正地可持续可期待，才能真正支撑起中国经济社会和中国人的整体发展。

《学知报》"职见"专栏，2021-07-12

稳步推动职业教育发展

最近，有两则消息让人眼前一亮，使我们对职业教育发展的担心能够放下来一些，让人对职业教育发展的前景更有信心。也通过这两则消息，让我们看到职业院校持续的发展、真实的努力。也许在暑期将近、全国院校进入假期之前，有了一个整顿思路，继续进步，持续发展的休整期。而在这个休整期到来的时候，我们的职业教育有机会稳定心神，凝思聚力，保持多年发展的韧劲，以坚定决心，继续向前，持续向上。

这两则消息，其一，近期有部分高职院校举办了一场以"稳步发展职教本科"为题目的研讨会；其二，教育部列入本科职业教育试点的一所职业技术大学，其校领导们在假期即将开始之际，组织了一系列对合作企业的深入调研，了解企业的发展现状、对本校就职学生的反馈、企业对于职教本科的专业性要求、企业对于职教本科人才的新需求。

这两则消息，都来自大家所关注的"职教本科"这个话题。

职教本科的话题之所以受大家关注，毫无疑问是因为前几期专栏文章所提到的——长久以来，职教本科的确是职教界关注的最核心的一个重大发展问题。或者说，职教本科暗藏着解决职教系列问题的一个总开关，这可以打开一直遮挡职教发展的天花板。同时，职教本科也被职教界寄予了厚望，希望职教本科的设立能拉动职教界的整体发展，带动中等职业学校和大专层次的高职院校去努力、去壮大、去提高自己的教育实力和社会影响力。

因此，职教本科的话题，往往不只是涉及本科层次的职业教育，它实际上涵盖了整体的职业教育，涵盖了职业教育的多个层次，它指向职业教育发展的突破切入口，更是打造中国现代职教体系，实现中国现代教育结构均衡的话题。

很长一段时间以来，这个话题始终引发职教内外的持续关注。

因此，细读慢品近期的这两则消息，其虽都与职教本科相关，却透露出一个更重要的共同目标——稳步发展职业教育。

第一则消息，直接将"职教本科的稳步发展"作为了高职院校专题论坛的主要内容，"稳步发展"成了不同地域、不同行业、不同高职院校共同思考、共同关注和共同探讨的聚焦点。

第二则消息，一所职教本科试点院校的集中系列调研着，眼于合作企业的实际需求、人才培养的现实反馈、本科职业教育专业设置与产业发展需求和企业提升要求之间的对应关系。这种调研走访，透露出这一所职教本科试点学校的校领导的用心、学校发展的决心、本科稳步发展的信心。

因此，这两条消息所透露出来的"稳步发展"，的确是一剂清醒剂，在这个燥热的夏季让我们得到清醒缓和思考的机会。前一段时间，纷纷扰扰引发大家关注的、与职教本科相关的话题，难免让我们高职院校和职教界的人们有些注意力不集中。因为大家都不愿意让久久盼望的职教本科建设出现差池，以致影响到职教本科试点工作、建设事业，还可能影响到中国现代职教体系的整体构建。

因此，在这个关键时候，"稳步发展"这四个字，的确如一股清凉风、一针清醒剂，让大家的思路冷静下来，回到我们职教本科建设的运用和方向上去，回到多年来职业教育一直所坚持的扎根行业、扎根企业、扎根产业的特点上去；到一线的企业，到企业的一线，到人才运用的一线，了解自己学生培养的实际效果，了解企业对于后续发展的人才要求，了解职教本科人才的专业能力标准，了解企业对于职教本科的诸多需求。

这种稳扎稳打的做法，是职业教育多年来持续发展的法宝。

而在职教本科快速走向前台、走上正轨的时候，这个法宝不能丢，必须坚持，必须发扬光大。

因此，当我们把关注点回到稳步发展职教本科的时候，稳稳地扎下根，深入地了解自己所服务的对象、自己合作的对象、自己的人才培养现状和所面临的未来要求，这无疑是稳步发展职教本科的最重要的一步，也是不忘本、不忘初心的职教人应该始终坚持的好想法、好做法、好方法。

那么，如何稳步发展职教本科？由此，想到了几点——

首先，需要我们的试点院校真正静下心来，了解自己的现状，了解自己试点本科教育的优势和弱项；要向优秀的本科院校学习，学习本科院校的制度设计、体制优势、教育教学储备、人才培养储备。同时，也深入了解自己服务的企业，了解需求要求，了解人才新标准，并把这种企业的人才标准转化为学校教育教学的质量标准、人才培养的质量要求。

稳扎稳打做好校企沟通，才能坚持优势、坚持特色，使职教的发展有依据有出路。放弃走捷径、争名头的想法，真真切切地回到坚持职业教育本色、坚持职业教育育人能力提质增效这方面来。

第二，稳步发展职教本科，需要来自各级党委政府和各级教育行政主管部门的持续稳定的支持、扶助和引导。职教本科事业毫无疑问是提升我国职教水平、职教人才培养的重大工程，事关职教界的整体前途，而且必然会影响到我国现代教育体系的均衡化发展，影响到中国社会人才培养的多元化，影响到与经济社会发展的匹配度。

换言之，职业教育的发展，往小了说是教育问题，是整体的职业教育内部的系统化均衡化的发展问题；往大了说，也是涉及中国社会、国家经济、国民素质实现整体发展、均衡发展的重大事业。

因此，各级党委政府和教育行政主管部门一定要稳定支持各级各类职业院校的发展，帮助他们解决现实的发展问题，给出真正的政策支持，给出真金白银的财政支持，并且长期坚持下去。这样子，才能够让我们的职业教育得到来自上上下下、教育内外的认可和支持，进而打造社会的认可度，引导社会公众对职业教育形成公正评价、公正认识、公正认可。

第三，稳步发展职教本科，还需要全局观、整体观、均衡观来引导和支撑职教本科发展。

所谓全局观，就是要把中国的职教本科建设与国内经济社会发展的区域、行业、产业结合起来，既要兼顾东西南北中，又要兼顾一产、二产和三产，还要兼顾过去现在和未来产业布局以及社会发展的要求。

所谓整体观，即要将职业教育作为整体。职教本科是本科层次的职业教育，而作为类型的职业教育，在职教本科之外还有专科层次的高职院校，还有中学层次的中职学校。本科职业教育的稳步发展必然需要中学层次和大专层次的职业教育作为它的土壤。职教要发展，环境就要健康，要完善，要可持续。那么，这就要求对中学层次和大专层次的职业教育给予稳定的持续的发展机会和平台。

所谓均衡观，就是要鼓励不同的所有制形式、多元的社会力量介入职教本科建设，要在现有基础之上持续给予稳定的环境塑造、政策支持，要让社会多元力量能够进入到职业教育和职教本科建设的积极事业中，能够得到鼓励，得到理解，得到支持，共同焕发出职教本科的活力和能力。

只有稳步发展的职业教育，只有稳步发展职教本科，才能够扎扎实实踏踏实实稳稳定定前行；只有稳步发展的职教本科，才能够带动整体职业教育向前向上发展；也只有稳步发展的职教本科才能够扎稳职教之根，打牢职教基础，塑造厚实又充满活力的中国现代职教体系。

因此，在这个燥热的夏天，这样两则代表着职教本科稳步发展，有利于职业教育稳步发展的消息，的确是如同夏季里的一股清泉一阵凉风，让人心头清爽，让人眼底清澈，让我们的目标更清晰，让我们的路径更明确。那么始终坚持下去，我们所期待的职教本科的事业、我们所期待的职业教育的事业，必然会有一个稳步的推进、稳定的成长、稳重的成果。

《学知报》"职见"专栏，2021-07-19

谁更应该学习和落实新职教法

2022年4月20日，中华人民共和国主席令第112号签发了新修订的《中华人民共和国职业教育法》，从5月1日起开始实施。

这部新修订的职教法，应该说是让职教界万分期待，也的确承载着职业教育界的诸多理想、梦想和追求，希望从这部法律当中得到更多的理解、支撑、支持，得到更多的发展机会。所以，修订后的新职业教育法的确承载着中国职业教育发展到目前这个阶段所亟待去突破的东西、去坚持的东西，帮助中国职业教育在回顾过去、展望未来的过程中，更加踏踏实实地、实实在在地、抓铁留痕地做好现在。

从这个意义上讲，新职业教育法的确意义重大，回应了职业教育界的诸多诉求，毫无疑问是当前中国职业教育接续再发展的强大动力、法律支撑。

随后，在全国上下职业教育界，不出意外地掀起了学习新职教法的一波一波的热潮。职教专家、院校领导、一线教师、优秀学生，轮番上场，热情欢迎，热切解读，各抒己见，各展怀抱。共同的一个特点都是：为新职教法叫好——新职教法以法律形式明确了职业教育的发展类型、发展特征、与普通教育具有同等重要的地位。一时之间，职教界欢欣鼓舞，职业院校人心激动，因为职业教育迎来了有法理依据、法律支撑的扬眉吐气的好日子。

但是，且慢。

从报纸、杂志、电视、视频平台看到种种这些消息，听闻职教界的激动，理解这些激动的同时，总觉得有些什么样子的东西不大对劲。还有所缺失，有所缺憾，有所缺席。

是什么呢？

梳理一下近期看到的各类的报道，诸如《职教界迎来最美的春天，学院掀起职教法学习热潮》《一线教师热议新职教法》《专家教授学习职教法笔谈》《多位专家共同探讨职教法》《新职教法来了，职高生站上新起跑线》……而更有意思的是这样的标题：新职教法5月1日实施，且看教育部如何落实……

说实在的，这些新闻标题让人多少有些担心，而标题中的主语对象，细看新闻正文，果不其然：掀起学习热潮的是"职业院校"，热议的主体是"职教学者"，专家是职教界的"老熟人"，站上起跑线的也是"职高生"。学习职教法的，毫无例外都是职业院校。

就连有一条"党委理论学习中心组举行职业教育法学习研讨专题会"，带着些希望点击进去，却仍然是某省的某个知名的高职院校的党委理论学习中心组在组织学习职教法。

这大概就是让人觉得有所缺失、缺憾、缺席的地方吧。

新修订的职业教育法，是国家主席正式签发、全国人大常务委员会修订通过、在全国范围内实施的一部国家大法。怎么好像只是职业院校需要学习，只是教育部需要落实实施？

新职教法总则第一条，开宗明义就提出了："为了推动职业教育高质量发展，提高劳动者素质和技术技能水平，促进就业创业，建设教育强国、人力资源强国和技能型社会，推进社会主义现代化建设，根据宪法，制定本法。"

毫无疑问，新职教法是与"强国"挂钩的，是与"社会"对应的，是以"现代化的建设"紧密连接的，也就是说，这是一部服务于整个国家和社会方方面面的，也需要国家社会各方面积极参与的法律。这是立法修法的根本出发点，也是这部法律所要确保的最高目标。

而总则第六条更明确地规定："职业教育实行政府统筹，分级管理，地方为主，行业指导，校企合作，社会参与。"其中，政府、分级、地方、行业、校企、社会，与职业教育发展直接相关方面，也是职业教育的服务对象，统统被点到。也就是说，职业教育绝不是院校的事情，绝不是职教界的事情，也绝不是教育部的单一部门的责任。

第七条规定："各级人民政府应当将发展职业教育纳入国民经济和社会发展规划，与促进就业创业和推动发展方式转变、产业结构调整、技术优化升级等整体部署、统筹实施。"

第八条规定："国务院教育行政部门负责职业教育工作的统筹规划、综合协调、宏观管理。国务院教育行政部门、人力资源社会保障行政部门和其他有关部门在国务院规定的职责范围内，分别负责有关的职业教育工作。

"省、自治区、直辖市人民政府应当加强对本行政区域内职业教育工作的领导，明确设区的市、县级人民政府职业教育具体工作职责，统筹协调职业教育发展，组织开展督导评估。

"县级以上地方人民政府有关部门应当加强沟通配合，共同推进职业教育工作。"

第九条规定："有关行业主管部门、工会和中华职业教育社等群团组织、行业组织、企业、事业单位等应当依法履行实施职业教育的义务，参与、支持或者开展职业教育。"

读到这里，我们知道我们的缺失在哪儿，缺憾在哪儿，缺席在哪儿了。

如果一部在中华人民共和国全境实施，涵盖了各级政府、各行业企业，需要全社会参与，尤其是在不同领域对作为类型的职业教育负有不同行政责任、肩负着相关权责的部门不参与学习和落实职业教育法，而单单是职业教育的最终端最末梢的院校、师生来学习这部法律，来热议这部法律，主管学校的方方面面的行政部门、各级政府对这部法律学习不及时，那自然会让人产生各种担心——我们这部新修订的职业教育法能否在握有实际支撑、支持、引导教育发展的实际权力的各级政府、各行政部门得到准确的理解、准确的准备、及时的实施、适时的鼓励、实在的支撑？

职教界、职业院校对新职业教育法是万分期待，衷心拥护、翘首以待的。他们学习这一部法律，是在持续地给自己打气、鼓劲、加油。而实际上，长期奋战在职业教育界的这些院校、一线的老师们，毫无疑问希望职业教育发展得好。他们学习职业教育法，对于他们为之奋斗的职教事业而言是应该的。

但同时，公允地讲，职教界却并非立即、马上、必须学习新职教法的当然的唯一的界别。我相信，即使不那么即时立刻细致地学习新职教法，他们中的绝大多数人对于职业教育仍然一往情深，仍然愿意全力以赴，仍然准备着开拓创新、奔着希望努力前行。

而他们真正对于新职教法的更大希望，则在于那些与职业教育息息相关的全社会、各级政府、各级政府中的各类行政部门，尤其是掌握人事、财政、规划发展等强有力资源的行政部门，能够立即马上地、认认真真地、逐字逐句地对照新版旧版职教法进行补学、理解、领悟和实施。

只有这些政府部门、行政主管部门和权力支撑部门充分学习理解了由国家主席签署的、全国人大常委会修订通过的新职教法，对这部法律的理解才会完整、对它的实施才会周到、实施的进展才会顺利、部门之间的合作才会顺畅，才能够为职业教育的发展带来真实的活力。

所以，希望在职教专家们、院校领导们、一线教师们、各地师生们学习新职教法的同时，能够看到更多的来自院校之外、职教圈外的学习新职教法、全社会学习新职教法的消息。

什么时候，我们的各级政府、我们的各级行政主管部门能主动地、积极地、精细地学习职教法，那就是一个大大的好趋势，将为我们的职业教育的发展带来真实的好希望，更为我们的新职教法的实施带来新希望。

毫无疑问，这才是新职教法修订、签署、实施的根本初心和基本目的。

《学知报》"职见"专栏，2022-05-16